# RESEARCH ON

## THE PERFECTION OF
## CRIMINAL INSTANCE SYSTEM
# IN CHINA

# 刑事审级制度完善
# 研　究

王玉梅　著

社会科学文献出版社
SOCIAL SCIENCES ACADEMIC PRESS (CHINA)

# 内容简介

　　刑事审级制度作为现代刑事司法制度的重要内容之一，是保障刑事司法公正实现的防线，体现着国家的基本程序观念。党的十八届四中全会以来，在依法治国语境之下，我国展开新一轮司法改革，推进以审判为中心的刑事诉讼制度改革，包括刑事速裁程序、认罪认罚从宽制度等刑事司法改革，这些改革措施无一不与刑事审级制度相关联。以审判为中心的刑事诉讼制度的实现，需要完善的事实认定及法律适用机制支撑，这就需要厘清不同层级法院之间的关系，划定一审、二审与再审的功能地位。刑事诉讼程序类型化的丰富以及刑事司法效率的现实需求对我国审级制度的设计提出了新的挑战：我国长久以来实行的单一的两审终审制是否能满足不同刑事程序的需求？而司法体制综合配套改革、审判制度完善也在一定程度上对我国审级程序的规范运行提出了新要求。基于此，本书在阐述刑事审级制度基本原理的基础上，反思我国现行刑事审级制度运行实效、现实困境及其生成原因，提出我国当下刑事审级制度的完善路径应当是坚持并优化两审终审制，探索特殊类型的诉讼程序适用特殊审级的以两审终审为主体的多元化审级制度。

# 目 录

# 导　论

## 一　问题的提出

### （一）现行刑事审级制度反思

刑事审级制度作为现代刑事司法的主要制度之一，表征着司法和法治之间的内在联结，传递着国家刑事程序制度的基本理念，体现出裁判权在程序内部自主运行的特征。通过审级制度的动态运行，实现个案裁判的正确性，获得司法的正当性，更是司法公正的保障。刑事审级制度研究是刑事诉讼法学和法理学共同关注的重要理论问题之一。基于不同的法律传统和政治经济现实条件，各国选择了不同的刑事审级制度模式，其审级构造、技术原理及审级运行机制亦存在较大差异。

我国现行刑事审级制度实行四级两审终审制，即刑事案件经过上下两级法院审理即告终结，裁判发生既判力，当事人不得再次提起上诉，控诉机关不得再次提起抗诉。"两审终审"亦有例外，针对死刑案件设置了特殊的死刑复核程序，而最高人民法院审理的刑事一审案件，则构成了实质上的"一审终审"。现行两审终审制度最初根据1954年《人民法院组织法》确立，1979年恢复，其后经历1983年和1986年两次《人民法院组织法》修订而逐步固定下来。从我国刑事诉讼法的发展路径观察，受多种因素的影响，如正当程序理念、对抗式庭审方式、当事人主义诉讼模式的影响，我国刑事司法理念及刑事诉讼制度经历了从沿袭苏联到借鉴英美的视域转向。但值得关注的是，在刑事诉讼理念及相关制度变迁的过程中，我国的刑事审级制度却未有变化，仍然维持 1954 年形成的四级两审制，1996 年、2012 年两次修法均未涉及审级制度的变革；审级关系亦始终遵循上级法院监督下级法院的基本理念。

我国司法制度创立和发展初期，由于人口众多、幅员辽阔以及社会政治经济环境处于特殊时期，两审终审制对实现惩罚犯罪、保障审判权高效运行目的起到了积极作用。但考察我国刑事审级制度的运行现状，可发现制度运行出现偏差，其效果与立法者的预期存在一定的差距，刑事审级制度在审级构造、技术原理、制度运行等方面均不能适应现代刑事司法的需求，在一定程度上阻滞司法公正与司法效率目标的实现，也影响着司法公信力。其中既有制度本身价值观念的影响，也有技术上的缺失，更有实践运作的非规范性原因。考察我国刑事审级的制度规定及实践运行，存在以下问题。其一，刑事审级制度设计失范。我国刑事审级制度尚待完善，存在审级职能分层、层级法院职能与审级功能不相匹配、事实审与法律审分离等问题，四级法院职能同一，不同审级功能同质；同时我国刑事审级制度与刑事司法制度改革不同步，程序设置单一，无论何种类型的案件、何种程序，均适用"两审终审"。其二，刑事审级制度运行欠规范。在审级制度运行中，部分一审庭审认定事实能力不足，导致事实审不断上移；二审纠错功能孱弱，权利救济难以落实，当事人的不满可能难以发泄，最终走上信访、申诉之路，裁判的正当性实现不足。同时，由于刑事司法实践中存在大量的非正式机制，它们以行政化的方式运行，"刑事诉讼法的书面规定在不同程度上形同虚设……刑事程序设计根本没有得到实施"，"刑事程序法在实施过程中普遍存在被规避和架空的问题。这种程序失灵的问题已经成为刑事诉讼制度所面临的最大挑战"。[①] 从审判组织到审理程序，从一审、二审到

---

① 陈瑞华：《刑事程序法失灵问题的初步研究》，《中国法学》2007 年第 6 期，第 141~142 页。

再审，刑事审判程序中的制度或规则在一定程度上落空。刑事审级制度难以发挥其功能。其三，刑事审级制度功能虚化。由于制度设计缺陷，我国刑事一审、二审甚至再审职能同一，均以事实认定为核心职能，这导致事实审始终是不同层级法院的重心，甚至最高人民法院都需承担事实认定功能，上诉审的核心功能主要定位为纠错，审级制度定分止争、权利救济、法制统一等功能在一定程度上被忽略。目前，我国刑事审级制度整体表现为：一审庭审实质化难以保障，程序分流机制弱，一审裁判的正确性难以得到信任，服判息诉率较低；二审难以案结事了，加之不同审级的法院之间行政化趋势严重，二审纠错功能一定程度上较弱；再审难以依法纠错，我国的刑事再审程序作为"两审终审"的例外补充，是"三审终审"的过渡，但我国刑事再审制度的实践运行偏离了"补救纠错"的功能定位，其过度启动导致终审不终，增加了诉讼成本。

（二）刑事审级制度改革的迫切性

国家治理理念的变化及社会的发展要求实现司法制度功能的转型，在国家权力配置中，司法不再被视为国家实现其行政管理的手段之一，而是作为纠纷解决的最后一道防线。诉讼的本质在于，由中立的享有国家司法权的法院，在正当程序理念下，通过审判权的独立公正行使，解决纠纷，并赋予其终局性、权威性，使争议的法律关系归于稳定。这一功能体现在刑事审级制度中，则要求刑事审级制度的构建和运行须注重裁判结果的确定性、正当性和终局性。

1978 年，改革开放的新纪元开启，由于司法公信力低落，以及司法不公的现象客观存在，我国司法机关自身展开了围绕基层实务工作的司法改革，这一改革最初以民事审判方式改革为中心，后来逐渐扩大影响。由此拉开了 40 余年的司法改革序幕，改革的路径和方式也由实务部门主导变为顶层设计。经过四轮司法改革的探索与实践，我国的司法环境有了翻天覆地的变化，相关制度日益健全，但民众对司法的需求和国家司法能力之间的矛盾并未得到有效化解，民众对司法的需求和要求日渐增多和提高。这在刑事审级制度层面，则表现为当下的两审终审制度不能充分实现惩罚犯罪、保障人权的刑事诉讼目的，不能满足民众对刑事审级制度"洗冤辩白"的诉求。针对审级制度存在的诸多问题，2014 年，党的十八届四中全会明确提出："完善审级制度，一审重在解决事实认定和法律适用，二审重在解决事实法律争议、实现二审终审，再审重在解决依法纠错、维护裁判权威。"① 伴随国家治理理念及司法制度的现代化转型，在目前司法改革的大背景下，推动刑事审级制度的改革完善，对于保障审判权纵向层面依法独立公正行使，实现司法公正和司法效率的总体目标具有重要意义。

但值得关注的是，本轮司法改革可能无形中加剧了审级关系的行政化。为解决司法地方化与司法行政化的问题，保障审判权依法独立公正行使，党的十八届四中全会提出："改革司法机关人财物管理体制，探索实行法院、检察院司法行政事务管理权和审判权、检察权相分离。"② 推行省以下法院人财物省级统管，即以加强法院内部的层级性来确保法院相对于外部权力的独立性，通过法院内部权力的层级控制摆脱地方权力对审判权的羁绊，此项改革部署具有重大理论价值和实践意义。但这一变革在解决司法地方化问题的同时，引发了司法行政化加剧的忧虑。省以下法院人财物省级统管，可能使地方法院对上级法院的依附关系加强，审级独立可能难以保障。而且更应当关注的是，随着司法去地方化改革的推进，一些法院或法官的寻租行为存在向上级法院转移的可能性。与试图向地方权力寻租，由地方权力干预审判权的运行相比较，诉讼当事人诉诸上级法院对案件进行干预，不管是在一审还是二审中，在

---

① 《十八大以来重要文献选编》（中），中央文献出版社，2016，第 169 页。
② 《十八大以来重要文献选编》（中），中央文献出版社，2016，第 169 页。

成本—收益计算和风险量值上都更优。① 在此背景下，地方法院的人财物由省级统管等司法改革措施的推行，可能会使刑事审级关系趋于行政化，审级独立可能难以保障，刑事审级制度的运行可能受到严重影响。

从 40 余年来司法改革的实践经验来看，司法制度的改革在组织上需要顶层设计、整体布局；在路径上需要务实创新、循序渐进，制度变革不可能一蹴而就。对刑事审级制度而言，以审级模式为核心的改革及其成效，需要通过法院组织体系的重构、审级关系的重新整合、审级技术的运用以及审级运行机制的规范来承载和固定，需要由审级功能的全方位实现及司法公信力的普遍获得来检视。借此，刑事审级制度的研究不应当仅限于"几审终审"制度模式的构建，更应当系统地将其置于整个刑事司法制度中，准确界定刑事审级制度功能，研究审级程序运行场域内组织体系架构、审级技术原理、审级机制运行。以"功能—组织—技术—机制"为视角，对刑事审级制度所依托的制度力量进行系统综合分析，并结合我国现实的司法环境及民众对司法的需求，选择具有现实可能性的刑事审级制度完善路径。

## 二　研究方法与思路

### （一）研究方法

任何问题的研究，都依赖于科学的研究方法。刑事审级制度的研究同样需要借助多种方法，如比较研究、实证研究等，以实现研究结论的科学性。本论题的研究，主要采取了如下方法。

---

① 参见刘忠《司法地方保护主义话语批评》，《法制与社会发展》2016 年第 6 期，第 22 页。

一是多学科研究法。虽然刑事审级制度属于诉讼法内的微观制度，是一个表面上局限于刑事司法制度的话题，但实际上其制度机理及程序运行牵涉甚广，关系到权力配置论、组织构造论、认识论等。法学课题的研究不应限于规范分析与个案分析等方法。本书综合运用政治学、组织学、社会学等领域的知识，借鉴相关学说知识对刑事审级制度的基本原理、制度实践及问题原因予以分析。

二是比较研究法。审级制度具有一定的普遍性，无论是大陆法系还是英美法系都设置了刑事审级制度，审级制度遵循共通的原理，如法院呈金字塔形设立，审级结构呈锥形或梯形，不同审级职能分工不同，区分事实审和法律审，大多数国家实行三审终审制度，等等。本书通过考察域外典型国家刑事审级制度运行模式，并运用语境和语义分析的方法，试图探索不同国家刑事审级制度的特点以及审级制度形成的影响因素，以便归纳出审级制度构建的一般性原理，特别是技术性原理。通过对不同国家刑事审级制度一般规律的总结，在反思我国审级制度困境的基础上，借鉴其与我国司法环境相契合的有益技术成分，从而助力完善我国刑事审级制度。

三是实证分析法。刑事审级制度的完善建议建立在对我国现行刑事审级制度的现状进行深刻分析的基础上，因此，在对我国现行刑事审级制度的运行现状进行分析的时候，本书对我国二审、再审程序的运行实践，特别是相关上诉率、上诉案件的开庭率、上诉案件的裁判情况、再审率、再审案件的裁判类型等进行梳理总结，运用数据统计成果进行对比分析，揭示制度演进中的规律及问题，以深刻地说明制度的缺陷及困境产生的原因。

四是系统分析方法。系统分析方法现在广泛应用于法学领域，马克思认为，在进行法学研究时，系统研究方法主要体现在法现象的内部关系、外部关系以及内外部之间联系等三个方面。法现象的内部关系主要体现为其内部具体运行机制，外部关系体现为法现象与深层次的社会系统间的联系。① 本书运用系统分析方法，从"功能—组织—技术—机制"的角度对刑事审级制度进行系统分析，在界定刑事审级制度功能的基础上，从组织系统的角度分析法院的组织结构设置及上下审级法院之间的关系，然后进一步分析刑事审级制度运行机制，同时从审级制度的整体性出发，对审级制度的层级设置及制度运行提出优化建议。

五是文献资料分析法。本研究借鉴国内外刑事诉讼法学、法理学以及哲学、管理学研究的诸多前沿成果，同时大量分析目前能够搜集到的实证资料，在文献阅读和思考上做了很多前期工作。

（二）研究思路

通过对已有文献资料的梳理可以发现，无论是对两审终审制度的批判和三审终审制度的建构，还是对刑事上诉制度功能、构造及运行状态的分析，论者几乎均将西方国家的刑事审级制度作为制度变革的参照物，但通过对制度变迁的机理进行研究可以发现，制度生成的背后有着深刻的政治经济、社会文化、习惯传统等因素的影响。刑事审级制度的建构理念及制度运行具有强烈的国别差异，如西方国家对于初审与上诉审权力的配置与平衡以权力制衡的政治学观念为理念支撑，我国刑事审级制度则沿袭苏联的监督理念，两者是制衡观念与监督理念的差异。裁判权须具备独立、中立、亲历、权威等要素，其运行遵循普适性的司法规律，但基于政治制度、权力结构、社会文化背景等层面的差异，各国的刑事审级制度与实践必定存在巨大的差异，即使是在政治体制、社会经济等方面有着极强相似性的大陆法系国家，其审判权的纵向运行模式也有实质性差别。同西方国家的刑事审级制度相比较，我国在刑事审级制度构建过程中对审级制度的组织构造和技术原理观照较少。有学者认为，"中国的社会科学研究者如果光简单地接受西方理论，就永远建立

---

① 参见李光灿、吕世伦主编《马克思、恩格斯法律思想史》，法律出版社，2001，第 751 页。

不起能够解释中国社会现象的科学，或者中国社会科学"，其结论是，"要建立中国自己的社会科学，就要避免中国思维的美国化或者西方化"。① 比较研究能够使我们对制度本身有更开阔的视野，通过对其他法域制度的了解，为描述和研究中国制度提供参照物，但制度的移植必须十分谨慎。不管多么完善的制度，在改变生存环境后，都难以保障生命力的持久。由于历史的因素，我国的法律制度移植于西方，但制度始终需要在我国的土壤中生根发芽，因为"中国无论怎样挪用西方，自始至终都有一个中国立场的存在，既包括对西方价值的取舍，也包括对自己古老智慧的化用"②。因此，刑事审级制度的研究不能仅仅从制度移植的目标出发，以发现问题—制度批判—制度移植的路径展开，制度移植是建立在自己的文化与历史语境下以及对西方思想理解的基础之上的，在引入外来工具时需要使之适用于本土。

问题研究路径是目前法学界研究方式的范本，基于对传统规范法学或对策法学的批判，为避免制度改革或构建成为空洞的抽象理论，获得解决中国法律实践问题的对症良药，并获取立法者、司法者、执法者、社会公众的普遍认可，借鉴社会科学的研究方法，法学界大力推广问题研究路径。有学者明确提出，社科法学应当围绕问题展开，唯有引入社会科学方法，将法律制度和法律实践视为一种社会现象，对其中的中国问题作出分析，对其中的中国法制经验进行总结，并提出中国的法学理论，才能作出中国法学的原创性贡献。③ 不容置疑，理论研究应以问题为前提，特别是在中国目前的社会转型期，单从诉讼制度领域来看，经历多轮司法改革，党的十八届四中全会将之作为依法治国的突破口，仅仅从官方文件的改革目标中就可以发现，包括刑事审级制度在内的法律制度及实践确实存在诸多问题，而这些问题交织在一起，一个制度的变

---

① 郑永年：《中国官僚化教育评审制度的恶果》，《联合早报》2009年3月3日，第11版。
② 王人博：《法的中国性》，广西师范大学出版社，2014，第243页。
③ 参见陈瑞华《法学研究的社会科学转型》，《中国社会科学评价》2015年第2期，第24页。

革牵动着另一个制度的运行，环环相扣。因此，在中国目前的制度实践状况下，刑事审级制度的研究也不能脱离问题意识。已有研究遵循提出问题—分析问题—解决问题的逻辑展开，围绕我国刑事两审终审制提出了终审级别较低、上诉审功能虚置、再审运用过于宽泛、庭审流于形式、法院职能混同等多方面的问题，研究者论证的结论往往是要改革现有的审级制度。但相关研究对刑事审级制度背后所蕴含的深层次原因较少进行充分论证，其逻辑表现为：既然是审级制度存在问题，那么比较分析国外的三审终审制度，该制度在国外几乎成为通行的审级制度，具有很大的存在合理性，最后解决问题的办法便是移植或者改造式移植。但分析我国刑事审级制度的运行实效，可以发现，我国刑事审级制度存在的最严重的问题还是制度运行，这意味着，即使两审终审制度设计本身确实存在一定的问题，如终审级别较低等，但如果一审、二审运行出现问题，这绝不是"几审终审"的变革就能解决的。审级制度的运行存在于复杂的法院组织结构及刑事审级构造场域内，法院组织结构及审级构造对刑事审级制度的良性运行有着实质性的影响。在未对隐藏在刑事审级制度背后的刑事审级关系进行深刻的研究的背景下，无论是两审终审还是三审终审的制度变革，可能都面临制度在实践运行中的异化，或者遭遇非正式制度的阻碍甚至替代，制度变革仍然无法达到变革者所欲实现的理想状态。

综上，本书对刑事审级制度的研究，力求在阐述刑事审级制度基本原理的基础上，以审级制度的功能为逻辑起点，以"刑事审级结构—审级程序运行"为基本视域，以审级技术的优化完善为工具，围绕刑事审级构造、刑事审级技术控制、刑事审级运行机制，展开对刑事审级制度及其实践的分析。通过问题梳理、困境检视、成因分析，将刑事审级制度置于司法改革的大背景下，在与刑事审级制度相关联的刑事诉讼构造、刑事司法职权配置等问题未得到实质性解决的情况下，论证制度基础改善的可能限度，提出在现有条件下制度完善的路径。本书首先对现代刑事审级制度基本原理进行阐述，然后从审判独立理论、程序制约理论、刑事诉权原理、刑事诉讼正当性理论以及程序安定性理论等角度出发，分析刑事审级制度的正当性基础，接着重点分析我国刑事审级制度运行实践、问题及其成因，以期对我国刑事审级制度进行一个全貌观察，对刑事审级制度问题作出回应，随后通过对域外两大法系的刑事审级制度运行状况的分析，试图提炼出两大法系刑事审级制度运行模式的特征，分析模式的形成机理，并对模式进行差异性分析，为我国刑事审级制度实践提供可能的参照物。在完成上述理论和实践探索的基础上，分析我国刑事审级制度改革的可能限度。刑事审级制度是一个理论研究较为成熟的课题，改革方案中关于"三审终审"的重构和"两审终审"的完善存在争议。制度变革的理论设计不能离开制度运行的环境，在分析刑事审级制度司法改革的挑战和动力以及审级制度改革的影响因素后，本书选择较为现实的制度改革路径。刑事审级问题的提出，无论是基于制度完善或构建的考量，还是仅仅为回应问题，最终都需要得出一个终局性的结论。本书采用了传统的解决问题的路径，将刑事审级制度的改革完善置于司法改革的大背景下，以刑事审级制度的基本原理为标准，从组织构造—制度运行的角度，提出在我国刑事审级制度所面对的司法职权配置、刑事诉讼构造、审判独立等方面的深层次困境未能彻底摆脱的前提下，立足于我国的刑事司法实践，刑事审级制度改革的限度只能是优化，而非重构，其完善路径是：遵循审级制度构建的基本原理，在调整四级法院职能分工、完善刑事审级基本构造的基础上，坚持并优化两审终审制度；在程序分流的大背景下，探索刑事速裁案件实行一审终审；推进死刑复核程序的三审制再造；规范再审程序，理顺申诉再审与涉诉信访的关系，实现诉访分离。在我国以审判为中心的刑事诉讼制度改革不断推进、试点经验进一步推广的背景下，未来刑事审级制度可迎来更深层次的重塑。

### 三　本书结构

本书除导论和结语外，共分为五章。导论部分主要分析了刑事审级制度改革的背景，以及选题的理论价值、实践意义，并简单介绍了本书的研究方法、研究思路以及基本逻辑结构和主要内容。

在第一章中，笔者主要阐释了刑事审级制度的基础理论。刑事审级制度是指在刑事诉讼程序内，通过对不同审级职权的合理配置及职能分层，在不同审级之间所形成的一种刑事诉讼程序内的相互制约制度。审级独立理论为刑事审级制度的建构奠定了理论基础，刑事审级制度的构建须保障审级之间的独立性；诉权保障是刑事审级制度构建的出发点和目标，在诉讼程序中则需相应设置审级，通过诉权与审判权之间的互动，国家的刑事司法制度得以实现司法公正与司法效率的统一；刑事审级制度构建的过程也需要追求自身的正当性，审级制度的设计需要以查明真相和诉讼经济为目标，并实现两者的平衡。程序安定性理论强调审级制度运行的不可逆性，要保障"终审"的实现。刑事诉讼审级制度的运行，能够实现定分止争、权利救济、法制统一等不同层面的审级功能，最终维护司法公正。

第二章梳理总结了我国刑事审级制度的运行实践及现实困境，并分析了困境之成因。我国实行两审终审的刑事审级制度，在审级制度的具体设计中，秉持监督理念，以对一审裁判能力的不信任为出发点构建制度，注重实体真实的发现，强调审级制度的纠错功能。考察我国刑事审级制度的运行实践，我国刑事审级制度在制度设计上存在法院职能同一、审级功能同质、上诉程序单一等问题；在制度运行过程中，存在审级制度运行失灵的问题，主要表现为立法中为追求事实真相而设计的相应程序，在实务运行中遭到一定程度的规避，如二审开庭率低与全面审查目标的背离、上诉审程序流于形式、审判监督程序的例外监督常态化等等，而刑事司法实践中，各方基于利益博弈，创造性地形成了各类非正式制度，并广泛有效运行。制度设计的不科学及制度运行的偏离影响了刑事审级功能的实现，我国一审事实审功能虚置，二审难以承担纠错、权利救济功能，司法的正确性与正当性堪忧，法律适用统一更是在查明真相这一主要的刑事司法价值目标下错位。以上诸种问题既受刑事司法理念的影响，也表现出圆柱形刑事审级结构的制约，更受制于法院治理结构，审判权在争取独立性的过程中，以最高人民法院为代表的整个法院体系以去地方化为名，在强化自身地位的同时不断增强内部的层级化。由于以上诸种原因，我国的刑事审级制度难以承担诉讼法赋予的功能。

第三章采用比较研究方法对域外刑事审级制度进行考察。部分域外国家的刑事审级制度遵循司法独立原则，在刑事审级制度的具体设计上，强调不同审级之间的职能分工，上诉法院在行使裁判权的过程中对初审法院秉持基本的尊重。但受政治因素、法律传统、地缘环境等因素的影响，英美法系与大陆法系的刑事审级运行模式也存在相当的差异。英美法系审级组织架构属于"协作式"，刑事审级构造表现出圆锥形特征。不同审级的法院之间具有独立性，除上诉权行使之外关系简单；审级职能分层明显，初审强调事实审功能，上诉审侧重于法律审；程序设计呈现出较强的双向制约性，上诉制度的设计更加强调法律适用的统一，充分尊重初审法院的事实认定，上诉法院受初审法院的制约较强。大陆法系国家的审级组织结构属于"科层制"构造，刑事审级结构表现出梯形特征，法院层级性强，上下级法院之间的监督关系明显，上级法院的司法权行使更为主动；审级职能分层在二审层面较弱，大多数国家赋予二审一定的事实查明职能，可以接收新证据，认定新事实，但总体上仍需尊重一审法院的事实认定；程序设计上对初审也秉持十分谨慎的态度。域外国家刑事审级制度的成熟经验为我国刑事审级制度的完善提供了启示。

第四章主要讨论我国刑事审级制度完善的路径选择。以审判为中心的刑事诉讼制度改革为刑事审级制度的完善提供了契机和支撑，庭审实质化的落实夯实了审级运行的一审事实审基础；刑事速裁程序及认罪认罚从宽制度的试点推动了刑事诉讼程序的类型化发展，这对审级制度的多元化设计提出了要求；刑事辩护全覆盖等辩护制度的发展为审级制度的完善提供了保障。但刑事审级制度改革有其自身的复杂性，刑事审级制度不仅涉及不同层级法院的功能定位及权力配置，更事关刑事诉讼构造模式，并受制于审判权运行的整体环境，内嵌于司法体制改革之中。从司法权力架构、司法体制上进行制度性变革阻力较大，而通过技术性改良即建立一套诉讼化的审级运行机制可以在某种程度上摆脱现行审级制度的困境。本书认为，当下改革路径的选择仍需坚持现行的两审终审制，并探索刑事速裁案件的一审终审、死刑复核程序的三审终审改造。

第五章主要讨论我国刑事审级制度完善的具体措施。刑事审级制度的完善首先在于审级构造的科学合理设置，对四级法院功能和管辖权进行准确定位，在两审终审制下实现审级职能的部分分工。审级制度模式层面，针对现行刑事审级制度存在的问题，改革的重点在于优化两审终审制的运行，加快推进庭审实质化，夯实一审事实审基础；确立有限审查原则，强化二审程序公正有效运行；探索刑事速裁程序的一审终审制植入；推进死刑复核程序的三审终审再造；规范再审程序的运行，注重协调申诉再审与信访之间的关系，从而实现刑事审级制度在刑事诉讼构造内的良性运行，推动司法公正的实现。

在结语部分，笔者提出刑事审级制度作为刑事司法制度中的微观制度，与司法权在国家权力中的定位、刑事司法职权配置、刑事诉讼构造密不可分，其制度变革"一发不可牵，牵之动全身"。刑事审级制度的改革必须立足于我国的现实国情，并深入论证制度构建在现行司法环境下的可行性，充分评估制度运行的实践效果，必须在对理论及实践进行严密理性考量的基础上进行，难以一蹴而就。因此，在刑事司法制度改革不断深入以及司法环境整体完善的将来，在刑事审级制度的深层次影响因素消除的前提下，随着审级技术规范的日益成熟，可以预期刑事审级制度的进一步重构。

# 第一章　刑事审级制度的一般原理

## 第一节　刑事审级制度的内涵诠释

### 一　刑事审级制度的概念

刑事审级制度是刑事司法制度的重要组成部分，有学者认为，所谓审级，是指法院审判之层级，其中，"审"指审判中程序保障即救济途径意义上的层级关系；而"级"则谓组织法或行政方面之层级关系。[①]还有学者认为审级之意义有三：一是上级法院与下级法院间之关系；二是上级法院有变更下级法院裁判之权力；三是审级之设立，为求审判之周延及法律解释之统一。[②]

审级制度是对审级的规范化表达，学者们对于审级制度内涵的界定较为成熟统一，并无实质性差异，仅有表述方式及用语的不同。有学者认为："审级制度是指一国法律规定的审判机关在纵向组织体系上的层次划分以及诉讼案件经过几级法院审理后，其裁判立即发生法律效力的制度。"[③] 有学者指出："审级制度是指法律所规定的有关审判机关在组织程序上分多少等级，以及诉讼案件经过几级法院审理后，其判决或裁

---

① 参见姜世明《法院组织法》，台北来胜文化事业有限公司，2014，第184页。
② 参见甄律师《法院组织法》，台北来胜文化事业有限公司，2014，第39页。
③ 朱立恒：《刑事审级制度研究》，法律出版社，2008，第15页。

定才发生法律效力的制度。"① 还有学者认为，所谓审级制度是指法律所规定的审判机关的级别以及案件经过几级法院审判才告终结的制度。② 综合以上观点，可以明确刑事审级制度必须包含两个重要内涵：一是国家基于本国的政治经济、文化法律传统，体现诉讼制度的功能价值目标、法院组织纵向层面的权力配置及关系界分；二是体现对当事人权利救济和裁判终局性维持的协调和平衡。刑事审级制度的内涵具体如下。

其一，法院职能分工。据上文所述，学者普遍认为审级即是法院审判之层级，这是审级制度的表象。国家在构建审级制度时，为完成案件审理级别上的构建，必须在法院组织结构上形成一定的层级性，通常是从中央到地方，设置不同等级的法院，形成梯形的法院组织结构。审级制度的实质内涵应当指向法院职能分工，即为保障审级功能的实现，依法院层级的不同，通过法院司法管辖权的界分，确定不同层级法院的职能。如有的国家区分初审法院和上诉法院，不同的法院承担不同的审判职能。

其二，裁判生效规则。审级制度的内涵除明示审级之设置外，更须从层级角度明确刑事案件经过几级法院审理即告终结，即法院裁判何时生效。这是审级制度最重要的内涵之一，司法活动需要终局性，国家法律秩序需要安定性。即使现代国家为维护司法公正，放弃"一次裁判"，通过多级法院对案件进行审理复查，力求事实认定正确、法律适用准确，保障司法的正确性，赋予当事人上诉权，提供较为充分的权利救济通道，也不意味着刑事案件的审理是无止境的。刑事审级制度内含了案件审理的"最多"层级数及裁判生效的规则。

## 二 刑事审级制度的特征

刑事审级制度是审判权运行的一种方式，其设置能在一定程度上弥

---

① 樊崇义：《刑事诉讼法学》，中国政法大学出版社，1998，第385页。
② 参见陈光中《刑事诉讼法学》，中国政法大学出版社，1999，第37页。

补司法认知能力不足，防范司法错误，为当事人提供权利救济，实现国家法律适用统一。从当事人角度来说，审级制度体现了国家诉权保障的力度；从国家权力配置层面看，审级制度体现了不同层级的审判权之间的相互制约。刑事审级制度作为一种保障司法正确性和正当性的现代司法机制，绝不仅包含诉权配置的多少、审级的层次，还蕴含着审级结构的设计及审级职能分工等技术；刑事审级制度也不仅仅表现为刑事案件纵向层面的简单流动和层层推进，不是审判工作在不同法院的简单重复，而是内含着诉权与审判权的博弈、审判权的分工。刑事审级制度糅合了整个刑事诉讼制度的方方面面，科学合理的审级制度标志着国家司法环境的良性和审判权运行的通畅，也考验着立法者的制度设计能力。一国的刑事审级制度往往呈现出复杂多元的制度属性，主要表现如下。

（一）价值目标层面：司法公正与司法效率均衡

司法公正和司法效率是刑事诉讼制度的基本价值目标，刑事审级制度在构建的过程中，须以司法公正为价值基础，并确保司法效率目标的实现。

司法公正是刑事司法的首要价值目标，体现了法的正义性理念。司法公正包含实体公正与程序公正：实体公正是在案件的审理过程中，裁判者通过诉讼程序的运行，准确认定事实，正确适用法律，实现实体结果的公正；程序公正是指诉讼程序的进行遵循正当程序理念，保障诉讼主体的诉讼权利，审判程序的设计符合基本的正义观念。从诉讼制度演变的历史来看，人类的司法制度最初并无审级制度的设计，审级制度是随社会对公正价值的不断追求而产生并逐步发展完善的。司法公正是刑事审级制度的价值目标，国家设置刑事审级制度，其目的之一是保障司法的正确性和正当性，由于人类认识能力的有限性，一次审判极容易发生司法错误，单一的刑事审判程序难以保证案件的公正，一旦法官对事实的认定和对法律的适用出现偏差，案件就难以得到公正的裁判。因此，现代法治国家建构了审级制度，在初审运行之外设立上诉审，通过上诉案件的审理，上诉法院可对初审法院的事实认定和法律适用问题进行审慎的审查，纠正、撤销初审法院错误的裁判，防范错案的发生，保障事实真相的最大发现可能性，以确保司法的正确性；并且通过上诉权的赋予为当事人提供权利救济的路径，通过正当程序的运行使裁判结果获得司法的正当性。刑事审级制度通过对案件事实真相的谨慎查明和审判过程的正当性保障司法公正。从这个角度来说，刑事审级制度对司法公正的实现不可或缺，是保障司法公正的重要程序制度。

司法效率也是刑事审级制度追求的价值目标。一方面，司法需要成本，国家对司法的投入是有限的，我们要利用有限的司法资源解决不断增加的案件，在这个过程中，必须考量司法成本投入与司法产出的关系，司法效率是制度设计必须观照的价值目标。另一方面，从当事人角度来说，如果案件审理的周期过长，控告一直处于不确定状态，犯罪嫌疑人、被告人难以获得迅速而公正的裁判，对于控辩双方，都是在不断增加诉讼成本，国家也需要加大司法资源的投入。如培根所言："不公平的判断使审判之事变苦，而迟延不决则使之变酸也。"① 裁判的不终结对犯罪嫌疑人、被告人的家属来说，无疑是一种精神上和物质上的双重负担。

在刑事审级制度的安排中，司法公正与司法效率却往往难以兼得。若为司法公正考量，依常识来说，审级设置越复杂，案件审理法院级别越多，裁判错误越容易被发现，当事人获得司法公正的可能性越大；但审级设置越多，司法成本投入就越高，投入与产出比越低，司法效率越低。因此，刑事审级制度的设计须慎重处理司法公正与司法效率之间的关系。为确保司法公正，需要赋予当事人上诉权，

---

① 〔英〕弗·培根：《培根论说文集》，水天同译，商务印书馆，1983，第193页。

使当事人可以通过上诉救济权利；在上下级法院之间构建监督关系，通过上诉法院的复审纠正司法错误，监督初审法院的裁判行为，督促初审法院谨慎裁判；通过对上诉案件的审理，尽可能地在同一司法管辖区域内保证相同或相似案件的法律适用统一。为提高司法效率，审级的设置需要适中，过多不但不利于事实真相的发现，反而使当事人陷于诉累；完善程序规则，确保每一审级的职能均能正当实现；完善技术规范，实行有限审查原则，尊重当事人的诉权，减轻上诉法院的审判压力，划分裁量性上诉和权利性上诉，不同审级实行不同规则；进行程序分流，探索不同类型的案件适用不同的审级制度；等等。司法公正与司法效率价值目标之间的均衡需要立法者具有高超的立法技术，需要完善的职业团体、成熟的司法环境予以支持。

综上所述，司法公正与司法效率都是刑事司法制度的价值目标，一国无论采用何种审级制度，两审终审抑或三审终审，都应当保障司法公正与司法效率两大价值目标均衡，并与本国国情及法律传统相结合。

（二）制度功能层面：微观功能与宏观功能并存

司法在国家政治治理结构中承担着多元化功能，具体到诉讼制度中主要通过审级制度实现这些功能。通常认为，刑事审级制度的功能表现为查明事实、依法纠错等直接层面的功能，即纠纷解决；同时，基于国家政治治理对司法控制社会功能的需求，刑事审级制度还承担着法制统一的功能，并且常常通过法律适用的统一，通过典型案件的裁判，实现司法造法的目标，这一层面的功能通常表达为规则治理。从此角度看，刑事审级制度在功能层面存在着多元功能，即微观功能与宏观功能的并存。刑事审级的多元功能是通过法院组织结构的层级性及审级功能区分来实现的。审级制度功能配置必须兼顾个案正义和社会正义，从审级制度的一般原理来看，各国的刑事审级制度通常以金字塔形的法院组织体系为基础，越靠近塔顶的法院在制定政策和服务于公共目的方面的功能越强，越靠近塔基的法院越以解决纠纷和服务于私人目的为主要功能。① 各国对于刑事审级制度多重功能关注的侧重点不同，导致了各国的刑事审级制度模式的差异，但通常情况下，各国通过审级制度的设置赋予不同审级不同的功能，保障刑事司法目标的实现。

1. 微观功能层面

即使各国的刑事审级制度模式因历史传统、政治文化等不同，但各国毫无二致地将查明事实、解决纠纷等私人功能赋予初审法院或基层法院，由其主要承担事实发现的职能。这一职能分配符合司法规律，其原理在于：其一，初审法院离案发地最近，证据取得、事实查明等均有相应的时空地域优势；其二，初审法院的审判程序最为完整，在初审程序中，控辩双方能最大限度地行使诉讼权利，利用正当程序实现诉讼目标；其三，初审法院数量巨大，足以承担大量的刑事案件的事实查明任务。但初审在实现解决纠纷、救济权利的私人功能方面尚存不足。一方面，囿于人类认识能力的有限性和司法证明活动的回溯性特征，为保障司法的正确性，刑事司法设置了上诉制度，对错误裁判进行监督和纠正，这是司法正当性的体现，有利于维护当事人利益，防范冤假错案，守护法律尊严。如日本学者松尾浩也就明确指出："在刑事程序的各个阶段，从基本问题到派生问题都进行许多裁判，如果在审判的内容或程序上存在违法或者不当时，必须对此加以纠正。"② 因此，刑事司法需要通过上诉程序的运行实现审级制度的纠错功能，以维持司法的正确性。另一方面，从认识论角度而言，上诉审相较于初审并不一定在犯罪事实的查明上更具优势，那么在理论上也可以设置一级审级制度，通过一次审判解决控辩双方的纠纷。但为何各国均设置了复杂

---

① 参见傅郁林《审级制度的建构原理——从民事程序视角的比较分析》，《中国社会科学》2002 年第 4 期，第 7 页。

② 〔日〕松尾浩也：《日本刑事诉讼法》（下），张凌译，中国人民大学出版社，2005，第282 页。

的审级制度？其原因还在于对司法正当性的追求，"审判的目的在于停止争议，但太突然的停止争议也许会对争议的真正解决产生相反的效果"①。一次审理无论程序设计多么完善，多么足以保障实体真实发现，从当事人特别是犯罪嫌疑人、被告人的角度出发，都显得过于简单，当事人完全可能质疑裁判的正确性，难以接受裁判的结果，并可能产生对司法的不信任感；从审判权运行的角度出发，一次审理也存在一定的职业风险，可能引发法官的专断；等等。可以发现，刑事审级制度在保障司法的正当性方面有无可比拟的作用。如果通过上诉，错误的裁判被发现并纠正，当事人的权利获得救济，司法公正则得以实现；即使通过上诉，当事人并未获得改判的结果，"上诉，无论是真正运行，被威胁适用，还是仅仅处于备用状态，都能够避免增加对败诉方的侮辱"②。但是通过上诉权的行使，当事人感受到被重视和关注，其对裁判结果的不满意可能得到一定程度的缓解，当事人对裁判结果的接受增强了司法的正当性。

### 2. 宏观功能层面

初审法院自身的局限性决定了其功能更多地侧重于刑事审级制度的私人目的，上诉制度的设置弥补了国家政治治理对司法宏观功能的需求。初审制度存在着一定的缺陷，例如，初审法院的设置具有地域性特征，因此，其裁判的影响力只能及于特定的区域，难以对其他地域产生影响，如此一来，对于案情相同的案件，但由于地域差异，可能产生内容迥异的裁判，这直接危及一国的法制统一和司法公正的实现。法制统一与司法组织机构的分散性是所有法治国家均必须面对的问题之一，由于法官个体差异化，加之法律本身的抽象性、滞后性和模糊性，多种因

---

① 〔美〕马丁·夏皮罗：《法院：比较法上和政治学上的分析》，张生、李彤译，中国政法大学出版社，2005，第69页。

② 〔美〕马丁·夏皮罗：《法院：比较法上和政治学上的分析》，张生、李彤译，中国政法大学出版社，2005，第69页。

素决定了现实中相似案件的法律适用不可能完全统一。为解决这种同案不同审判组织可能出现不同裁判的问题，尽可能维护司法公正，诉讼制度的设计者试图通过审级制度来解决这一问题。即在法院设置呈金字塔形的基础上，通过案件的逐级上行，将审判组织统一化，级别越高的法院司法管辖区越广，那么案件通过审级运行上行到更高级别的法院，则意味着案件可能在更大范围内实现法律适用的统一。当然，这仍然只是理想状态，姑且不考虑是不是所有的刑事案件均能上行到国家设置的唯一一个最高法院，即使能够保证最高法院审理，在部分国家，最高法院还分设了多个审判组织。各国最高法院通过对上诉案件法律适用问题的宏观控制，就重大、具有典型法律意义的案件尽可能地实现法律适用的统一，尽可能地保障国家法制统一，这是审级制度设置的重要功能之一。不同法域的国家在实现法律适用统一时设计了不同的技术路径。"大陆国家的模式是分散的一审法院由更中央集权化的上诉机构来监督。通过重新审理的方式来进行上诉活动很大程度上加强了中央集权化的上诉法院对分散的下属机构进行监督的权力。"① 而英美法系各国，则是通过审级职能分工来实现这一功能目标的，设置初审法院与上诉法院，对两者进行严格的职能划分，初审法院作为案件的最初管辖法院，当然地承担事实认定职能，而上诉法院则负责法律问题的审查，这一职能分层建立在锥形审级组织构造之上，上诉法院通过对初审法院法律适用的审查实现法制统一的目标。可见，尽管存在不同审级制度模式，但其刑事审级制度的功能都具有多重性，初审法院查明事实真相，上诉的功能体现为纠正错误和适用法律统一，美国法官霍夫斯塔乐称第一种职能为"正确性的审查"，而称第二种职能为"机构性职能"。② 上诉法院

---

① 〔美〕马丁·夏皮罗：《法院：比较法上和政治学上的分析》，张生、李彤译，中国政法大学出版社，2005，第55~56页。

② 参见宋冰编《读本：美国与德国的司法制度与司法程序》，中国政法大学出版社，1998，第413~414页。

纠正错误，推动纠纷解决功能的实现，在刑事个案法律适用的审查中，最大限度地保障国家法制的统一。

（三）职权配置层面：审级独立与审级制约冲突统一

刑事审级制度意味着裁判权在不同层级的法院有不同的配置，这意味着一国的法院并不是性质功能完全相同的司法机构，其中一部分法院仅承担事实审查功能，一部分法院则承担纠错、权利救济、法制统一等功能。如有学者所言，"上诉本质上是中央对地方官员行使集权化监督的一种方法"①。因此，审级制度设置了初审法院与上诉法院之分，并通过初审法院与上诉法院的职能分工形成不同审级法院之间的关系。一方面，上诉法院可以对初审法院的裁判进行再一次审理，其司法管辖权针对上诉案件，其审理的内容甚至可以表达为初审法院的司法裁判行为，上诉审查是以初审法院为对象的。另一方面，职能分工约束上诉法院对初审法院的可能恣意，在事实审和法律审相区分的国家或地区，上诉法院不能对事实问题进行审查，初审法院的事实认定对上诉法院仍有效，同时，"无诉无审判"原理使上诉法院不得主动监督初审法院。但无论从哪个角度来看，上诉法院似乎都掌握着更大的话语权。那么现代刑事审级制度是否建构了一种上级法院控制下级法院的审判权运行机制？刑事审级构造的真实面目是怎样的？如果不同层级的法院之间是一种上级控制下级的模式，那么审判权的运行特征与行政权的似乎完全一致了。

从司法权运行的基本原理看，司法权有不同于行政权的运行原理，司法权不同于行政权对管理和效率的追求，司法权的中立性和独立性是发挥其应有功能的基本前提。因此，无法依官僚科层制原理构建司法组织体系，上级法院不能在权力配置和权力运行上凌驾于下级法院，否则，审判权的独立性即荡然无存。司法权是一种中立、独立、被动的国

---

① 〔美〕马丁·夏皮罗：《法院：比较法上和政治学上的分析》，张生、李彤译，中国政法大学出版社，2005，第55页。

家权力，司法作为纠纷解决机制，司法权与行政权之间最大的不同则在于独立性，也即无论是何种层面的司法权，都应当维持其自身的独立性；而行政权则强调下级对上级的服从，强调从属性。因此，刑事审级制度虽然进行了不同层级的法院设置，但其最终目标不是在审级之间确立一种管控机制，而是为保障司法的正确性和正当性而赋予当事人多层次的诉权，并通过不同层级法院之间合理的权力配置保障审级独立，其权力格局是一种协作式的存在。现代司法通常设置不同层级的法院，其审级构造契合层级法院的职能分工，通过职能分层，既保障案件通过不同层级法院的审理，实现更大程度上的司法正确性，同时又避免司法资源的浪费及司法裁决的不稳定性。这种层级设置的目标在于，通过审级制度的安排，为司法解决纠纷提供纠错机制和权利保障程序。不同审级法院的审理侧重点有所区分。英美法系国家严格区分事实问题和法律问题，由初审法院承担案件事实问题的审查，事实认定实际上一审终审；上诉法院则对法律适用问题进行审查，尊重初审法院的事实认定，不再审查。大陆法系国家即使在初审和上诉审中未严格区分事实问题和法律问题，但仍有所侧重，对于初审法院的事实认定，通常情况下上诉法院予以尊重，上诉法院更关注法律适用问题。其原因在于：事实问题的认定受制于多种因素的影响，很难有客观标准予以判断，事实问题的反复认定有损司法权威，容易导致当事人很难信服裁判结果；事实问题的多次审查，也极易造成一审程序的功能虚置，在案件可以不断上行到更高级别的法院从而反复审查时，初审法院可能对事实问题的审理不那么认真谨慎，当事人及上诉法院则可能不会尊重初审法院的审理和裁判行为。而区分事实问题和法律问题，对不同层级法院进行职能分层，如初审法院专注于事实认定，职能侧重于定分止争，上诉法院负责法律问题，职能侧重于法制统一、司法指导，各自发挥自己的优势。同时，对审查对象的限制使办案压力与法院数量相匹配。

（四）技术规范层面：事实审与法律审分离

为保障司法裁判的谨慎、稳妥，给当事人提供相当的救济机制，以及保障国家法律适用的统一，综观西方法治成熟国家的刑事审级制度，普遍做法是通过审级职能区分和程序运行差异，在初审法院和上诉法院之间区分事实问题和法律问题，初审法院以事实审查为审理内容，上诉法院则专注于法律问题。各国的最高法院设置往往单一，职能配置相当明确，即最高法院主要审查上诉案件中的"法律事项"。① 初审法院和上诉法院之间进行职能分层是刑事审级制度优化运行的基础，是推动刑事审级制度功能实现的前提。

在审判权的纵向运行层面，围绕事实认定与法律适用这两大审判主要内容，制度设计者须考量对案件事实认定与法律适用的职能配置。事实问题与法律问题的区分被广泛地用来界定司法系统中各个层级的功能。② 在不同层级的法院之间配置事实审与法律审职能，必须坚持以下原则。（1）兼顾司法公正与司法效率。事实审与法律审的区分，可以使初审法院真正承担起事实认定职能，而不是走过场；上诉法院不承担事实认定职能，可以将有限的司法资源集中投入法律适用，而不至于负担过重。这既促使初审法院提高审判质量，又使上诉法院摆脱事实审的桎梏。审级职能分层是司法效率的优先选择。（2）分配职权时应当充分考虑不同审级的优势。初审法院因为时空上接近犯罪事实，程序上完整周全，以及初审法官事实审更有经验等，由其承担事实审职责更为便利有效。而对上诉法院来说，首先，事实问题已经由初审法院审理认定，再次认定一方面浪费司法资源，另一方面也存在导致新错误产生的可能性，其在事实认定上时空及程序都不及初审法院有优势；其次，上

---

① 当然，对于各国最高法院只限于审查法律问题而排除对案件事实问题的考虑，其理由是多方面的，不仅包括维护司法统一、发挥最高法院服务于公共政策与规则创制的考虑，还有其他方面的原因。

② 参见 J. A. Jolowicv, *On Civil Procedure* (Cambridge University Press)，p. 301，转引自王超《刑事审级制度的多维视角》，法律出版社，2016，第 217 页。

诉法院基于刑事审级监督而行使裁判权，监督的对象理应不是案件，而是初审法院的裁判行为；最后，上诉法院刑事司法管辖权范围更广，实现司法统一的功能更合适。因此，事实审由初审法院执掌，法律审主要由上诉法院执掌，与初审、上诉审的审级优势相符合。（3）事实审与法律审的审级配置须与一国的刑事司法制度相适应。在英美法系国家，"上诉法院通常不对第一审法院认定的事实问题予以新考虑。这种限制主要源于陪审团作为事实认定者的地位；除了对证据是否足以作出合理裁决的有限考虑之外，法院无权重新决定陪审团的裁决。对于由法官在不经陪审团审理的案件中所做的事实认定，也有类似的尊重"①。而在大陆法系各国，刑事审级权力配置更多地呈现科层制特点，强调上级法院对下级法院的监督；而大陆法系职权主义的诉讼模式决定了法院对案件事实查明的重视，上诉审查的范围既包括一审裁判中的事实认定问题，也包括法律适用问题，事实审以二审为终审。但大陆法系实行三审终审制度的国家，也规定三审为法律审，在制度设计时，三审的上诉往往是裁量性上诉，而且其制度通例是三审法院不审查事实问题，当事人不服二审裁判，上诉的理由只能是裁判违反法律。而且在特殊情况下，二审也可以是法律审，如德国，最高法院作为二审法院时，其审判范围通常仅限于法律问题。② 而且在德国，即使二审法院可以对事实问题与法律问题进行审查，其一般也对一审法院经过质证审查并生成结论的事实予以尊重，特殊例外情形是当事人有证据证明一审裁判在事实认定问题上存在错误，二审法院才会进行事实问题的复查。

---

① 〔美〕杰弗里·C. 哈泽德、米歇尔·塔鲁伊：《美国民事诉讼法导论》，张茂译，中国政法大学出版社，1999，第184页。
② 参见〔德〕约阿希姆·赫尔曼《〈德国刑事诉讼法典〉中译本引言》，载《德国刑事诉讼法典》，李昌珂译，中国政法大学出版社，1995，第9~10页。

## 第二节　刑事审级制度的理论基础

### 一　审判独立理论

（一）审判独立的内涵

审判权依法独立行使是法治的根本要义，是现代法治国家的基本要求，是司法制度构建的基础，是权利保障的屏障。审判独立通常是指司法机关在行使审判权时，依法律和理性进行裁判，不受任何权力或其他因素的影响。审判独立的内涵丰富，但理论较为成熟，对于其含义，学界已形成共识。联合国《关于司法机关独立的基本原则》第 2 条对审判独立有明确的规定："司法机关应不偏不倚、以事实为根据并依法律规定来裁决其所受理的案件，而不应有任何约束，也不应为任何直接间接不当影响、怂恿、压力、威胁或干涉左右，不论其来自何方或出于何种理由。"这一界定为各国广泛认可。审判独立的基本内涵表现如下。其一，审判权独立。法官依法独立公正行使审判权，在审理和裁判案件的过程中，仅须遵循法律及理性，不应受到其他任何干涉。其二，法官身份独立。法官身份独立是法官独立行使审判权的保障，它要求从法官的职位、任期、晋升、薪金等方面为法官提供足够的保障，以保证法官在精神上、物质上都能维持自由状态，不因身份、物质而受制于其他国家权力，不受其他因素干扰。其三，审判组织整体独立。一方面，法院在国家组织体系中保持独立，不受其他国家机关、社会组织约束；另一方面，法院系统内部各级法院之间独立，法院层级划分不影响各层级法院独立行使审判权，上级法院不得干涉下级法院审判权的独立行使。

审判独立作为一种制度设计，其模式并不具有普遍性，各国审判独立的状况均是建立在一定的经济社会物质生活文化条件基础上，并与国家的政治结构相匹配的。因此，不能离开一国的政治制度、社会经济文化发展水平来讨论审判独立的内涵及模式。西方国家的审判独立制度大多以三权分立的政治结构为其制度设计的基础。在资本主义三权分立的国家权力结构模式中，其司法裁判权逐步从国家权力特别是王权中分离并独立，而检察权从行政权体系中分离，成为独立的"第四权力"，司法职能虽然有了较大的发展，司法权较为独立，但从根本上是受制于其宪政制度下的三权分立体制的，并不能超然独立于国家其他权力之外，一定程度上与行政权、立法权存在一定的纠缠。审判独立的正当性并不生成于西方三权分立等威权理论或者意识形态内容，也无须诉诸西方"司法独立"之舶来理念，也不在于一国的政治体制与社会经济文化抑或法律传统的差异，而在于审判权的独立行使是审判权的应有之义，是审判权作为裁判权的本质属性，是具有普遍性的司法规律。这不依赖于一国宪法对司法权的定位，即司法权在国家权力中的位置，也不仅仅体现为一项宪法原则，而是对司法自身制度逻辑的尊重与认识。现代司法制度的构建虽然关注对司法权滥用和司法腐败的防范，强调司法权的监督制约，但更为重要的理念是保障司法权独立和自治。

新中国所建立的人民司法制度确立了审判独立的观念。[①] 1954 年《宪法》第 78 条规定："人民法院独立进行审判，只服从法律。"这一规定具有划时代的重大意义，是我国司法制度发展史上，首次在宪法中明确规定审判独立，表明新中国的司法制度对审判独立理念的重视。这一规定为人民法院依法独立公正行使审判权奠定了宪法基础。1982 年《宪法》制定时继承了 1954 年《宪法》的精神，同样明确规定："人民法院依照法律规定独立行使审判权，不受行政机关、社会团体和个人的干涉。"但宪法文义表述有了一定的变化，由过去规定"审判权只服从

---

① 实际上，1946 年的《陕甘宁边区宪法原则》早就已经将司法机关作为重要的部门加以规定，其中有"各级司法机关独立行使职权，除服从法律外，不受任何干涉"的规定。

法律"演化为"审判权不受行政机关、社会团体和个人的干涉"。立法用语的变化在一定程度上反映了立法者对司法制度的态度以及司法理念的变化。对于这一宪法文义的变化，时至今日，学者们仍有不同评价。① 无论学界及实务界对这一规范表述的争鸣如何，但从宪法规范的内涵来看，究其实质，立法文义的变化并未改变宪法确立的审判独立原则，实际上，新中国从成立以来，就一直强调审判独立理念，对于今天的中国司法实践，我们面临的并非审判独立理念的确立问题，而是审判独立理念在我国司法实践中的实现问题。

新中国成立以来，审判权依法独立已经成为中国司法的一个共识性命题，审判权依法独立公正行使作为中国宪法的基本原则，在维护审判权的国家性与权威性、实现司法公正、提高司法公信力等方面发挥了重要作用。党的十八届四中全会更明确强调"完善确保依法独立公正行使审判权和检察权的制度"②。我们在探索审判独立内涵时必须洞悉模式背后的政治制度、国家权力配置、文化背景等影响因素，不能照搬硬套外国法治理念和司法独立理念；必须洞悉它们的根本性质，而不能作简单类比分析、全盘移植；必须从中国国情出发，坚持党的领导及人民代表大会制度，充分考虑司法权功能的实现，遵循宪法法律对司法机关性质和职能的定位，保障司法权依法独立公正行使。我国《宪法》、《人民法院组织法》和三大诉讼法明确了人民法院在国家权力体系中的地位，并规定人民法院依法独立行使审判权，不受行政机关、社会团体和个人的干涉。我国的审判独立是坚持中国共产党的领导，在人民代表大会制度下的独立，我国"议行合一"的政治构架下，国家权力属于人民，司法机关由权力机关产生，受国家权力机关监督，对权力机关负责。独立审判是基本的司法规律，为实现司法公正和司法效率的

---

① 参见刘作翔《关于司法权和司法体制的宪法修改意见》，《法学》2013 年第 5 期，第 30~31 页。

② 《十八大以来重要文献选编》（中），中央文献出版社，2016，第 168 页。

价值目标，审级制度须为之提供相应的制度保障。从外部关系来看，审判独立要求人民法院独立于行政机关、社会团体和个人；从内部关系来看，审判独立还要求实现审判权在法院内部的独立，即要求法院内部权力配置及职能设置保障审判权能依法独立公正高效行使。这既强调上下级法院之间维持审级独立，也要求法院横向层面实现审判组织和法官个人的独立。

（二）审判独立理论与刑事审级制度的关系

1. 审判独立的基本内涵——审级独立

审级独立是审判独立理论在刑事审级制度中的要求，是指下级法院相对于上级法院享有独立自主的裁判权，不受后者的法外干涉和控制。2013 年，"欧洲司法委员会联盟"（ENCJ）成立关于独立审判与问责的调查组，调查组认为："审级独立应当包含：一是法官在履行审判职能时是独立的，不受任何机构包括司法内部机构的任何限制、不当影响、压力、威胁、直接或间接干预。二是司法机构的层级设置不应破坏个人独立。除非依据法律规定的救济措施，上级法院不应向下级法院法官强调说明关于他们裁定个案的方式。最高法院有权在上诉程序中搁置或修改下级法院的判决，但不能在下级法院进行裁决的当时直接进行监督。"[①] 本书认为，审级独立是指不同审级的法院于诉讼程序架构之内在行使审判权时能依法独立地对案件进行审理并作出裁决的审判权运行原则。

审级独立以上下级法院之间审判权均衡配置为前提，上下级法院之间只有审级功能的不同，并无权力大小之分；上下级法院之间只存在组织结构设置上的层级不同，而无审判权大小的差异，更不存在领导与被领导关系。不同层级的法院组织地位平等，各自依法独立行使审判权；上级法院通过上诉程序对下级法院的审判活动进行审查，但不能对下级

---

① 参见高一飞《独立审判与司法问责的欧洲标准和国际标准》，《人民法院报》2015 年 11 月 27 日，第 8 版。

法院发布行政性命令，不得干扰下级法院审判权的独立行使。审级独立具体包含以下几层含义。一是各级法院之间只有司法职能分层、组织机构设置上的层级性，而无权力的高低之别。从审判权配置角度看，下级法院与上级法院权力完全平等，下级法院不是上级法院的从属机构，而是享有独立审判权的一级机构。二是在一个完整的审级制度中，每一层级的法院都有权在自己的审级独立审理案件并作出裁决。三是上级法院对下级法院裁判的案件，只能在当事人依审级制度提出诉讼请求后才能进行审查，依法定上诉程序予以撤销或变更，除此以外不得以任何非法定程序的方式干涉下级法院审判权的运用。四是下级法院有独立的判断权，对于案件的处理应当依事实和法律进行独立判断，无须也不应当谋求或遵循上级法院的意见或指示。

2. 审判独立理论对刑事审级制度的要求

一国司法制度的构建始终面临审判独立与审判监督的两难问题，世界各国或采用权力分立的制度模式，或建立纵横交错的司法监督体系，以此保障司法权既不被干涉也不被滥用。审判独立理论为刑事审级制度的构建奠定和提供了正当性基础和合理性要求。

一方面，刑事审级制度的构建应体现审判独立要求。为保障刑事司法权的正当行使，维护诉讼当事人的合法权益，国家构建刑事审级制度，通过上诉制度满足当事人权利救济需求，监督并纠正初审法院的错误司法行为，从而推动司法公正的实现。为满足当事人上诉权的行使，各国多在法院组织体系构建层面配置初审法院和上诉法院，上诉法院享有对初审法院裁判进行审查的权力，上诉法院在审判权行使上呈现出一种对初审法院的审判行为进行审查的表征，它是"初审法院的法院"，这使一国的法院组织体系在纵向层面形成了"等级差异"，似乎上诉法院拥有更大的裁断权。但实质上，司法权是无等级差异的，司法权与行政权有本质上的差异，其最基本的特征即是独立性，其组织结构、运行机理与行政权的完全不同。司法权作为一个居中裁断、以定分止争为目的的国家权力，中立性、独立性是其根本属性，一旦司法权的独立性被削弱，其裁判结果的公正性就不存在。因此，法院设置的层级性并不意味着各不同层级法院之间的从属性，无论法院的层级如何设定，刑事审级制度的设计都应当维护审级独立，即"某一个法院对于另一个法院的审判，亦只能于判决后，依上诉程序而变更其判决，在审判之时，任何法院，亦不受任何其他法院的干涉"①。这要求上诉法院不得恣意裁判，滥用上诉裁判权，损害审级独立。

另一方面，刑事审级制度是审判独立的支持和保障。从权力制约理论出发，任何权力不被监督都会被滥用。西方在国家权力层面完成权力机制构建后，对刑事司法权的制约主要依赖诉讼程序内诉权对审判权的制约以及审判权对审判权的制约两种途径实现。其中刑事审级制度是实现程序内权力制约的重要机制，审级制度通过上诉制度使上级法院对下级法院的审判活动形成一种约束，实现对初审裁判权的警示；还通过审级职能分层，将上诉法院的权力限制在职能范围内，不得随意推翻、撤销初审法院的裁判，从而实现审判权的双向制约。罗伯斯比尔就认为，上诉法院的作用就在于维护立法规定的形式和原则不受法院方面可能的破坏。它不是公民的法官，而是法律的维护者、法官的监督者和检查者。②而比较法学者马丁·夏皮罗也认为，在存在一个独立的司法等级体制的地方，上诉一般是上级法院监督下级法院的主要模式，③上诉是通过对下级法院的行为强加等级化控制的方式来实现对抗下级法官唯利是图、偏见歧视和宽慰败诉方心绪的功能④。在刑事个案的审理过程中，上级法院在受理上诉请求后可对下级法院的事实认定或法律适用

---

① 王世杰、钱端升：《比较宪法》，中国政法大学出版社，1997，第296页。
② 参见〔法〕罗伯斯比尔《革命法制和审判》，赵涵舆译，商务印书馆，1965，第27页。
③ 参见〔美〕马丁·夏皮罗《法院：比较法上和政治学上的分析》，张生、李彤译，中国政法大学出版社，2005，第7页。
④ 参见〔美〕马丁·夏皮罗《法院：比较法上和政治学上的分析》，张生、李彤译，中国政法大学出版社，2005，第69页。

问题进行司法审查，通过审查，可对错误裁判施以纠正或发回重审等程序性制裁，从而防止错案发生，也对下级法院可能的恣意枉法、司法腐败等行为产生约束力。通常情况下，上级法院对下级法院裁判进行审理后，通过变更判决、发回重审或者维持原判的方式行使监督权，这一般不会对下级法院的法官造成直接影响，但上级法院对下级法院的监督权在司法激励机制下能产生巨大的威慑力，特别是在强调司法责任制的国家，法官的职业升迁、职业能力评价等都与裁判的维持率有一定的联系。基于职业前途的考虑，没有法官愿意自己的裁判被推翻。① 如此一来，刑事审级制度的存在会促使初审法院在审理案件的过程中努力提高审判质量，严守诉讼程序，慎重认定事实、适用法律，不断提高自己的业务能力，认真对待，保证案件的审判质量，夯实初审事实审基础。如此，初审法院审判质量得以保证，审级制度的构建则会从对初审法院的信任角度展开，从而在更大程度上维护初审法院的独立性，弱化审级。

　　合理科学的刑事审级制度的构建配合法院的理性、法官的职业化，审判独立与审级制度之间的冲突并不是必然的，制度设计的合理性可以使两者在诉讼程序内实现融贯、协调。无论是对审判独立的维护，还是对审判权的监督制约，都是符合权力配置理念并契合司法规律要求的，审判权的独立行使并非要求法院权力不受任何限制，审判权的独立不是绝对的，作为国家权力的一个组成部分，作为定分止争、参与规则治理并配置资源的公共权力，其不受制约必将导致权力的肆意妄为和腐败。同理，对审判权的监督须建立在审判独立的基础之上，因为审判权一旦失去独立性，其定分止争的功能必将消失殆尽，其就会沦为人治的工具。

---

① Christopher R. Drahozal, "Judicial Incentive and Appeals Process," *SMU L. Rev.* 51（469）（1998）.

## 二 刑事诉权理论

### （一）刑事诉权理论的内涵

诉权理论传统上是民事诉讼的基础理论，由于刑事诉讼的国家主导性特色，[①] 传统诉权理论甚少论及刑事诉权。与民事诉讼基于意思自治制度构建的原理不同，刑事诉讼是追诉犯罪的程序制度，作为控诉方的检察院享有的是国家公权力，难以与享有辩护权的被告方处于平等地位，加之控诉权的不可处分性，决定了在刑事诉讼中引入诉权理论的障碍。因此，理论界较少探讨诉权理论。近年来，随着刑事诉讼理念的转变、当事人主义诉讼模式的引进、对程序性制裁理论的重视以及对控辩双方地位平等这一基本司法规律的尊重，理论界开始关注刑事诉权问题，部分研究者进行了一定的探索。[②] 在刑事诉讼立法层面，我国刑事司法制度一直以来强调惩罚犯罪，遵循国家追诉理念，公诉权作为体现国家意志的公权力，很难与传统民事诉讼中对诉权的界定关联起来，而且辩护权极为弱化，即使遵循相同的诉讼法原理，对刑事诉讼也难以从诉权角度进行制度设计。但近年来，一些颇有影响的冤假错案发生，人权保障观念加强，这引发了对刑事诉权保障的思考，立法者在现行刑事诉讼法及相关司法解释中展开了诉权的表达。

关于刑事诉权的内涵，研究者有不同的界定。如有学者认为："诉权，是国家法律赋予社会主体在其权益受到侵害或与他人发生争执时，请求审判机关通过审判方式保护其合法权益的权利……诉权与刑事诉讼之间存在着不可割裂的客观联系。"[③] 还有研究者认为，刑事诉权是在刑事诉讼中控辩双方进行诉讼的基本权能，它在动态的程序运行中体现

---

[①] 参见黄豹《刑事诉权研究》，北京大学出版社，2013，第 10 页。

[②] 较有影响力的研究成果如下：徐静村、谢佑平《刑事诉讼中的诉权初探》，《现代法学》1992 年第 1 期，第 6~24 页；汪建成、祁建建《论诉权理论在刑事诉讼中的导入》，《中国法学》2002 年第 6 期，第 123~131 页；等等。

[③] 徐静村、谢佑平：《刑事诉讼中的诉权初探》，《现代法学》1992 年第 1 期，第 6 页。

为个案中控辩双方诉讼权利的行使和保障，在静态的法律规定中以各种具体的规范化的诉讼权利为表现形式。① 无论如何定义刑事诉权的概念，其中均蕴含了诉权与审判权之间的互动关系，以及诉权是刑事诉讼当事人所享有的一种基本权利这一核心内涵。从诉权理论来看，刑事诉权是控辩双方进行诉讼的基础，是启动和推进刑事诉讼程序的必要条件，是刑事诉讼中诉讼权利的源泉。刑事诉权的表现形式较为丰富，从程序角度看，刑事诉权表现为控诉权和应诉权（其核心是辩护权），即公诉机关启动审判程序的权力和被告人应诉答辩对质的权利；在自诉案件中，控诉权则表现为被害人及其法定代理人的起诉权。控诉权和应诉权只是诉权的核心内容，诉权还表现为具体的诉讼权利，如答辩权、对质权、上诉权（抗诉权）、申诉权等等。可以从以下几方面理解刑事诉权。

其一，诉权具有多元性。相对于民事诉权，刑事诉权较为复杂。刑事诉权的主体较多，除了诉讼两造的公诉权（自诉权）与应诉权之外，由于在刑事公诉中，由国家代替受害人进行追诉，受害人的诉讼地位被排除在诉讼两造之外，但受害人与案件存在一定的利害关系，因此，立法也赋予受害人一定程度的诉权。

其二，诉权具有层次性。国家对诉权的规定并不是单一的，诉权的内容极为丰富。在刑事诉讼中，为防范司法错误，以及给当事人提供司法救济，甚至是为了更广泛区域内的法律适用统一，国家在配置诉权时，通常并不强调"一审终局"而仅仅设置公诉权（自诉权）和应诉权，而是赋予当事人多层次的诉权，形成一个诉权体系。从影响审判程序启动的角度来看，国家除赋予诉讼主体公诉权（自诉权）及应诉权之外，还设置了上诉权、抗诉权、申诉权等。这些延伸性诉权与审级相对应，为诉讼主体提供充足的诉权保障。

① 参见汪建成、祁建建《论诉权理论在刑事诉讼中的导入》，《中国法学》2002 年第 6 期，第 124 页。

其三，诉权具有平等性。在讨论刑事诉讼法中是否需要诉权理论时，一个重要的争议即是刑事诉讼中诉权是否具有平等性，由于刑事诉讼与民事诉讼存在不同，民事诉讼的双方当事人基于私权保护的需求进入诉讼，主体地位可以实现平等，但在刑事诉讼中，诉讼的一方是公诉机关，代表国家。在英美法系国家，用诉权理论解释刑事诉讼构成不存在障碍，因为其传统上即将公民与公诉机关平等对待，诉讼模式秉持当事人主义，诉讼构造维持诉讼的等腰三角形，控辩双方地位平等。但在大陆法系国家及我国，秉持国家追诉理念，赋予公诉机关更显著的权力，很难实现"权力"与"权利"的对等，因此，我国一直以来在刑事诉讼法中并不探讨诉权理论。但是从诉讼的本质来看，诉讼两造若不居于平等地位，则无法维持最基本的司法规律，审判活动是非正义的。另外值得关注的是，若将公诉权置于诉权之上或之外，亦无法解释公诉权如何推动审判权的运行。引入诉权理论并强调诉权的平等性，均衡配置公诉权及辩护权，不仅可以解决我国刑事司法制度设计中的难题，而且是对司法规律最好的遵循。这也是我国刑事诉讼制度发展完善的方向。

其四，诉权具有可处分性。不同于民事诉讼对私权的保护，刑事诉讼的诉权存在理论上的障碍。民事诉讼的私权处分是自由的，只需遵循意思自治原则即可，国家不会干涉。在刑事诉讼中，自诉案件与民事诉讼的原理相同，不存在这个问题。但在公诉案件中，由于公诉方代表国家行使追诉权，特别是在大陆法系国家，刑事诉讼中实行起诉法定主义，公诉方的控诉职能的履行是义务，而非权利，不能自由处分。从我国传统理论观点来看，公诉权同样不具可处分性，国家利益不能放弃、退让、协商。但刑事司法理念在不断发展变化，协商性司法理念、恢复性司法理念等对现代的刑事诉讼制度构建产生了极大的影响，对刑事公诉权的履行不再被绝对强制。最为典型的是，我国的刑事诉讼在本轮司法改革中推出认罪认罚从宽制度，这一制度就建立在公诉权的可处分性基础上；又如刑事诉讼中的裁量不起诉制度也反映出公诉权的可处分性。制度是发展的，刑事诉权特别是公诉权的不可处分性在刑事司法现代化转型中已有巨大的改变，我们不必固守传统。

（二）刑事诉权理论与刑事审级制度之关系

1. 复审请求权是刑事诉权在审级制度中的重要表现

复审请求权是刑事诉权在审级制度中的具体表现，是诉权的表现形式之一。国际公约中有关于复审请求权的明确规定，联合国《公民权利和政治权利国际公约》第 14 条第 5 款规定："凡被判定有罪者，应有权由一个较高级法庭对其定罪及刑罚依法进行复审。"该公约同时规定，复审请求权由被告人或犯罪嫌疑人享有，针对未生效的定罪判决以及已经生效的定罪判决，当事人可以行使复审请求权，但是对生效裁判，复审请求权的行使有严格的条件，须尊重生效裁判的既判力；复审法院复审的范围包括案件事实问题、法律适用问题，也包括程序适用问题。[①] 各国保障公约所规定的复审请求权实现的路径基本一致，即通过构建刑事审级制度赋予当事人上诉权，通过启动上诉程序保障复审请求权的实现这一权利救济的主要路径。但由于法律传统和法律制度存在较大的差别，对于被告人或犯罪嫌疑人获得复审的权利，各国的规定有所不同。如各国规定的审级模式不同，这导致复审请求权的行使方式不同，三审终审制度的国家，赋予当事人两次复审请求权，而两审终审制度模式下，当事人仅享有一次复审请求权；关于复审请求权行使条件的规定，各国也有差异，如有的国家区分权利性上诉与裁量性上诉，在裁量性上诉制度下，当事人的复审请求权受复审法院裁量权的制约；关于复审请求权的内容，各国规定也不尽相同，有的国家划分事实问题与法律问题，如英美法系国家，通常情况下，复审请求权的内容不包括事实

---

① 参见陈光中、张建伟《联合国〈公民权利和政治权利国际公约〉与我国刑事诉讼》，《中国法学》1998 年第 6 期，第 99 页。

问题的复审请求。

2. 诉权是刑事审级制度构建的基础

诉权与审判权是相互制约关系，诉权决定了审级启动和上诉裁判的范围。诉权对刑事审级制度的影响主要表现如下。（1）诉权是审级制度启动的前提。诉权与审判权的关系首先表现在"无诉即无审判"的原理中，司法权具有被动性，此种被动性不仅体现在刑事初审程序的启动中，没有诉权的行使，法院不能主动对刑事案件进行审理，也体现在上诉审程序中，若无当事人的上诉行为，上诉程序就不能运行。即使在上诉制度具有监督功能的国家，上级法院享有对下级法院的监督权，此种监督权的行使仍与普通监督权的主动性不同，这种监督只能是一种被动监督，上诉法院不能主动启动上诉程序而对初审法院的裁判进行复审监督；对于已生效的裁判，若无当事人依据法律规定的特别条件提出申请，则法院不得启动再审程序，法院更不能主动启动再审程序，否定自身的裁判。综观域外各国刑事审级制度，英美法系国家和大陆法系国家，尽管审级的设置和审级制约的模式有差异，但是其运行机制却具有相同的特点，即上诉程序的启动须遵守基本诉讼规律，即不告不理原则，如果控辩双方对初审法院的裁判毫无异议，不主动行使上诉权，刑事案件的裁判即产生终局性，刑事审级制度在个案中运行结束。这是对当事人意思自由的尊重，也是司法被动性这一基本诉讼规律在刑事审级制度中的体现。（2）上诉审范围受制于当事人上诉请求的范围，不能超出当事人诉求的范围；无论是实行两审终审制度还是三审终审制度的国家，其审级制度和上诉审的构造均有所差异，但是在上诉案件的审理过程中，域外国家或地区几乎都规定上诉审的范围必须限于当事人上诉请求的范围，不得逾越。即无论上诉审是法律审还是事实审，对初审中当事人未提出异议的裁决内容，上诉法院都不得重新审查。上诉法院对初审法院裁判的变更须建立在审理的基础之上，注重当事人诉讼权利的保障。（3）上诉审运行的事后性。审级运行的前提基础是审级独立，不同审级承担各自的功能，上诉审是对初审裁判的一种审查，这意味着上诉法院只能针对初审法院已作出的裁判进行审查，或者说上诉审查的对象并非案件本身，而是初审法院的裁判，上诉是对初审法院的监督。审级运行只能在裁判作出后依诉权的行使而进行，不能对初审法院在审理过程的个案进行，不能参与或干涉初审法院正在进行的审理活动；更无权就案件审理和裁判事项等问题通过命令、指示等具有行政属性的方式主动干涉初审法院的审判独立。如果上诉法院参与初审法院个案的审理活动，则会带来上诉法院基于复审权干扰初审法院独立审判的风险；一旦初审法院接受其审判观点，则违反"审理者裁判"的规则，并且使上诉制度形同虚设，当事人的上诉权落空。一方面，上诉审的事后性是由司法权的被动性所决定的，审级运行的被动性决定了上级法院不能主动干涉下级法院的审判活动；另一方面，上诉审的事后性也符合审级制约理念，并以审级独立为前提。因此，在下级法院行使审判权的过程中，上级法院不能予以干涉。

3. 刑事审级制度为诉权行使划定了界限

现代审级制度通过赋予当事人上诉权，提供权利救济路径，以实现司法的正当性。从这一角度来说，刑事审级制度是刑事诉权实现的制度保障。审级制度的模式直接决定了诉权保护的程度。审级制度的核心含义是刑事案件经过几级法院审理即告终结，即"几审终审"。这直接限定了当事人的诉权行使机会。刑事审级制度对诉权的限制源于对司法终局性和司法安定性的考量，诉权是当事人享有的基本权利，由宪法予以保障，上诉权是诉权的当然内容，刑事审级制度为当事人行使上诉权、进行权利救济提供了制度保障。但司法终局性要求审级运行是有止境的，程序的安定性要求法院对刑事案件的审理具有穷尽性，必须通过终审裁判实现社会秩序的稳定，审级制度更重要的内涵在于通过审级的规范运行使纠纷得到终结，裁判获得既判力，司法权威得到实现。因此，当事人享有的复审请求权应当受到审级制度的限制，只有在法定的审级制度内，当事人才能依法行使诉权，寻求司法裁判与救济，一旦"几审"运行结束，就意味着当事人的上诉权消灭。同样，刑事审级制度的运行是为了保障司法公正的实现，但在实现司法公正的价值目标时，亦不能忽略司法效率。即使是作为宪法性权利的诉权，国家也不可能无止境地投入司法资源，当事人更不可能无限投入司法成本，在设计终审制度时，复审请求权的赋予应当是有限的。审级的层级设置，是立法者在司法公正与司法效率两大诉讼价值目标之间进行平衡的产物。

### 三 程序经济性理论

#### （一）程序经济性理论的内涵

程序经济是司法效率这一价值目标的体现，现代法治不仅追求公正，效率同样也是法治的价值目标。程序经济是指通过合理分配与使用有限的人力、物力等司法资源使诉讼程序在合理时间内终结。经济学家萨缪尔森等认为："稀缺这一事实存在于经济学的核心之中。没有一个社会达到了一种无限供给的乌托邦。物品是有限的，而需求则似乎是无限的。"[①] 程序的经济性是诉讼效率实现的途径，是诉讼经济原则的最终体现。诉讼活动虽然以惩罚犯罪和保障人权为目的，以司法公正为主要价值追求，但也是一种需要司法资源投入的活动，需要消耗人力、物力、财力，通过司法的投入获得诉讼结果的产出。那么根据程序经济性理论，诉讼程序的设计就需要考量诉讼成本与诉讼收益，诉讼成本的投入与诉讼收益的获得是评价程序经济最重要的指标，诉讼效率的实现依赖于程序经济性。因此，程序经济性可直观表达为，在诉讼程序中，一定的诉讼成本的投入达到诉讼收益的最大化，即诉讼效率最高；或者说，用最少的诉讼成本获得最大的诉讼收益。

根据程序经济性理论，刑事诉讼程序设计应当在保证实现刑事诉讼

---

① 〔美〕保罗·A. 萨缪尔森、威廉·D. 诺德豪斯：《经济学》，胡代光等译，首都经济贸易大学出版社，1996，第14页。

目的的基础上，追求诉讼效率的最大化，这是程序法的共通原则。程序经济性要求诉讼程序的内容应当做到诉讼成本投入与诉讼收益产出的最优化，程序经济性理论要求诉讼程序达到迅速裁判、简化程序、合并处理、维持有效、避免浪费、避免重复等至少六个方面的要求。① 举例如下。

一是程序的迅速及时。迅速是程序经济性理论对诉讼程序的要求。首先，从成本角度看，要实现程序的经济性，刑事审判的程序周期就不能过长，诉讼周期的长短直接影响司法成本的投入，周期越长，司法机关与诉讼当事人投入的诉讼成本越高。这就要求诉讼程序的设计过程中，一方面要确立合理的诉讼期限，既保证审判工作的顺利进行，又不至于耗费过多的诉讼成本，须结合司法实践需要，并综合考虑诉讼程序目标和国家经济状况，如在"两审终审"与"三审终审"之间抉择；另一方面，法定的诉讼期限要严格遵守，这也是保障审判及时应该关注的问题，司法人员及相关诉讼主体在实施诉讼行为的过程中，不得无故拖延。其次，从当事人角度看，程序的及时性亦是司法公正的保障，法谚曰"迟到的正义为非正义"，即是对程序及时性的要求，程序经济性理论不仅能保障被害人的利益及时实现，对被告人和犯罪嫌疑人来说也至关重要。及时有效的审判能够保证被告人和犯罪嫌疑人减少不必要的负担，正如贝卡里亚指出："诉讼本身应该在尽可能短的时间内结束，如若法官懒懒散散，而犯人却凄苦不堪；这里，行若无事的司法官员享受着安逸和快乐，那里，伤心落泪的囚徒忍受着痛苦，还有比这更残酷的对比吗？"② 程序的经济性要求经济性的程序，程序要及时有序。

二是程序的繁简分流。从经济学的角度来看，程序的繁简与诉讼成本直接相关，程序越复杂，诉讼投入的成本越多，程序越简单，消耗的

---

① 参见林俊益《程序正义与诉讼经济：刑事诉讼法专题研究》，台北元照出版公司，2000，第92页。

② 〔意〕切萨雷·贝卡里亚：《论犯罪与刑罚》，黄风译，中国法制出版社，2005，第69页。

司法资源越少。刑事案件是多元化的，个案的案情、犯罪性质、当事人的认罪态度等均有不同，如果所有刑事案件都适用同一诉讼程序，这表面上是保障所有的犯罪嫌疑人、被告人能公平地适用同样的程序，但实际上是对司法公正的片面追求，司法公正并不是要求诉讼程序的同一性，而是同类案件得到相同对待，案件能通过一个正当的程序得到审理，最终实现实体公正。从程序经济性的角度来说，要求所有刑事案件适用同一诉讼程序，也是非理性的，现代法治国家面临司法资源的严重不足，与其适用同一程序以至于拖延诉讼，最终影响司法公正的实现，不如在诉讼程序设计上以程序经济性理论为导向，根据案件性质的不同，设计繁简不同的多元化诉讼程序。对于案情复杂重大的案件，以严密周全的普通程序审理，而对简单的轻微刑事案件，考虑当事人的认罪态度，纳入当事人的合意，利用简易程序或快速处罚程序审理，这可以将有限的司法资源倾斜于重大复杂案件，能实现更大程度上的正义。世界各国的刑事司法发展趋势都表明，通过诉讼程序的多元化设计赋予当事人程序选择权，是现实可能的，且并不损害司法公正。

三是程序的稳定终局。程序经济性还要求诉讼程序本身是稳定有序的。一方面，程序是可预见的，稳定的。这就要求诉讼程序本身具有稳定性，诉讼程序的运行由诉讼法明文规定，有序运行，程序规则得到遵守尊重，不因审判者、诉讼当事人、其他权力主体的干涉而发生变异。另一方面，程序必须具有终局性。程序是不可逆的，禁止重复起诉，对于生效的裁判要赋予既判力，法院、当事人、社会要予以尊重，除法律规定的情形外，不得予以推翻，更不得再次审判。因此，大多数国家设置的再审程序，由于是对已生效裁判的救济程序，均严格规定程序启动的条件，以维持基本诉讼程序的稳定性和终局性。

（二）程序经济性理论与刑事审级制度的关系

基于程序经济性理论，就刑事诉讼程序制度设计来说，刑事诉讼程序越复杂，程序运行的时间越久，司法成本投入就越多；在国家对刑事司法资源总体投入一定的前提下，若某个刑事案件耗费的司法资源多，其他刑事案件的司法资源就少。因此，为实现诉讼经济的目的，刑事审级制度的设置须遵循成本收益规律，但审级的设置又不得不考虑事实真相的查明，毕竟诉讼的目的之一是定分止争。程序的经济性与案件事实查明实际上是存在冲突的，因为"越是致力于向客观真实靠拢，程序持续时间就越长、消耗资源就越多，尽快终结所有程序就越难，反之亦然"①。因此，在刑事审级制度的设计中，一方面须考虑程序的经济性，避免审级设置的复杂性；另一方面又必须通过审级的设置，给当事人提供完善的权利救济途径，通过复审法院的复审，避免刑事错案的发生。程序经济性理论对刑事审级制度的影响主要体现如下。

从刑事审级设置角度来看，基于诉讼经济的安排，刑事审级的设置增加了诉讼成本的投入，对于"几审"的制度设计，在考虑司法正当性获取的前提下，诉讼成本的存在，决定了制度设计必须建立在诉讼经济的考量之上。复杂的审级制度会带来延缓最终判决、增加当事人的诉讼成本、造成法院资源紧张等方面的代价。② 每增加一个审级，国家就需要增加投入相应的人力、物力、财力；与此同时，我们还不能肯定，增加审级就一定会降低司法裁判错误的成本，提高当事人权利保护的收益；过多的审级可能导致其他风险的产生，如无权利救济需求的当事人利用审级拖延诉讼，当事人滥用上诉权，而真正需要进行权利救济的当事人却难以得到充足的司法资源。实际上，"法官的功能就是在最短的时间内以最小的成本来提供最高质量的正义"③。刑事审级制度过于复杂可能直接影响整体诉讼制度效率的实现。因此，审级的设置不能过于

---

① Hassemer（Fn. 29），S. 1949ff；Wolfslast，Gabriele：Absprachen im Strafproze，NStZ 1990，409，413.

② 参见宋冰编《程序、正义与现代化——外国法学家在华演讲录》，中国政法大学出版社，1998，第159页。

③ Warren Burger，Report on the Problems of the Judiciary，93，S. Ct. Supp. 3，3（1972）（address to the American Bar Association annual meeting）.

复杂，要么控制审级，如实行"两审终审"，甚或"一审终审"；要么根据案件性质的不同在一国实行多元化的刑事审级制度。在审级运行层面，基于程序经济性考量，须充分发挥各审级功能，不同审级承担不同的审级职能，分工落实，通过审级的高效有序运行最终实现司法公正。具体来说，在审级制度中，初审法院的职能定位主要是事实查明，这是显而易见的，须确认事实审以一审为中心，制定科学合理的程序规则，规范程序运行，力求在一审中完成事实认定，而不能将事实认定的审判任务上移至上诉法院，不能期望通过上诉法院的严格复审防范初审法院的事实认定错误。而上诉法院则应在初审履行事实审判职能的前提下，将更多的审判资源倾斜于对重大疑难案件的解决，或者对具有典型法律意义的案件的把关，或者对法律适用问题的审查，并最大限度地保障同一司法区域的同案同判。因此，上诉审程序的启动可以区分权利性上诉与裁量性上诉，要求上诉人提出上诉理由，以限制不必要的上诉请求；上诉审应坚持有限审查原则，其审理方式采用开庭审与书面审相结合的方式，区分不同案件适用不同方式，以缩短庭审时间及减少庭审资源消耗。

程序经济性理论在诉讼程序设计中的运用，并非要否定司法公正作为刑事诉讼首要价值目标的地位，也不是一味追求程序效率。程序经济性理论同样要求程序设计符合司法公正的要求，无论多么快速有效率的程序，如果裁判的质量不高，冤假错案频发，当事人不服裁判结果，诉讼都难以实现定分止争的功能，当事人则会通过上诉、申诉等路径不断启动诉讼程序，程序难以终结，这本身也不是经济性的程序。因此，在刑事审级制度的设计中，须平衡实体公正与程序经济，须坚持在保证司法公正的前提下，设置经济性的审级制度，现代国家构建刑事审级制度，赋予当事人上诉权，以追求司法公正；但同时考虑到程序的经济性，审级设置大多为两审或三审，并通过技术原理控制司法成本。实际上，审级制度在实现司法实体公正和保证程序的经济性方面并不矛盾，并不是刑事审级制度越复杂，案件的实体公正越能得到保障。因为从认识论的角度出发，对于刑事案件中的事实问题和法律问题，特别是犯罪事实真相的查明，上诉审的成本巨大，而收益并未随之有显著增加，实际上是处于边际效应递减的状态。因为案件事实的查明，实质上不在于审判者的专业智识和职业经验，而更多依靠证据的获取和运用，即在于案件信息的多寡，增加一个审级的经济成本却是无法估量的。增加审级，受初审裁判文书的影响，上诉法官可能根本不能发现错误，而且上诉审离案件发生的时间过长，上诉审庭审不如初审庭审完整等问题可能导致新的裁判错误。关于法律问题，可能在更大程度上与智识无关，与司法经验有关，从裁判结论来说，法律问题更多涉及权威问题，通常级别越高的法院，其法律解释就越权威。但这也不意味着针对案件的法律问题可以反复审查，因为"任何的法律问题一经终审，问题本身即告终结，反复重审的收益也必然为零"[1]。从程序经济学的角度来说，审判程序不断启动，并不必然导致更公正的司法结果，审级运行的收益处于边际效应递减状态。基于以上分析，我们即可理解，在刑事诉讼制度中，面对刑罚这种摧残肉体或者社会存在感的惩罚制度，刑事诉讼比其他类型的诉讼对司法公正的法益保障要求更高，刑事诉讼法律框架比其他诉讼框架更需要为事实认定的可靠性和裁判的正确性提供严格有效的保障。在对司法公正要求更高的前提下，现代法治国家的审级模式仍然基本上限定为"两审终审"或"三审终审"，其根本原因在于减少不必要的上诉成本，维护程序的经济性，两者在一定程度上是可以调和的。

## 四　程序安定性理论

### （一）程序安定性的内涵

法的安定性是法最重要的本质之一，拉德布鲁赫指出："正义是法

---

[1]　波斯纳指出，多次复审在减少错误成本上的收益在总体上为零，没有理由认为最新的判决会比以前的判决更为正确。参见〔美〕理查德·A. 波斯纳《法律的经济分析》（下），蒋兆康译，中国大百科全书出版社，1997，第729页。

的第二项重大的使命，不过其第一项使命则是法的安定性，即和平。"①法的安定性要求程序本身是安定的。日本三月章教授认为："程序法则毫无疑问将维护和贯彻判决的结果，顺应法的安定性要求作为一大特点。"② 程序的安定性主要是指诉讼程序本身的安定性，它要求诉讼的运作应依法定的时间先后和空间结构展开并得到终局决定，从而使诉讼保持有条不紊的稳定状态。③ 程序安定性原则在一定程度上受诉讼目标的影响，如果刑事诉讼的目的是惩罚犯罪，那么程序安定性可以被违反，因为为了惩罚犯罪，程序规则可以忽略不计，进行无限追诉；但若是考虑到人权保障作为刑事诉讼目的，强调恢复性司法，则程序安定性就变得十分重要，诉讼程序的启动、运行、终结应当有自己的秩序。现代法治国家不仅将惩罚犯罪作为刑事诉讼的目的，而且更加重视对人权的保障，因此，程序安定性成为诉讼制度构建的基本理论基础。具体来说，程序安定性表现如下。

首先，程序规范的确定性。程序规范的安定性直接来源于法的安定性。法的安定性要求法律制度本身是安定的，具有稳定性。法作为指导人们行为的指南和约束人们行为的规则，其本身即应当是安定的，不能随意更改。这也要求程序规范自身的安定性，即程序规范须是清晰可操作的，否则诉讼主体难以进行诉讼行为。因此，诉讼程序应当保持有序性，程序的运行遵循时间、空间规律性要求；同时，程序还应当具有连续性，程序依诉讼规律和案件的进程逐渐展开，遵循基本的认识规律，程序之间紧密衔接，符合逻辑，不存在跳跃、混同。

其次，程序运行的安定性。程序不仅要具有确定性，而且确定的程

---

① 〔德〕古斯塔夫·拉德布鲁赫：《法律智慧警句集》，舒国滢译，中国法制出版社，2001，第 16 页。

② 〔日〕三月章：《日本民事诉讼法》，汪一凡译，台北五南图书出版有限公司，1997，第 29 页。

③ 参见韩阳、张剑秋《论刑事程序的安定性》，《学术交流》2014 年第 2 期，第 68 页。

序还须依既定的规则运行。程序安定性还体现在程序运行的规范性和不可逆性上。程序安定性要求程序规范运行，诉讼主体严格遵守程序法的规定，审判人员及相关诉讼当事人不得违反、破坏程序规则。程序的不可逆性主要是指诉讼程序的展开是不能随意回转、重复的，程序的经过对所有诉讼主体均有约束力，侦查机关、司法人员及犯罪嫌疑人、被告人都应当承担自己的诉讼行为所产生的法律后果。诉讼法中确立"禁反言"原则，侦查人员、司法人员与犯罪嫌疑人、被告人等诉讼主体均受过去言行的约束，即程序具有一种"作茧自缚"的效应。① "一切程序参加者都受自己的陈述与判断的约束，事后的抗辩和反悔一般都无济于事。"② 程序的运行遵守诉讼阶段的规定，初审之后是上诉审，同样具有不可逆性。程序的安定性还通过"禁止重复起诉"或"禁止双重危险"原则实现，诉讼程序终结之后，其裁判的权威就要被维护，不容许重新提出对犯罪嫌疑人、被告人的诉讼。程序的不可逆性有利于增强程序的可预期性，通过程序的运行，诉讼变得确定。

最后，程序的终结性。司法具有终局性特征，这也是司法的本质特征，如果程序没有终结性，司法就不可能成为纠纷解决的最后一道防线。程序的终结性体现在刑事诉讼通过裁判生效终结诉讼程序上。司法具有终局性特征，程序运行应当遵循这一基本司法规律，体现司法权威，在解决纠纷的过程中，司法是有止境的，不能因对实体公正的无限追求和当事人权利保护的需要，无限制地利用司法资源；程序的终局性要求审判程序结束后，不得随意再次启动，不得使犯罪嫌疑人、被告人处于不确定的状态，遵循"一事不再理"或"禁止双重危险"规则，再审程序的启动必须遵守严格条件。

（二）程序安定性与刑事审级制度的关系

刑事审级制度的重要内涵在于通过审级的规范运行使纠纷得到终

---

① 参见季卫东《法治秩序的建构》，中国政法大学出版社，1999，第 18 页。
② 季卫东：《法治秩序的建构》，中国政法大学出版社，1999，第 19 页。

结，裁判获得既判力，程序的安定性得到维护。"判决一旦做出，法官就不再是法官"，即"使法官从他处理的争议中摆脱出来"。[①] "如果一种争端解决程序总是因同一事项而被反复启动，它是不能成为程序的。"[②] 程序的安定性要求程序的有序、时效、非逆和完结性，刑事诉讼法的设计要以此为理论基础。如果经过正当程序得出的结论轻易地被否定，那么司法就缺少安定性，整个社会就缺少安定性。

程序安定性原理要求审级制度的构建中体现司法终局原则。审级制度通过程序终结维护程序的安定性，审级制度对司法终局性的维持体现在两个方面。一是审级制度的表达方式。一国审级制度的表达通常是"几审终审制"，其中终审的内涵是刑事案件的运行经过几层审级后即告终结，纠纷的解决方案须得到保持和尊重，裁判产生既判力，非经法定程序不可变更。这里的"几审"即意味着审级的层数，即案件可以经过几级法院审理；而"终审"即是司法终局性的核心体现，要求案件经过"几审"后即告终结，所得裁判即为生效裁判，当事人及法院均应当予以尊重。若案件审理经过法律规定的"几审"后还不能终结，或者还能通过其他权力机关解决，或者还能再次启动司法程序，这都意味着"终审不终"，其原因要么是司法权不独立，司法未能成为解决纠纷的最后一道防线，要么则是法律无权威，司法难以承担定分止争的功能。无论如何，如果"终审不终"成为常态，则意味着国家的审级制度发生了严重质变，审级制度形同虚设。二是司法权独立性、权威性。司法权行使的独立性确保司法裁判不受其他权力的干涉，司法裁判具有相当的权威性，不因其他国家权力被撤销、被否定，从而在更高层面保障司法的终局性。

审级制度中存在程序安定性与司法正当性的冲突。程序安定性及司

---

① 沈达明编著《比较民事诉讼法初论》（上册），中信出版社，1991，第136页。
② 陈瑞华：《通过法律实现程序正义——萨默斯"程序价值"理论评析》，载北大法律评论编委会编《北大法律评论》（第1卷·第1辑），法律出版社，1998，第191页。

法正当性都是刑事审级制度所追求的价值目标，两者既冲突又统一。日本三月章教授认为："正义的要求和法的安定性的要求，往往反映出法律对立的一面。"① 司法的正当性通常是指国家的司法裁判行为符合法律的规定，并获得当事人和社会的普遍认同。司法正当性协调司法与社会评价的关系，是司法获得公信力的基础来源。刑事审级的设置是国家实现司法正当性的重要途径，司法正当性是审级制度设计不可忽视的目标。审级制度一般通过两个层面来保障司法正当性的获得。一是通过上诉制度的运行，纠正初审法院的错误，通过增强法院裁判的正确性，使当事人愿意接受司法审判的结果，增强裁判的正当性；二是通过上诉制度的设立，给当事人提供发泄不满的途径，并重视上诉人的上诉请求，从而使裁判结果被当事人认可，最终获得司法正当性。上诉制度的存在使不满初审裁判的当事人能够立即向更高层级的法院表示不满，审理法院的司法级别的提高、法院审判组织的复杂性等等，都能让当事人感知司法的谨慎，在得到权利诉求的支持，甚至仅仅获得心理上的安慰之后，更愿意接受司法裁判的结果。但刑事审级制度在维护司法正当性的过程中，追求重复审理的制度设计也可能造成对程序安定性的威胁。在刑事审级制度的设计中要注意协调司法正确性与程序安定性的冲突。各国尽管审级制度模式存在差异，但遵循共同的原理，即案件经过一定层级的法院审理后，程序必须终结，终审法院的裁判具有既判力，非经严格法定程序不得变更。审级制度的运行不是没有止境的，须遵循法定审级的规定，尊重既判力理论。

程序安定性在审级制度中面临着再审制度的冲击。为保障司法的正确性，各国都设置了特殊救济通道，以对司法裁判的错误进行纠正。此种救济机制虽然能在一定程度上通过维护司法的正确性实现司法的正当性，但是对司法的终局性构成破坏。为此，各国主要依赖对特殊救济程

---

① 〔日〕三月章：《日本民事诉讼法》，汪一凡译，台北五南图书出版有限公司，1997，第29页。

序的严格限制，设置严格的启动条件对刑事再审的运行进行限制。这对司法公信力的生成也是极为重要的。西谚曰："诉讼应有结果，乃是共同的福祉。"① 生效裁判的既判力若不能被尊重，不能维持，程序的安定性便不能实现，通过诉讼程序解决纠纷的诉讼目标则将落空，诉讼主体的利益将处于不可确定状态，最终社会秩序难以稳定。因此，各国均严格规范非常通道的使用，以维护程序的安定性。

## 第三节 刑事审级制度的功能分析

刑事审级制度的功能既是设计刑事审级制度的基础，同时也是检验一国刑事审级制度运行是否有效的标准。审级制度之目的，在于求取审判结果之正确与适当。借由审级制度之运作，上诉审得以撤销、纠正初审法院违法或不当之审判，减少初审法院擅断、误判的机会，进而保障被告人之诉讼权利。② 刑事审级制度功能的正确定位对刑事审级制度构建起决定性的作用。美国法官霍夫司塔认为，上诉法院扮演两种角色，一是从事"正确性审查"，二是承担"机构性功能"。前者在于纠正错误的裁判，后者在于指导和发展法律。还有学者将两种上诉功能的实现归结于上诉法院分别扮演"私人角色"和"公共角色"。③ 有关审级制度功能的研究较多，学术界形成了理论争鸣。刑事司法制度在特定时期、特定条件下的价值目标可能并不止于追求公正这般简单，穆勒即认为，"审判的目的与其说是确定被告是否违反了法律，毋宁说是确定'违法者是否还属于社会之一员'；刑事审判成为'评价人性、区分善恶归属'之所"④。

---

① 参见王利明《司法改革研究》，法律出版社，2000，第252页。
② 参见林钰雄《刑事诉讼法》（下册），中国人民大学出版社，2005，第216页。
③ 参见 William L. Reynolds, *Judicial Process* (Law Press, 2004), pp. 33-34。
④ 〔德〕英戈·穆勒：《恐怖的法官——纳粹时期的司法》，王勇译，中国政法大学出版社，2000，第73页。

## 一　依法纠错

　　程序理论一般认为审级制度能够通过审级程序的运行纠正初审法院在发现事实与适用法律方面的错误，从而保障司法的正确性。各国建立刑事审级制度的目标可能有所差异，但共同目标之一是防止错误，以保障裁判的正确性。由于人类认识能力的局限性，各国都在刑事司法程序内设置了一定的纠错过滤机制，即审级制度。立法赋予上诉法院对初审法院裁判的审查监督权，在当事人上诉权行使的前提下，对初审法院的司法裁判进行再一次的检验，监督初审法院不合理、不妥当的行为，纠正错误判决，维护当事人的合法权益。

　　纠正错误判决是审级制度最为重要的目标之一，对于保障当事人的利益具有非常重要的意义。法院的错误裁判侵犯了当事人的人身权和财产权，为实现权利救济，须对错误裁判进行纠正。在诉讼的过程中，无论法官多么谨慎地审查适用证据，都可能存在法院裁判错误的情况，这从概率论的角度来说是正常的，从认识论的角度来说也是非常合理的。因为诉讼证明作为一种回溯性证明活动，案件事实的查明完全依赖于证据，而证据受制于收集证据的能力、时间的流逝、证人的记忆力等多种因素的影响，刑事诉讼程序被罗尔斯称为"不完全的程序正义"，他认为："即使法律被仔细地遵循，过程被恰当地引导，还是有可能达到错误的结果。一个无罪的人可能被判有罪，一个有罪的人却可能逍遥法外。"① 那么，在此情况下，为实现司法公正、保障人权，我们须审慎地设计刑事司法制度，最大限度地保障事实认定的正确性，防止冤假错案的发生。

　　审级制度为防范刑事冤假错案提供制度保障。在刑事审级制度下，初审法院对案件进行审理裁判后，若当事人对裁判有异议，则可以通过

---

① 〔美〕约翰·罗尔斯：《正义论》，何怀宏、何包钢、廖申白译，中国社会科学出版社，1988，第86页。

上诉等方式向上诉法院提出上诉请求。如果上诉符合法定上诉条件，则上诉程序启动，上诉法院对刑事案件进行审查，若发现初审法院的裁判错误，则对其予以纠正。一方面，从认识规律来看，法官通过一次审理所查明事实的正确率可能低于多次审理，审级制度通过多次审理，能提高发现事实真相的概率，克服一级法院认定案件事实的局限性。案件经过逐级过滤，事实不断被发现，错误不断被纠正，由此确保裁判的正确性，实现司法公正，如有学者指出："既然一审的错误是不可避免的，那么，再设计一审之上的复审程序以逐渐缩小误判的可能性，是保证正确解决案件的良好选择。"[①] 理想状态下，对于普通事件，经过不断的重复检验可能更容易发现错误。另一方面，从司法经验论的角度看，上诉法院的法官往往比初审法院的法官专业知识更扎实，司法经验更丰富。而且在有的国家，上诉审的审判组织更加复杂，多采用合议制，多个法官的智慧被充分利用，这为发现错误、纠正错误提供了良好的组织保障。因此上诉法院能及时发现并纠正初审法院的裁判错误。此外，刑事审级制度的纠错功能还体现在审级制度的存在本身对法院正确谨慎行使审判权就是一种威慑上。"上诉程序之所以能够纠正错误，不只因为上诉程序为当事人提供了多一次机会，更因为上诉程序存在本身就构成对一审程序的监督机制，从而减少了一审判决出现错误的几率。"[②] 刑事审级制度通过赋予法院不同等级的权力，将初审法院的裁判权置于上诉法院的监督之下，即使上诉程序并未启动，仍然足以保障初审法院谨慎、公正、合理地进行裁判。在保障各审级法院独立行使审判权的基础上又促进有效监督，从而提高初审裁判的正确率，确保司法公正的实现。

虽然世界上大多数国家都设计了刑事审级制度，但是其功能不尽相

---

① 章武生：《民事简易程序研究》，中国人民大学出版社，2002，第 225 页。
② 傅郁林：《审级制度的建构原理——从民事程序视角的比较分析》，《中国社会科学》2002 年第 4 期，第 91 页。

同。在基本功能之外，英美法系国家的刑事审级制度更注重规则治理，而大陆法系国家则更注重解决纠纷。① 由于刑事审级制度功能定位不同，各国对刑事审级制度的纠错功能重视程度不同。在英美法系国家，刑事审级制度更侧重于法律适用的监督，并不十分重视对事实问题的纠错功能，上诉和上诉制度通常被理解为上级裁判者对下级裁判者的监督，旨在维护决定的正确性、公平性、一致性等价值，并提供规则产生机制。② 大陆法系各国则受刑事诉讼的职权主义模式理念的影响，更加注重纠纷解决，因此，事实的查明成为审级程序运行的重要目标，对刑事审级制度的纠错功能十分依赖，上诉审的范围体现在上诉程序中也是事实审与法律审的结合，事实错误的纠正是上诉法院的核心职能之一。

## 二　权利救济

刑事诉讼的基本任务是发现犯罪嫌疑人、被告人是否实施了被指控的犯罪事实及如何适用刑罚的问题，以此实现刑事诉讼法解决纠纷的功能。在解决纠纷的过程中，由于诉讼是一种博弈，诉讼机制运行的对抗性必然导致一方当事人胜诉，而另一方当事人败诉，在这种胜负分明的博弈机理下，一定存在着一方当事人对裁判结果不满。在刑事诉讼裁判生成过程中，被告人更是处于被追诉的地位，被动性更甚，裁判结果涉及人身自由的限制和生命的剥夺。因此，刑事被告人对裁判结果的接受度更低。刑事审级制度可以在一定程度上缓解当事人对不利诉讼结果的抗拒，缓解矛盾的进一步激化，最终提高裁判的可接受度，实现司法的正当性。"无救济则无权利"，为贯彻人权保障理念，现行各国刑事司法制度中均设计了完整的权利救济制度。

一方面，刑事审级制度通过多次上诉权的赋予保障当事人权利救济

---

① 参见王超《刑事审级制度的多维视角》，法律出版社，2016，第57~61页。
② Richard Nobles and David Schiff, "The Right to Appeal and Workable Systems of Justice," *The Modern Law Review* 65 (2002): 76.

的实现途径。现代各国的刑事司法制度通常以审级制度为权利救济的重要路径之一。审级制度通过赋予当事人一次或者两次不服先前裁判的救济权，使当事人的实体权利和程序权利获得多次审理的机会，从而保障权利救济的完整性、妥当性。刑事审级制度通过完整的审级为被告人提供权利救济手段，通过审判程序的多次展开，尽可能实现事实认定正确、法律适用正当，以确保刑事被告人不因错误判决遭受不当惩罚，实现权利保障。另外，各国除了通常的审级制度这一普通救济机制之外，还设有非常救济机制，普通救济机制是针对产生既判力的刑事裁判而赋予当事人的一种救济途径，表现为刑事审级救济机制；而非常救济机制则是针对已生效的刑事裁判，各国通常设定再审救济程序作为辅助纠错机制，但因为此种救济机制违背既判力理论，在很大程度上损害裁判的稳定性和司法权威，程序启动极为谨慎，在非常情况下才适用。

另一方面，刑事审级制度通过吸收被告人不满，实现权利救济。"上诉权利的功能之一就是能为审判活动中的败诉方提供一个情感宣泄的出口以及相应的社会保护。因为上诉允许败诉方在抽象层面上继续主张自己的权利而不会攻击法律体系的合法性或者拒绝遵从审判法院。"① 有学者提出："过于简易的决策过程往往使当事人对判决结果产生怀疑，不满于一次判决的当事人如果拥有一次倾泻的机会，获得上一级法院的复审，那么程序的复杂性、法官人数的增加、审判者司法等级上的权威性，都可能令人感觉案件已经过慎重处理。"② 赋予当事人多层次的诉权以及诉意多次表达的机会，可以提高裁判结果的可接受度。在审级制度中，赋予当事人完整的上诉权，当事人不满初审判决时，能充分行使上诉权，顺利推动上诉程序的启动，审判权对诉权予以尊重，不过

---

① 〔美〕马丁·夏皮罗：《法院：比较法上和政治学上的分析》，张生、李彤译，中国政法大学出版社，2005，第68~69页。

② 傅郁林：《审级制度的建构原理——从民事程序视角的比较分析》，《中国社会科学》2002年第4期，第93页。

多干扰；在上诉程序运行的过程中，当事人能切实参与诉讼，充分发表诉讼意见，作出意思表示。通过诉讼意见的发表，当事人的诉讼行为对诉讼结果至少具有形式上的决定力，因为在诉讼中，"人们至少有理由期望，在作出关系他们的判决之前，法院听取其意见，即他们拥有发言权。某人被允许参与诉讼也表明别人尊重他，即他受到了重视"①。无论裁判结果在法律角度是否公正，对于败诉的一方当事人来说，面对不利于自己的诉讼结果，其往往都很难理智地接受。"上诉的机制是告诉败诉方如果他相信确实出现了二对一的情况，他能够请求另一名法官再行审判。""上诉无论是否真正运行，被威胁适用，还是仅仅处于备用状态，都能够避免增加对败诉方的侮辱。通常情况下，我们将上诉看成是保证对抗一审法官的行为不端及对败诉方进行宽慰的一种方式。"②上诉法院对当事人上诉权的回应能够让当事人感受到审判权对其诉讼权利的尊重；通过充分参与诉讼，当事人能感受到自己对诉讼结果的影响力。而当完整的审级制度运行终结时，当事人可能愿意将败诉的原因归结于自己的诉讼不力，而非法院判决不公，从而减缓当事人对国家司法的对立情绪。审级制度通过赋予刑事诉讼的当事人多次接受审理的机会，使当事人的诉权多次实现，其实体权利得到多重保护，审判权给予诉权充分的尊重，最终增强其对裁判结果的认同感。

## 三 制约公权

现代法治理念下，司法公正无疑是刑事司法最大的价值目标。司法作为保护权利的最后一道防线，裁判具有权威性、终局性。司法必须以司法公正为价值目标，在纠纷解决的过程中保证诉讼程序和诉讼结果的

---

① 〔美〕迈克尔·D. 贝勒斯：《法律的原则》，张文显、宋金娜、朱卫国等译，中国大百科全书出版社，1996，第35页。

② 〔美〕马丁·夏皮罗：《法院：比较法上和政治学上的分析》，张生、李彤译，中国政法大学出版社，2005，第65页。

公正，否则，社会正义将无法得到保障和实现，司法保护权利、维护社会秩序的目标也将无法实现。在法治语境下，裁判领域的正义即是法官运用制定好的程序规则，根据经验，娴熟地运用司法技能，充分利用证据，公正地发现案件事实，并适用一般规则作出裁判；且该裁判是公开的，可以被评论和监督；亦同时赋予当事人救济性权利，当事人若不服裁判内容可以上诉。从域内外各国或地区的司法实践来看，通过司法实现正义的方式莫不如此。

司法权作为国家权力的内容之一，由法院和法官独享，权力的使用面临被滥用的可能，因此，权力须被监督。裁判权制约与独立公正司法是一个两难困境，司法权运行的基本要求是独立公正司法，作为居中裁判认定权利义务关系的审判组织，法院如果在权力行使上不具有独立性，其裁决行为当然不具有公正性，这是最基本的司法理念。审判权的滥用对当事人的权利义务将造成极大的危害。因此，对审判权的监督制约一直是刑事司法制度设计的重要内容。在独立公正司法的大前提下，司法权的滥用更成为制度设计者必须重点观照的问题之一，各国均设计了独特的制约机制以保证司法权独立公正行使。依司法公正目标的要求，遵循司法的内在规律性，对裁判权的制约首要依赖诉讼程序内的纠错机制，较少依赖外部环境的监督。要构建完善的内部审级制度，强化上诉审的制约功能，通过诉讼程序内的自治约束机制的构建，以此减少外部环境对独立公正司法的干扰。对于法院系统纵向运行的审判权而言，其诉讼程序系统内的自治约束机制即是审级制度。通过上下级法院的职能分工和审级职能分层，构建上下级法院之间审判权独立行使且存在监督关系的自我约束机制，保障程序内权力运行的正当性。因此，在一定程度上，刑事审级制度是诉讼程序系统自我监督、自我纠错机制，通过权力制约，实现司法公正。

审级制度对权力的制约是双向的，监督者也在被监督者的约束之下。上诉制度并不单纯意味着上诉法院对初审法院的监督，刑事审级制度通过审级职能分层来实现这种互换，通过优化不同审级之间的权力配置，形塑不同层级法院之间的权力双向制约运行机制。一方面，通过上诉制度防止初审法院滥用司法权，防范错案风险。审级制度通过上诉程序将初审法院的裁判行为置于上诉法院的监督之下。为防范初审法官在行使审判权的过程中对个案的处理存在偏私、滥用权力，刑事司法制度设计了审判者之上有审判者的上诉机制。通过审级制度的设计，将初审法院的裁判权置于上诉法院的审查之下。上诉制度的存在本身即对初审法院审理行为构成约束，为避免上诉法院的改判和其他程序性制裁，初审法院会主动谨慎行使裁判权，履行审判职能，认真审理案件，减少错误发生的可能性，这种约束是审级制度发挥的无形功能。一旦当事人行使上诉权，则初审法院的判决会进入上诉法院视野，上诉法院通过上诉程序的运行，对初审法院的权力进行约束。另一方面，通过审级职能分工，防止上诉法院恣意干涉初审法院，防范司法专横。审级制度通过合理配置上下审级之间的权限和分工，确保初审法院受上诉法院监督的同时保持审判独立。在审级制度中，我们较为明显观察到的是上诉法院对初审法院所享有的监督制约权力。刑事审级制度设计的过程中，通过区分初审和上诉审及审判监督的职能差异，明确规定上下级法院的权力分工，通过审级职能划分将上诉法院的裁判行为限于上诉职能范围内。如在大陆法系国家，虽然初审法院与上诉法院的职能分工并不特别清晰，第一次上诉实行后续审制，特别是在初审与第一次上诉审之间，职能分工并不明确，但仍然通过一定的方式实现了不同审级之间的约束，"欧陆法系的模式是分散的一审法院由更中央集权化的上诉机构来监督。通过重新审理的方式来进行上诉活动很大程度上加强了中央集权化的上诉法院对分散的下属机构进行监督的权力"①。而英美法系国家明确划分了初审法院与上诉法院，赋予不同职

---

① 〔美〕马丁·夏皮罗：《法院：比较法上和政治学上的分析》，张生、李彤译，中国政法大学出版社，2005，第55页。

能，且初审与上诉审职能分工清晰，案件事实的认定由初审法院负责，上诉审实行法律审，不同审级的法院之间通过职能分工实现权力的互相制约。除此以外，诉讼程序规则也作为约束机制促使上诉法院在审理上诉案件时遵守审级独立要求，以程序规则约束上诉法院的复审权，并辅之以当事人诉权的约束。

因此，刑事审级制度通过上诉机制和审级职能分层，实现了司法权纵向层面的制约，以程序制约公权力，在诉讼程序范畴内构建完善的程序自律制度，保障司法公正的实现。从权力制约功能角度理解刑事审级制度，其实质上是一种控制法官偏私或恣意妄为的程序装置。

## 四　法制统一

法制统一是法治原则的基本要求之一，这要求在法律实施范围内保证法律适用的统一，如果裁判的依据不能统一，那么即使是裁判权归属于同一个组织系统，法制的统一也只是徒有其表而已。[①] 裁判统一是司法公正的内在要求，理想状态下的法律规范应该得到统一实施，但是司法实践中，法律适用是一个复杂的过程，由于法律规范的抽象性、模糊性及冲突性，法律的稳定性和滞后性，以及司法人员理解法律的差异性等，法官审理具体个案时，无法如自动售货机一般将相同的案件投进去，就产生同样的裁判结果，而是对于相同案件，不同法官审理可能产生不一样的结果。因此，实现法制统一、维护司法公正成为制度构建过程中不得不重点关注的问题。在现代刑事司法体系中，为实现法律适用的统一，以及推动司法公正，在诉讼程序领域内，主要借助刑事审级制度的设置及审级职能的分工。

其一，审级制度实现法制统一主要依赖金字塔形的审级组织结构。世界各国的法院设置通常遵循"金字塔"构造原则，即依地域范围从

---

① 参见姚莉《反思与重构——中国法制现代化进程中的审判组织改革研究》，中国政法大学出版社，2005，第17页。

低到高设置若干层级法院，不同层级的法院执掌不同司法管辖区，级别较低的法院管辖区域较为狭窄，法院级别越高管辖区域越广，审级制度的运行使刑事案件逐级向上移动，上诉级别越高，上诉法院的裁判辐射面更广，上诉法院管辖范围和功能配置的扩展使法律适用在一个更大的区域内统一成为可能。审级制度通过法院组织管辖权的辐射功能推动法律适用的统一。

其二，刑事审级制度的法制统一功能在于锥形的审级构造。各国为实现司法资源的合理配置和有效适用，通常赋予不同审级法院不同的司法功能，在个案公正与社会正义之间维持平衡。通常审级较低的法院承担发现真实、解决纠纷的功能，而审级较高的法院则承担规则治理的功能。司法公正要求尽可能地实现"同案同判"，这就要求法院在审理刑事案件的过程中，不能因地域不同、法官个体差异、法律的抽象性等因素，就相同的法律事项产生不同的裁判。各国实现这一目标的主要途径就是审级制度，通过上诉制度，案件可进入更高层级、司法管辖区域更广的法院审理，保证特定司法区域内法律适用的统一。因此，"为实现国家范围内的法制统一，大多数国家赋予当事人上诉到最高法院的权利"[1]。由于上诉法院与初审法院之间存在审级上的监督关系，上诉法院对初审法院的审判行为特别是法律适用问题享有复审权，上诉法院的法律适用意见对初审法院有约束力，上诉法院通过对初审法院裁判的复审，能有效地解决初审法院之间法律适用不一致的情况，避免法律解释和运用的冲突。法律适用统一在一定程度上依赖于最高法院的功能实现，在大多数国家，最高法院并不会承担初审职能，其上诉职能也仅仅限于对重要法律问题的审查，最高法院通过典型个案的裁判促进全国范围内的法制统一。

---

① 蒋惠岭：《上下级法院关系改革的思路》，《法制资讯》2009 年第 5 期，第 49 页。

# 第二章　我国刑事审级制度之
# 现状考察

## 第一节　我国刑事审级制度及实践观照

### 一　我国刑事审级制度概览

审视世界各国，刑事审级组织构造基本上均遵循"金字塔"模式，法院自上而下设置多个层级。依托于法院组织机构的层级设置，一国又根据刑事审判的需要，将刑事案件的审理划分为若干审级，在不同层级的法院之间通过审级的配置，对各级法院的职能予以一定程度的区分。各国基于法律传统、政治体制、社会经济文化的差异，法院组织结构及审级制度不尽相同，法院层级通常设置为三级或四级，审级制度则往往表现为三审制或两审制。新中国成立以来，法院组织层面，分别设立了基层人民法院、中级人民法院、高级人民法院及最高人民法院这四级组织；审级制度层面，建立了"两审终审制度"，通常称为"四级两审制"。与域外各国相似，我国在两审终审制度之外，基于对司法正义的保障，配置了"审判监督程序"这一特别救济程序，又称为"再审程序"。但与西方国家将法院划分为初审法院与上诉法院，通过审级配置实现法院职能分工不同，我国立法在法院职能划分层面，赋予四级法院审理刑事一审案件的职能，四级法院均可管辖刑事一审案件，中级以上的三级法院享有刑事二审案件的管辖权，各级法院都被赋予刑事再审案件的管辖权。审级关系层面，根据《宪法》和《人民法院组织法》的规定，上级法院与下级法院之间是监督与被监督关系，即我国的审级关系是二审法院监督一审法院，监督权主要通过上诉审、再审、死刑复核程序实现。除规范层面的审级机制外，我国刑事司法实践中，还存在着一些非规范的、已然成为惯例并被相关文件认可而在上下审级之间运行的非正式机制。① 具体来说，我国刑事审级制度主要包含两个层面的运行机制。

（一）程序性审级运行机制

刑事审级制度的程序性审级运行机制主要是指我国《宪法》、《人民法院组织法》以及《刑事诉讼法》所明确规定的法定的刑事审级运行机制。在四级两审制的刑事审级制度下，我国的审级运行程序主要包括以下几个。

1. 一审程序

一审程序是最完整的最规范的刑事审级程序，也是刑事审级的基础，承担着所有刑事案件的审理工作，是刑事审级制度运行的起点。

2. 二审程序

二审程序是最规范意义上的刑事审级上诉机制，是指二审法院依上诉人上诉或是检察院抗诉，针对一审法院未生效裁判中的相关事实认定和法律适用问题，重新进行审理，维持原判或依法改判、发回重审，从而实现对一审法院审理行为的监督，防止裁判错误，保障当事人的正当权利，维护司法公正的一种监督机制。根据现行《刑事诉讼法》的规定，针对一审法院的裁判，当事人不服，可行使上诉权，在法定上诉期内向上一级人民法院提起上诉，请求二审法院对案件重新审查。其中的当事人既包括被告人、自诉人及其法定代理人与公诉人，也包括经被告

---

① 参见《最高人民法院关于规范上下级人民法院审判业务关系的若干意见》（2010 年 12 月 28 日发布）。

人同意的辩护人和近亲属。二审程序是我国刑事审级运行的主要方式，也是符合司法规律的监督机制。

### 3. 死刑复核程序

死刑案件是特殊类型的刑事案件，我国《刑事诉讼法》对死刑案件的审理和裁判采取极为审慎的立法态度，对死刑裁判的监督机制设计得比普通刑事案件的更为严格。根据我国《刑事诉讼法》的规定，死刑判决无须当事人行使上诉权，最高人民法院主动行使监督权，死刑判决一律经最高人民法院核准才能生效执行。对于死刑案件，立法者给予了更严格的关注，复核程序的运行较为特殊。依现行《刑事诉讼法》的规定，死刑案件的二审实行权利性上诉，即由当事人决定是否上诉或申请抗诉；但复核程序则实行强制性上诉，对所有二审判决死刑的案件，均由高级人民法院报请最高人民法院进行死刑复核；对于被告人不提起上诉的一审判处死刑的案件，如果一审案件由中级人民法院受理并裁判，则由高级人民法院负责复核，然后报最高人民法院核准；如果死刑判决由高级人民法院作出，则报请最高人民法院核准；高级人民法院还负责核准中级人民法院判处死刑缓期二年执行的案件。

### 4. 审判监督程序

这是刑事审级制度的例外情形。由于我国在刑事诉讼中实行"两审终审"的审级制度，当事人仅享有一次上诉的权利，因此，严格意义上的刑事审级制度应当仅仅包含一审程序与二审程序以及针对特殊的死刑案件适用的复核程序。但为防范错案发生，以及弥补"两审终审"对司法公正价值目标保障的不足，我国在"两审终审"的刑事审级制度之外，设计了纠错机制，即刑事审判监督程序。刑事审判监督程序虽然并不属于严格意义上的刑事审级制度的范畴，却是刑事审级制度不可缺少的重要程序，考察我国刑事审级制度须同时关注两审终审制度之外的补充性纠错程序——审判监督程序，针对

确有错误的生效裁判，当事人、本院院长以及检察机关均可提请启
动审判监督程序。

（二）上下级法院之间非程序性审级运行机制

我国刑事司法实践中，除《刑事诉讼法》及《人民法院组织法》
明文规定的程序性审级运行机制外，在上下级法院之间还广泛存在着非
程序性的审级运行机制，这即是学者们所谓的"非正式制度"。非正式
制度，是指上下级人民法院之间在司法实践中逐渐形成，在程序性法律
中没有明确规定，针对案件审判进行督促、协调、指导、沟通的方法、
方式。其表现形态有案件内审制度、请示制度等。[①]　总结刑事司法实践
中存在的各种现象，涉及上下级法院审判权运行的非程序性审级运行机
制主要包括以下几种。（1）请示制度。请示制度是指下级法院在案件
审理过程中，就案件的实体或程序问题以口头或书面形式向上级法院汇
报以征求意见，上级法院予以答复的形式。[②]　案件请示是我国法院在刑
事司法审判实践中自生的一种办案方式和审判惯例。通常情况下，下级
法院在审理刑事案件的过程中，如果遇到案情复杂、法律适用有争议或
者有重大社会影响等重大、复杂、疑难案件，在难以裁判的情况下，会
主动向上级法院汇报案件的情况，请求上级法院给出裁判意见。当然，
实践中也存在针对"特殊"案件，上级法院基于各种考虑，主动向下
级法院询问案情，甚至直接给出意见的情况。（2）司法指导机制。这
主要是指上级法院以"指导"方式参与、影响下级法院的审判工作。
这是我国司法实践中较为特殊的一类与审级运行有关的机制，形式多
样，[③]　其表面特征与审级运行有差异，但又构成了上下级审判关系中

---

① 参见费元汉《非程序性审判监督的反思与改善——以现行司法改革背景为视角》，《光华
法学》2014 年第 1 期，第 27~50 页。

② 参见万翼《历史与现实交困中的案件请示制度》，《法学》2005 年第 2 期，第 9 页。

③ 《最高人民法院关于规范上下级人民法院审判业务关系的若干意见》第 9 条规定："高级
人民法院通过审理案件、制定审判业务文件、发布参考性案例、召开审判业务会议、组
织法官培训等形式，对辖区内各级人民法院和专门人民法院的审判业务工作进行指导。"

的重要一环，并通过审级形式完成，对审级关系产生一定的影响。与审级运行有关的指导形式有两种。一是会议指导。这是指上级法院围绕二审中出现的新问题，或者发回重审、依法改判中的事实和法律疑难问题，与下级法院相关部门组织会议进行交流和讨论，达成一致意见的沟通方式。二是案例指导。刑事案例指导是指下级法院将典型的具有示范意义的刑事案件上报最高人民法院，由最高人民法院选择并将之作为指导性案例公开发布，地方各级法院予以参考和适用的制度。其中还包括高级人民法院发布的参考性指导案例。(3)其他非程序性审级运行机制。基于我国刑事司法权运行的复杂性和刑事司法制度的不成熟性，在刑事审级制度运行过程中，还存在一些更为隐形的制度，其中大多数表现为上级法院对下级法院裁判行为的主动审查。此种机制的主要形式有三种。一是司法巡查机制。[①] 司法巡查的工作内容繁多，与审级运行相关的主要是上级法院对下级法院在审判中对于国家法律和上级指示的贯彻的巡查。二是案件内审制度。案件内审制度是上级法院为了有效控制下级法院对某几种类型的犯罪量刑过轻倾向或解决下级法院的疑难问题，要求下级法院裁判前上报，由上级法院先行审查并形成倾向性裁判意见的制度。[②] 三是对个案进行指导。这是上级法院针对特殊案件主动提前介入，直接"指导"或者"批示"的监督方式。例如，要求某些案件立案、裁判前先行汇报；对"敏感"案件进行"指导"；对重点案件"挂牌督办"；上级法院"旁听""指导"审判活动；等等。[③] 这些司法实践中广泛存

---

① 根据最高人民法院 2009 年发布的《人民法院司法巡查工作暂行规定》，"司法巡查是上级人民法院对下级人民法院领导班子建设、司法业务建设、司法队伍建设情况进行巡回检查的内部监督制度"。其目的是加强上级法院对下级法院的监督，这种监督的性质属于党内监督还是业务监督，从规定的巡查内容看，具有交叉性、不明确性。
② 参见杜豫苏《上下级法院审判业务关系研究》，北京大学出版社，2015，第 28~29 页。
③ 参见湖南省高级人民法院课题组《完善上下级法院之间的审判监督关系》，《法制资讯》2009 年第 5 期，第 60 页。

在的做法并无正式的制度支撑，而是司法系统在实践中衍生出来的行政式司法惯习。

## 二 我国刑事审级制度的实践

### （一）刑事一审程序运行实效考察

研究者普遍认为，受刑事司法理念、刑事诉讼构造以及刑事审判程序设计等多方面的影响，在我国存在着一审难以保障事实认定质量的问题。[①] 有论者进一步提出，事实认定重心向上移，刑事一审程序虚置已成为我国刑事司法实践的常态。从刑事审级制度构建的原理来看，刑事一审通常情况下主要承担事实认定功能，对于我国刑事一审程序在实务运作中是否如学者所言，难以承担事实认定之功能，需要进一步考察程序运行的实效。对于刑事一审程序实效的考察，本书拟选择一审程序运行本身、一审案件的上诉率、一审案件的辩护率等角度展开。程序运行的实践直接反映程序规则在实务运作中规范、高效与否的具体状况，反映出立法者的理想与司法者的现实之间的契合或距离；上诉率的考察虽然不能完全反映一审裁判的正当性，但仍然在很大程度上可以作为一审程序运行效果的主要评价指标，用以分析当事人对一审裁判事实认定、法律适用、程序权利保障等问题的接受程度；辩护率的考察是基于我国的刑事司法实践状况设定的观察角度，在刑事审判程序中，犯罪嫌疑人、被告人的权利实质上就表现为辩护权，辩护权的落实是庭审实质化的关键，也是犯罪嫌疑人、被告人诉讼权利实现的保障，而我国的辩护制度仍然有进步空间。因此，本书从上述角度考察我国刑事一审程序的运行实效。

---

① 参见龙宗智《论建立以一审庭审为中心的事实认定机制》，《中国法学》2010 年第 2 期，第 149 页；龙宗智、袁坚《深化改革背景下对司法行政化的遏制》，《法学研究》2014 年第 1 期，第 136 页；陈瑞华《论彻底的事实审：重构我国刑事第一审程序的一种理论思路》，《中外法学》2013 年第 3 期，第 519~522 页；魏晓娜《以审判为中心的刑事诉讼制度改革》，《法学研究》2015 年第 4 期，第 99 页。

1. 刑事一审程序运行考察

从两个方面对我国刑事审判程序运行的实务进行考察。

（1）一审程序整体运行情况。刑事审判程序通常由审前程序、审判程序构成，但庭审始终是审判程序的中心环节。如果以庭审为节点，审判程序具体又可以分为庭前阶段、庭审阶段和庭后阶段。考察我国刑事审判的实务，我们可以发现，我国一审审判程序呈现出庭前程序"事务化"、庭审程序"速审化"、庭后程序"中心化"与"间隔化"。[①]具体表现如下。其一，在庭前阶段，诉讼活动主要围绕案件管理活动展开。为避免法官庭前对案卷的阅读影响庭审判断，防止"先定后审"发生，我国刑事审判改革推行"大立案"模式，坚持立审分离制度。该制度实行后，在当前的司法实务中，实际上立案权和审判权分离，在庭前阶段，主要的诉讼活动基本上围绕案件流程控制权进行，主要是案件管理活动，包括立案审查、送达文书、调查取证、证据交换等事务的处理。甚至除极少数疑难复杂案件外，很少召开庭前会议。有学者调研发现，某地法院50%以上的被调查法官表示一年内召开庭前会议的次数少于3次，且有21%的被调查者在一年内没有召开庭前会议，只有17%的被调查者在一年内召开了3~10次庭前会议。[②] 其二，在庭审阶段，诉讼活动则表现出开庭节奏快、用时少、质证活动简洁快速的情况。有学者进行了研究，通过对34件案件的庭审时长的统计，指出普通程序的案件庭审时间最长为200分钟，最短为10分钟，平均用时45.5分钟。[③] 我国刑事一审案件的庭审活动具有形式化的特征，证据的审查判断、案件事实的认定并未完全来源于庭审活动。其三，我国的刑

---

① 参见艾明《实践中的刑事一审期限：期间耗费与功能探寻——以 S 省两个基层法院为主要样板》，《现代法学》2012 年第 5 期，第 177 页。

② 参见王亚明《刑事一审庭审规范化的实证分析及理性思考》，《时代法学》2017 年第 1 期，第 20 页。

③ 参见艾明《实践中的刑事一审期限：期间耗费与功能探寻——以 S 省两个基层法院为主要样板》，《现代法学》2012 年第 5 期，第 174 页。

事庭后阶段在整个审判程序中是耗时最长的阶段，由于庭审的虚化，法官对案件事实的审查重点移至庭后阶段，结合庭审情况，仔细阅读案卷，在此基础上撰写裁判文书。有学者针对刑事一审案件的宣判时间对法官进行了访谈，统计发现，其中28%的受访刑事法官当庭宣判率低于25%，29%的受访刑事法官当庭宣判率在25%~50%，14%的受访刑事法官从不当庭宣判。[1] 这一数据分析，可以在一定程度上说明法官的心证基本上来源于这一阶段。

（2）一审庭审情况。一直以来，一审程序受到的最大的诉病即是一审庭审的虚化，围绕这一问题，研究者进行了广泛的讨论，达成了一致认识。庭审虚化在我国刑事一审程序中主要表现如下。一是控辩双方举证不力。在庭审过程中，从公诉方来看，公诉方的举证往往是主观陈述式举证，比如宣读案卷笔录，提交照片、纸质类文书等，缺少实物证据、证人出庭，难以具体举证；除此之外，公诉方举证的过程中，还存在违反检察官客观义务，仅仅出示不利于被告人的证据，避而不谈对其有利的证据的情况。从辩方来看，辩方举证能力较弱。在庭审过程中，辩方往往难以出示实质性证据，这一方面是由刑事辩护制度不完善引起的，另一方面也受刑事诉讼构造影响，辩方在诉讼构造中往往处于弱势地位。随着我国刑事辩护制度的完善，在司法实践中，辩护权得到一定的加强，辩方举证能力随之得到加强。二是质证环节虚化。在刑事司法实践中，由于控辩双方的平等地位难以保障，控审分离还存在一定的问题，辩方很难与公诉方形成对垒之势，进行势均力敌的对质。再加上公诉方的综合性举证方式使辩方质证的有效性受到影响，对质权难以实现，庭审难以真正形成当庭辩论局面。同时，由于辩护权的弱化，被告人难以得到辩护律师的法律帮助或者难以得到有效辩护，被告人辩护权和质证权都有所弱化。基于以

---

① 王亚明：《刑事一审庭审规范化的实证分析及理性思考》，《时代法学》2017年第1期，第20页。

上原因，刑事审判很难完成控辩双方的有效对质，质证环节难以对裁判造成实质影响。三是认证结论难以生成。因为举证和质证环节的虚化，加之侦查在刑事诉讼中的重要地位，侦查案卷对法院的裁判产生具有实质性的影响作用，辩方的辩护意见未得到足够重视，论证结论很难形成于法庭审理过程。法院对事实的认定极大程度上依赖庭前或者庭后对侦查案卷的阅读。

2. 刑事一审案件上诉率考察

通过对上诉率的考察，可以初步获知当事人对一审事实认定及程序规则遵守的满意程度，这既包含当事人对于实体公正的认可度，也包含当事人对程序权利保障的评价。通过上诉率的统计、比较、分析，我们可以初步判断我国刑事一审程序的正当性。梳理 2001～2016 年刑事一审收结案、二审收案数量，可以发现我国刑事一审收结案的数量呈较平稳的上升趋势，2012 年以来上升幅度较大，但是二审收案的数量也较为平稳，未显著上升（见图 2-1、图 2-2）。2012～2016 年每年的上诉率依次为 11.02%、11.06%、11.87%、13.03%、13.17%。尽管 2009 年、2010 年上诉率略有回升，但是观察 2001 年后的数据，上诉率总体上呈现出下降趋势，2015 年略有上升（见图 2-3）。同时，上诉案件的维持原判率在 2013 年之前保持在 70% 以上，只是自 2013 年始呈下降趋势。[①] 这些数据至少在一定程度上表明，我国的刑事一审裁判质量从整体上看，应当是提高趋势。虽然从上诉率的变化来看，我国的一审裁判质量有所提高，但不能忽视近年来时而发生的冤假错案，这表明我国的刑事一审裁判质量仍然存在完善的空间。由于对一审案件事实的特别关注，我国刑事一审程序在保障实体公正方面可能有较大的提高，但程序权利的保障方面近年来逐渐成为理论界和实务界关注的热点，已经出现的部分错案反映出程序性救济措施不受重视的问

---

① 相关数据见附录 B2。

题。同时，通过以下对辩护率的考察，我们需要注意在较低的刑事一审有效辩护率之下，在被告人最基本的权利难以保证的情况下，上诉率的平稳提升并不能完全准确说明刑事一审质量的提高。

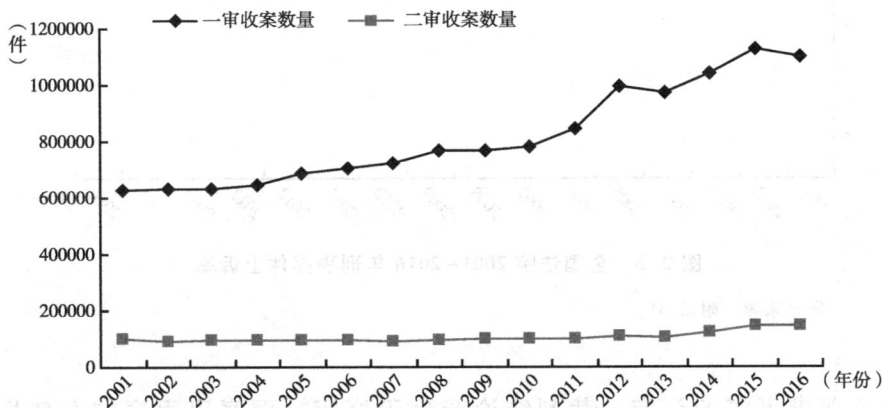

图 2-1　全国法院 2001~2016 年一审收案与二审收案情况

资料来源：附录 B1。

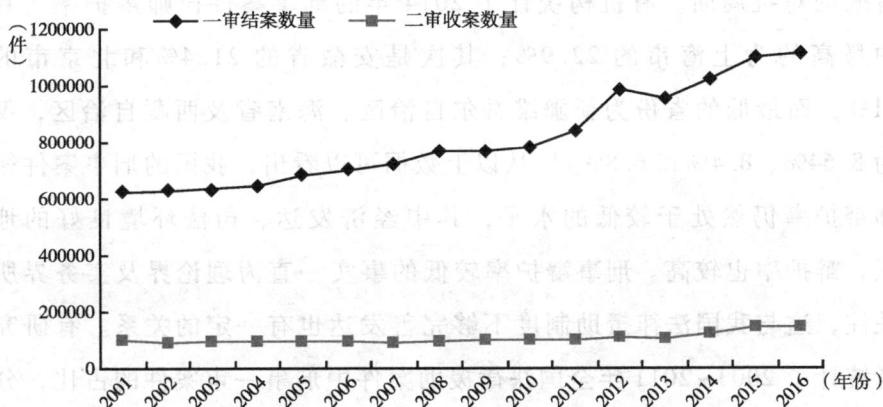

图 2-2　全国法院 2001~2016 年一审结案与二审收案情况

资料来源：附录 B1。

**3. 刑事一审案件辩护率考察**

对于刑事一审质量的保障，辩护率是一个关键的标准。以审判为

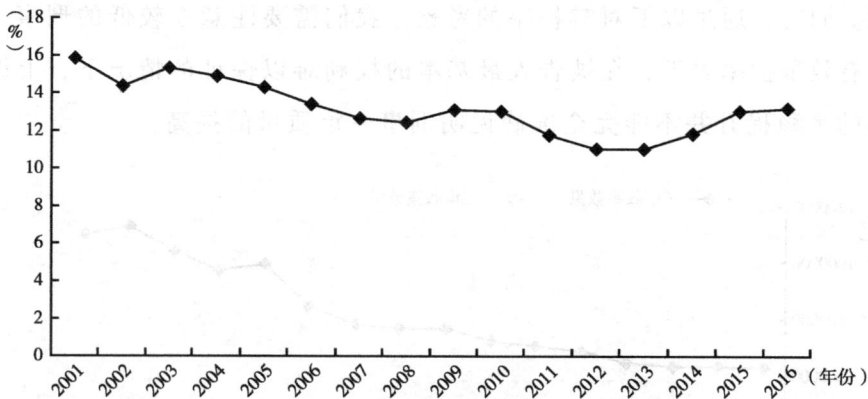

图 2-3　全国法院 2001~2016 年刑事案件上诉率

资料来源：附录 B1。

中心要求事实的认定、裁判结论产生于庭审。而庭审程序的有效性
很大程度上由控辩双方在法庭上的有效对质来实现，但我国当下刑
事案件的律师参与辩护率及有效辩护率均较低，控辩双方难以形成
有效的对抗局面。有机构统计了 2014 年的刑事案件律师辩护率，其
中最高的为上海市的 22.9%；其次是安徽省的 21.4% 和北京市的
21%；而最低的省份为新疆维吾尔自治区、海南省及西藏自治区，仅
为 8.64%、8.4% 和 6.8%。① 从以上数据可以看出，我国的刑事案件律
师辩护率仍然处于较低的水平，其中经济发达、司法环境良好的地
区，辩护率也较高。刑事辩护率较低的事实一直为理论界及实务界所
关注，这与我国法律援助制度不够完善发达也有一定的关系。有研究
者统计了 2003~2011 年全国法律援助案件中刑事一审案件的占比，分
别是：2003 年 10.7%，2004 年 12.2%，2005 年 15.1%，2006 年
15.8%，2007 年 16.5%，2008 年 16.2%，2009 年 15.9%，2010 年

---

① 数据来源于聚法案例数据库。

14.4%，2011 年 13.5%。综合起来，9 年来法律援助平均比例为
11.85%。① 刑事被告人往往存在经济能力、知识能力等方面的限制，
特别是基层人民法院审理的刑事一审案件，案件性质可能不足以引起
重视，当事人可能不会聘请辩护人；或者受制于经济困境，当事人无
力聘请辩护人，而当事人又不具有自我辩护能力。在这些情况下，如
果法律援助制度比较薄弱，那么被告人难以在庭审过程中进行有效的
辩护，对质权处于空置状态。这一问题也得到了立法者的重视，2012
年《刑事诉讼法》修改，明确了提供法律援助的情形；党的十八届四
中全会更进一步明确要完善法律援助制度的规定，扩大法律援助的范
围。即便立法和政策一致强调法律援助制度的重要性，但据研究者考
证，我国的刑事法律援助率并未呈现出较明显的上升趋势。研究者对
2013~2014 年八个省市 29 个法律援助中心的法律援助数据进行了调
查统计，发现较 2011~2012 年刑事法律援助案件平均只增加了
60.29%。② 基于以上现实，刑事辩护制度的改革一直作为司法体制改
革的重要内容在逐步推进，2015 年通过的《中共中央办公厅、国务院
办公厅关于完善法律援助制度的意见》，提出落实《刑事诉讼法》关于
法律援助范围的规定，畅通法律援助的申请渠道，并在司法实务中推出
值班律师制度等具体措施。2017 年出台的《最高人民法院、司法部关
于开展刑事案件律师辩护全覆盖试点工作的办法》规定，在北京、上
海、浙江、安徽、河南、广东、四川、陕西 8 个省市推行律师刑事辩护
全覆盖，进行为期一年的试点。在多种制度并行推进的背景下，法律援
助制度的完善在理论上应当对辩护率的提高有促进意义。

　　综上，目前我国刑事一审程序的运行效果虽然整体上能够满足人民

---

① 参见顾永忠、陈效《中国刑事法律援助制度发展研究报告》（上），《中国司法》2013 年
第 1 期，第 28 页。
② 参见顾永忠、杨剑炜《我国刑事法律援助的实施现状与对策建议——基于 2013 年〈刑事
诉讼法〉施行以来的考察与思考》，《法学杂志》2015 年第 4 期，第 40 页。

对刑事司法公正的需求，但依司法规律评估，一审程序仍然难以完全承担事实认定、纠纷解决之功能，主要表现如下。其一，一审程序重心偏离。首先，纵向层面上，我国的刑事审判程序呈现出"权威上行，重心上移，职能偏移"的状况。刑事程序体系中存在着一种上行的权威：审级越高，权威越大；整个程序体系的重心也经由二审程序、死刑复核程序而逐级上行。其结果是一审程序失去了"重心"地位。① 其次，庭审程序呈现庭后转移。无论何种偏移，均对以审判为中心的刑事诉讼制度改革造成阻滞，难以保障事实认定形成于庭审，违背基本的司法规律，影响主体诉讼权利的实现。其二，一审庭审虚化。所谓"庭审虚化"，是指法官对案件事实的认定和对法律的适用主要不是通过法庭调查和辩论来完成的，而是通过庭审之前或之后对案卷的审查来完成的，或者案件的裁判并非由主审法官作出，而是由"法官背后的法官"作出，② 即"审而不判"。如此一来，庭审被架空，审判程序成为走过场。由于对侦查案卷的依赖以及被告人辩护能力的薄弱，法官的裁判依据不主要是庭审活动，而更多的是庭前或庭后的阅案行为。这与刑事一审基础的薄弱有密切的关系，一审审判程序的完善仍然是审级制度完善的前提和中心。

（二）刑事二审程序运行实效考察

1. 二审案件开庭率考察

二审开庭率较低，未达到立法的预期。考察我国刑事司法实践，可以发现我国刑事司法中存在着二审案件开庭率低的问题，立法规定与制度运行的实然状态还是存在着一定差距。以全国法院 2000~2015 年刑事二审案件的开庭率为依据，对刑事审级制度在实务运行过程中的实然

---

① 参见魏晓娜《以审判为中心的刑事诉讼制度改革》，《法学研究》2015 年第 4 期，第 99 页。

② 参见熊秋红《刑事庭审实质化与审判方式改革》，《比较法研究》2016 年第 5 期，第 36 页。

状态作基本的分析，可以发现由于最高人民法院发布的《人民法院案件质量评估指标体系调整方案》于 2011 年将二审开庭率纳入评价指标进行考核，以及 2012 年《刑事诉讼法》修正针对上诉审开庭审理方式加以强化等因素，2012 年后刑事二审的开庭率有较大上升，而且近几年来呈逐步上升趋势。从现有的统计数据来看，全国法院二审开庭情况呈现出明显变化，2009 年为 10.91%，2010 年为 11.71%，2011 年为 13.33%，而 2012 年则上升至 16.56%，2013 年上升至 23.05%（见图 2-4）。有学者对重庆市某中级人民法院 2011~2015 年办理的刑事二审上诉案件进行调查研究和数据统计，2011 年和 2012 年，该院刑事二审上诉开庭案件分别为 140 件、141 件，上诉案件开庭率分别为 30.50% 和 35.34%。《刑事诉讼法》修改实施后，该院刑事二审上诉开庭案件数量迅速攀升，2013 年增至 300 件，2014 年增至 462 件，截至 2015 年 11 月增至 502 件，同时刑事二审上诉案件的开庭率这三年也处于 64%~70%的高位。[①] 刑事二审审理方式一定程度上实现了实践向立法的归依，

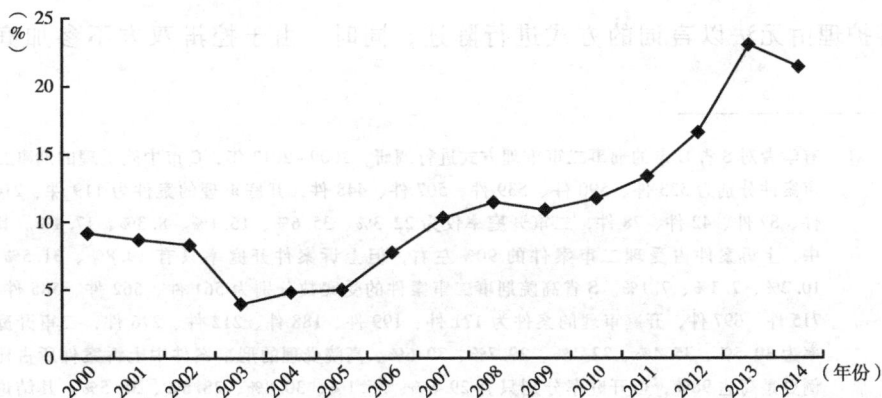

**图 2-4　全国法院 2000~2014 年刑事二审案件开庭率**

资料来源：附录 B3。

---

[①] 参见陈璋剑、李海燕、李建龙等《刑事二审上诉案件开庭审理方式调查分析——以重庆市某中级法院二审上诉案件为样本》，《人民检察》2016 年第 16 期，第 60 页。

刑事二审案件的开庭量随着二审收案数的逐年增加而相应增加，相比新法实施之前有所增多，而且总体上保持 1/4 的案件以开庭方式审理的趋势。但也不可忽视数据统计与司法现状的差异。在刑事司法实践中，仍然存在大量与立法规定相异的情形，特别是低于 30% 的统计数据显示，实践中不开庭审理是二审审理方式的主要选择。通过对已有成果的梳理，我们也可以发现这一现象。有学者对 S 省 C 市的刑事二审审理方式进行调研，上诉案件不开庭的比例更高，高院平均为 67% 左右，中院平均为 85% 左右。有学者调研西部地区的 G 省和东部地区的 W 市 2012~2014 年三年的开庭率，发现 G 省高院三年的开庭率均低于 30%；而 W 市中院的开庭率则逐年下降，最后低于 10%。① 相当多的已有成果对中西东部高院及中院刑事二审开庭率进行调研，论证的结论是当前我国刑事二审案件开庭数相应增加，但总体比例不大，二审开庭率仍然明显偏低，同样作为二审法院，中院的开庭率明显比高院低，这也说明级别越高的法院对程序规则的遵守越严格，司法理念越现代。二审案件不开庭审理，对于当事人来说，无法完成庭审的交涉、质证，诉讼主张及辩护理由无法以言词的方式进行陈述，同时，由于控辩双方不参加庭

① 有学者对 S 省 C 市的刑事二审审理方式进行调研，2009~2013 年，C 市中院受理的刑事二审案件分别为 533 件、590 件、539 件、507 件、448 件，开庭审理的案件为 119 件、210 件、87 件、42 件、78 件，二审开庭率仅为 22.3%、35.6%、16.1%、8.3%、17.4%。其中，上诉案件占受理二审案件的 90% 左右，但上诉案件开庭率只有 19.8%、31.5%、10.2%、2.3%、7.1%。S 省高院刑事二审案件的受案数分别为 561 件、562 件、585 件、715 件、697 件，开庭审理的案件为 171 件、199 件、188 件、212 件、276 件，二审开庭率为 30.5%、35.4%、32.1%、29.7%、39.6%。高院受理的刑事案件中上诉案件所占比例更是高达 98%，但开庭率分别只有 29.6%、35.1%、30.8%、28.6%、38.5%。其结论是，S 省高院超过 60%、C 市中院超过 80% 的刑事二审案件都不开庭审理。上诉案件不开庭的比例更大，高院平均为 67% 左右，中院平均为 85% 左右。参见白国华《刑事二审开庭率低的深层因素分析》，《理论探索》2016 年第 5 期，第 118 页。有学者调研西部地区的 G 省和东部地区的 W 市，其中 G 省 2012 年刑事二审开庭率 16.08%，2013 年是 25.77%，2014 年则是 25.74%；W 市 2012 年为 15.35%，2013 年是 7.81%，2014 年则是 7.37%。参见李婷《司法改革背景下刑事二审庭审实质化问题思考——以刑事二审审判权的运行实践为出发点》，《法律适用》2016 年第 7 期，第 102 页。

审，诉权几乎无法对法官的裁判形成制约。

2. 二审裁判结果考察

二审纠错功能有所提高。我国实行两审终审制，案件经两级法院审理即告终结，在这一审级制度模式下，域外三审终审制下各审级法院承担的功能压缩至两个审级。因此我国刑事二审承担了多重功能，对二审程序运行实效的考察应当重点考察其上诉功能的实现情况。其中依法纠错是我国刑事二审程序承担的主要功能之一。通过考察 2001~2016 年刑事二审案件的裁判情况，可以发现，我国刑事二审案件的裁判情况相对稳定。比对数据，维持原判的裁决率大多数年份处于 60%~75%，平均为 69.78%，但 2012 年以来呈下降趋势；依法改判率维持在 11%~15%，平均为 13.08%；发回重审率平均为 6.92%（见图 2-5）。从二审案件的裁判情况来看，一审裁判的正确率较高，我国二审程序对一审裁判的监督较为充分有效。但对于二审程序功能实现的效果评价，还需进一步考察两审终审之外的救济路径，即再审情况。梳理全国法院 2001~2016 年刑事再审案件的裁判情况，我们可以发现，再审裁判的理念有所变化，具体来说，再审维持原判率呈逐年下降趋势，从 2001 年的最高 52.63% 下降到 2016 年的 26.39%，下降幅度较大；再审依法改判率则反方向持续升高，从 2001 年的最低 23.07% 上升至 2016 年的最高 50.29%，平均维持在 41.07%；发回重审率相对平稳，从 2001 年至 2011 年呈上升趋势，2012 年之后，则有小幅下降，平均维持在 10.36%（见图 2-6）。分析刑事案件再审裁判方式的变化，其中维持原判与依法改判的发展趋势呈相反状态，笔者推导出结论：刑事再审依法改判率的升高，意味着二审裁判的正当性仍然值得商榷，虽然其中可能还包括一部分一审终审进入再审的案件，但未进入审判监督程序，而是以信访方式呈现出来的当事人的诉求更多。对我国信访数据的分析也支持了这一结论，对 2001~2013 年的全国法院信访申诉数据进行统计，这一期间的信访申诉率大体上呈升高趋势，虽然有部分回落，但落差极小，且回落后的 14.96% 仍然明显高出回落前的 10.99%。这一分析从另一角度说明，对于一定比例的生效裁判，当事人表示了不满，只是这类案件未以常规程序进入再审，而是以涉诉信访方式分流出去，这在一定程度上佐证了我国刑事二审程序功能虚化。

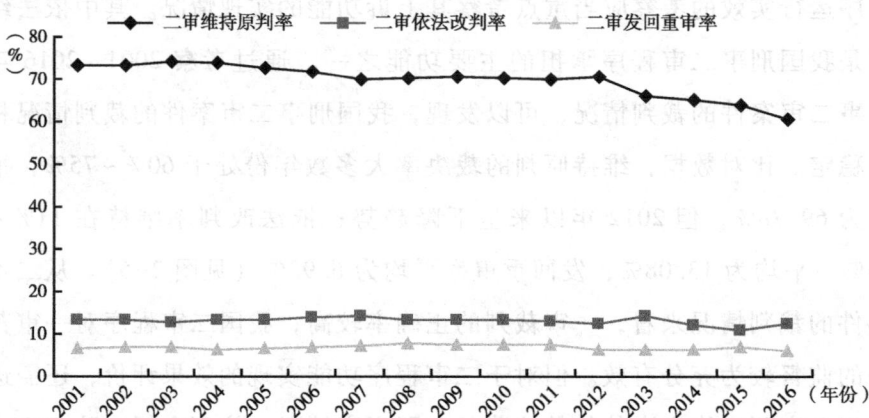

图 2-5　全国法院 2001~2016 年刑事二审案件的裁判情况

资料来源：附录 B2。

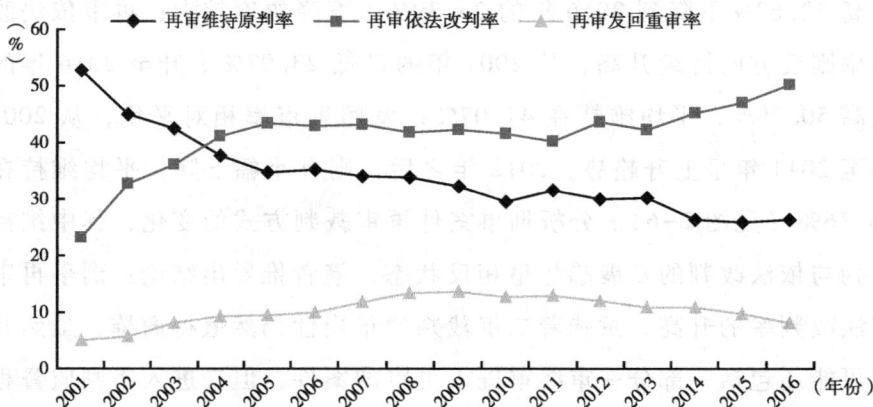

图 2-6　全国法院 2001~2016 年刑事再审案件的裁判情况

资料来源：附录 B4。

### 3. 二审裁判方式考察

根据我国《刑事诉讼法》第 236 条的规定，刑事二审法院根据上诉案件的具体情形不同，可采用维持原判、依法改判以及发回原审法院重审的方式进行裁判。2012 年《刑事诉讼法》对刑事二审发回重审制度进行了修改，但从目前我国刑事上诉案件裁判的实践来看，发回重审制度仍然存在如下问题。（1）发回重审的标准不科学。根据现行《刑事诉讼法》的规定，一审裁判"事实不清、证据不足"的，发回重审。针对这一情形发回重审与"疑罪从无"原则的冲突，依诉讼规律，二审或者死刑复核程序中因"事实不清""证据不足"发回重审的规定在诉讼原理上缺乏正当性。① 二审法院作为上诉法院，承担复审责任，对于一审法院认定事实不清、证据不足的上诉案件，经查明，如果事实清楚，上诉法院可以直接改判，如果事实仍然处于不清的状态，则依法应当根据"疑罪从无"的原则判决无罪。发回重审则意味着被告人可能面临新的处罚，由于二审法院对上诉案件撤销原判发回重审时，一审法院的裁判并不受上诉不加刑原则的限制，这就为二审法院回避上诉不加刑原则提供了制度温床。② （2）发回重审的适用存在非规范性。发回重审制度作为制裁下级法院不合理审判行为的一种监督制约机制，在我国的法院管理体制下，出现了异化的现象，如二审法院随意运用发回重审。有研究者调研发现实务中存在并未严格按现行法规定的情形发回重审的现象；③ 有论者调研发现某市中级人民法院一年内以发回重审方式结案 24 件，占二审结案总数的 10.04%，发回重审已成为仅次于维持原

---

① 参见王超《刑事审级制度的多维视角》，法律出版社，2016，第 372~395 页。

② 参见陈卫东、李奋飞《刑事二审"发回重审"制度之重构》，《法学研究》2004 年第 1 期，第 120 页。

③ 参见伍金平《新刑诉法二审发回重审制度修改的立法解读与思考——基于 D 市两级法院上诉案件二审程序运行的实证研究》，《中国刑事法杂志》2012 年第 8 期，第 88 页。

判的一种使用率较高的结案方式。① 而从 2011~2016 年全国法院刑事二审发回重审的统计数字来看，发回重审率平均为 6.63%，同期依法判率平均为 12.53%。② 基于上级法院审判管理的压力，下级法院面临发改率的指标考核，为满足考核指标要求，下级法院在司法实践中可能选择请示汇报，预先与上级法院沟通交流，以减少发回率。有研究者进行调研发现，基层人民法院与中级人民法院相比，被发回重审的比例较低，其中存在"人情关系"的影响。③ 同时，上级法院在某些特殊情形下也会基于利益考虑而非案情发回重审，如案件较为敏感、影响较大，二审法院可能会规避风险，将案件发回。另外，最高法及各级法院为协调发回重审产生的问题，还规定了内部函制度、沟通协调机制、申诉复议机制等。即使这些做法对规范发回重审有积极意义，也不能否认存在以行政化的手段替代了诉讼程序功能的弊端。

4. 上下级法院之间非正式制度运行考察

上下级法院之间非正式制度运行频繁。考察我国刑事审级运行实效，需要观察《刑事诉讼法》规定的审级程序之外且广泛存在于上下级法院之间的各种非正式制度，这些制度在我国的刑事司法实践中扮演着极为重要的角色，这一套隐形机制在司法实践中的作用往往超过正式的审级运行机制所产生的效力。对审级制度造成较大影响的主要有如下几种制度。（1）内审制度。如前所述，这一制度主要是针对特别案件设置的，在《刑事诉讼法》中并无规定，是依据司法实践需要和社会治理需要而创造并推广的一种非正式制度。虽然内审制度能在一定程度上推动特殊案件适用法律统一，缓和社会矛盾，但这一制度的实施无疑

① 参见沈霞《对我国刑事二审发回重审制度执行困境与架构重塑之思考——以某市中级人民法院刑事二审案件为例》，《法律适用》2013 年第 10 期，第 55~56 页。
② 相关数据见附录 B2。
③ 参见伍金平《新刑诉法二审发回重审制度修改的立法解读与思考——基于 D 市两级法院上诉案件二审程序运行的实证研究》，《中国刑事法杂志》2012 年第 8 期，第 88 页。

对审级制度运行造成了一定的冲击。对于内审的案件，审级制度在一定程度上形同虚设，由于二审法院在一审法院裁判前就已经介入案件的审理，一审裁判实质上就是二审裁判。（2）案件请示制度。案件请示制度在我国刑事司法实践中具有悠久的历史，可以追溯至革命战争时期。新中国成立之初，废除了旧的司法体制，我国法治建设处于起步阶段，法律职业人才稀缺，为保障刑事司法的正确性，人民法院内部即产生了案件请示制度。后最高人民法院陆续发布规范性文件对该制度进行确认和规范，[①] 该制度虽然在《人民法院组织法》、诉讼法中未明文规定，但以规范性文件的形式逐渐被最高司法机关及相关权力部门认可，并成为我国刑事司法实践的惯例，沿用至今。作为一种诉讼法未明确规定却在司法实践中广泛运作的非规范性制度，案件请示制度对上下两级法院的关系产生巨大的影响，和刑事审级制度运行密切相关，成为影响法院审判权纵向运行的一个重要因素。该制度存在着法律上无依据、实践上标准不统一等流弊，总体上利大于弊，但随着刑事法律制度的完善和法院职业能力的提高，该制度存在的空间不大，应当终止。上级法院通过形式各异的非程序性机制，加大了对下级法院审判工作的领导力度，使得刑事审级关系行政化色彩浓厚。非程序性机制也是利用审级差异来实现的，除案例指导、司法巡查等机制外，大多数仍然表现为对个案的审理或者参与审理。但此类机制无论是从审级程序的启动、审理方式还是审判后果来看，都具有极强的行政性，与司法规律不相符合。非程序性

---

① 关于案件请示制度的规范性文件，既有最高人民法院发布的相关意见，也有地方各级法院结合辖区实际发布的规定。最高人民法院发布的如《最高人民法院关于改进案件请示解答工作的函》（1958 年 9 月 19 日发布）、《最高人民法院办公室关于请示问题的通知》（1973 年 11 月 7 日发布）、《最高人民法院关于报送请示案件应注意的问题的通知》（1986 年 3 月 24 日发布）、《最高人民法院关于报送刑事请示案件的范围和应注意事项的通知》（1995 年 11 月 30 日发布）、《最高人民法院关于审判工作请示问题的通知》（1999年发布）；地方性文件如《四川省高级人民法院关于请示答复工作的若干规定》（1999 年发布）、《湖南省高级人民法院关于审判工作请示与批复问题的规定》（2005 年发布）、《浙江省高级人民法院关于规范内部请示的若干规定》（2006 年发布）。

机制的启动运行与当事人的诉权行使毫无关联，主要依靠上级法院的层级权力运行，受司法政策的影响。其运行也无须遵循诉讼程序规则，具有极强的随意性、临时性和变通性，而且这些非程序性机制本身也并不具有稳定性，通常会随政策的变化而变化，甚至呈现出"运动式"的临时性和突发性。

（三）死刑复核程序运行实效考察

现行《刑事诉讼法》第 235～240 条规定了死刑复核程序，其中死刑立即执行的案件由最高人民法院进行复核，死刑缓期执行的案件由高级人民法院复核。复核程序的具体运行由相关司法解释进行了进一步细化规定。考察死刑复核程序在实务中的运行情况，可以发现如下几点。

其一，制度设计层面。最高人民法院的死刑复核权与死刑一审、二审裁判权之间存在一定的冲突。根据现行《刑事诉讼法》的规定，我国死刑案件由中级以上人民法院行使管辖权，这即意味着，最高人民法院对死刑案件享有一审及二审管辖权。如此一来，则出现复核法院与裁判法院重合的现象，那么在这种情况下，复核程序是否进行，以及进行之后能否起到实质性作用则是值得思考的问题。在司法实践中，最高人民法院不可能对自己作出的一审或二审死刑裁判案件进行复核，我国《人民法院组织法》规定，死刑案件除依法由最高人民法院判决的以外，都应当报请最高人民法院核准。

其二，死刑复核程序的方式不符合审判规律。我国现行的死刑复核程序并不进行公开的开庭审理，而是实行书面审查，复核过程通常不公开。其具体流程为：承办法官审阅案卷材料并写出翔实的案件审查报告；合议庭另外两名法官独立审阅案卷，同样撰写审查报告；最后合议庭统一讨论并记录情况，将复核意见逐级上报至庭长、主管副院长，然后由院长签发死刑执行命令。其中，若出现重大、复杂、疑难或社会影响较大的死刑复核案件，合议庭难以形成复核意见，则由合议庭将案件提交审判委员会，由审判委员会对案件进行讨论并作出决定。我们可以发现，死刑复核程序的运行与司法规律不相契合，体现在两个方面：一是复核裁判权的运行以行政方式为主，以诉讼方式为辅，复核决定需要通过逐级上报最后确定；二是复核程序的运行既无诉权参与，亦不遵守审判公开原则，以间接书面审理为主，复核程序是秘密进行的。即使在司法实务中涉及事实认定问题而进行复审时，听取公诉方和辩方意见，会见被告人，也并不遵循基本的司法规律，审理行为并不通过庭审活动展开，而是单方面接待控辩双方和秘密提审被告人；对于事实复审需要的证据，通常由法官自行调查取证、认证，并不组织质证活动。死刑复核程序的这一运行方式决定了其运行实效的低下，特别是由于我国死刑复核的范围包括事实认定问题与法律适用问题两个方面，如涉及事实认定问题，若无诉权的参与，不坚持直接言词原则，缺少对质权的保障，则事实认定难以获得裁判的正当性。

其三，死刑复核程序中被告人难以得到有效辩护。辩护权作为一种宪法性权利，是犯罪嫌疑人、被告人享有的基本诉权，是刑事诉讼中最重要的权利，是犯罪嫌疑人、被告人应当享有的最低限度的公正。因此，必须保证死刑案件的犯罪嫌疑人、被告人获得律师的辩护。我国《刑事诉讼法》规定了必须为死刑案件的犯罪嫌疑人、被告人提供辩护律师的帮助。但在司法实践中，辩护律师参与死刑复核程序仍然存在一定的问题，这导致死刑复核程序中辩护权难以保障。首先，死刑案件的犯罪嫌疑人、被告人往往缺乏经济能力或法律意识而难以或不能聘请辩护律师。因此，在死刑复核案件中，为被告人提供充足的法律援助律师则变得十分迫切，而如上文所述，我国的刑事案件律师参与率一直较低。其次，即使有辩护律师的参与，也存在有效辩护不足的情况。一方面，在我国的刑事司法实务中，存在着提供法律援助的律师专业能力不足和辩护经验不够丰富的问题，由于我国律师制度还在发展过程中，部分律师职业责任心缺乏，法律援助案件的费用较低，大多数情况下需要律师发挥职业奉献精神，这就容易导致部分被指定的律师，在辩护的过程中主要是走过场，追求形式上的辩护；不仅如此，由于法律援助律师的有限性，部分被指定提供法律援助的律师专业素养不够，也无死刑案件的辩护经验，即使能够认真履行辩护职责，也很难提供有效辩护。另一方面，辩方的辩护意见在行政化的复核程序下难以对法官的复核意见形成影响。有研究者考证了 2013～2015 年三年间最高人民法院公布的 473 份死刑复核裁定书，通过统计，发现其中仅有 44 份裁定书引述了律师意见，所占比例仅为 9.3%。[①] 也有研究者提及，"在许多案件死刑复核过程中，辩护律师只能在焦虑中等待，或者反复托关系，走'后门'，'打听'案件的进展，甚至因此而耽误了相关的辩护工作"[②]。为解决这一问题，2015 年发布的《最高人民法院关于办理死刑复核案件听取辩护律师意见的办法》明确规定律师在死刑复核案件中会见、阅卷、提交意见的权利，并对提交法律意见的程序进行规范。这对于增加辩护权在死刑复核程序中的权重有极大的推动作用，可以在一定程度上提高死刑复核案件中的有效辩护率，但从目前的情况看，如果死刑复核的行政化裁判方式不进行实质性改革，即使在制度上强调死刑复核案件的律师参与程度，辩护律师能够起到的作用也是非常有限的，有效辩护仍然存在阻碍。

（四）审判监督程序运行实效考察

我国刑事审判监督程序是两审终审制度的补充性救济机制，主要是针对生效的刑事裁判，如果确有错误，而进行纠错的一个程序设计。对这样一个非常规的程序，《刑事诉讼法》规定了严格的启动条件。对我国刑事审判监督程序的运行实践进行考察，可以发现，我国

---

① 参见叶青、王小光《律师有效参与死刑复核程序研究》，《比较法研究》2017 年第 2 期，第 51 页。

② 陈永生、白冰：《死刑复核程序中辩护权之保障》，《四川大学学报》（哲学社会科学版）2015 年第 2 期，第 143 页。

的刑事再审制度在纠正冤假错案方面起到了极为重要的作用，发挥了其纠错功能。近年来，如佘祥林案、赵作海案、聂树斌案等重大刑事错案，都是通过审判监督程序的启动纠正的，刑事审判监督程序对维护被告人权利、实现司法公正、提高司法公信力具有重要意义。但从刑事审级制度设置的初衷来看，我国的刑事审级制度作为对生效裁判进行纠错的程序，其运行与制度设计原意还是存在着一定的差距，主要表现如下。（1）再审率仍然较高。据最高人民法院发布的统计数据，2001~2016年全国刑事案件申诉再审率占全部审结案件的比例平均为1.28%；再审率平均为0.52%。在申诉案件中，提起再审的案件数量居高不下。（2）再审率呈下降趋势。当然，随着刑事司法改革的各项措施的推进，刑事案件再审率高这一问题也有所改变，从图2-7所示的情况来看，2001~2016年，我国的刑事案件再审率呈逐年下降趋势，这一趋势似乎可以表明我国的再审程序已然成为立法者期望的补救程序，成为"设而不用"的救济通道。（3）再审依法判率较高。对再审率的逐年下降，可以进行如下可能性推断：一是我国两审终审制度运行效果变好，刑事一审、二审的审判质量有所提高，刑事错案减少，当事人对裁判的接受度提升；二是受刑事司法政策影响，立法者及司法者意识到再审率高对司法终局性冲击过大，有意识地调控了刑事再审案件。当然，前一种可能性应该是更能起决定作用的。但对刑事再审依法改判率和二审依法改判率进行比较研究，发现2010~2016年全国法院刑事案件二审依法改判率平均为13.08%，再审依法改判率平均为41.07%（见图2-8）。上诉审与再审之间的依法改判率悬殊，作为特殊的补充性的例外性的救济程序，再审在纠错功能上反而比上诉审程序更强大，而作为常规刑事审级制度的上诉审程序却未能充分发挥救济功能，这也从侧面反映出我国两审终审制未能充分发挥审级功能。

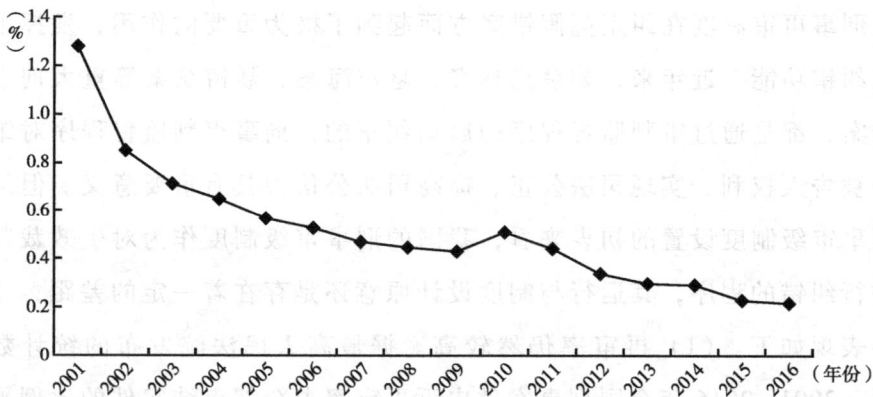

图 2-7　全国法院 2001~2016 年刑事案件再审率

资料来源：附录 B4。

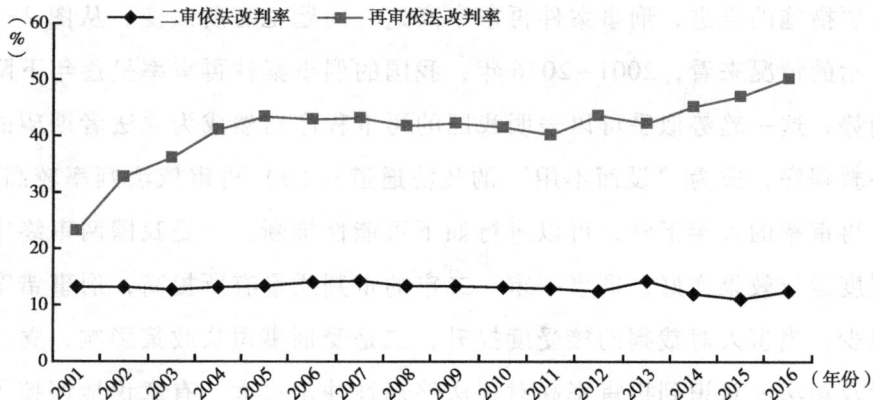

图 2-8　全国法院 2001~2016 年刑事案件二审依法改判率与再审依法改判率对比

资料来源：附录 B2、B4。

## 第二节　我国刑事审级制度存在的问题

## 一　刑事审级制度设计存在缺陷

### （一）审级职能同质

刑事审级制度多重功能的实现依赖科学合理的审级结构，刑事审级结构一方面关注不同层级审判机关的合理布局及管辖权的科学分配，另一方面还强调不同审级的职能分层。我国《刑事诉讼法》在审级制度的设计上采四级两审制，即我国在四级法院基础上设置了两个层级的审级制度，刑事案件经过上下两级法院审理即告终结。我国的刑事审级制度仅有审理级别之差异，并无职能之分层，无论是一审还是二审，其审理职能、审理方式、审理要件、程序运行都几乎完全相同，一审与二审均以查明案件事实真相为职责。我国刑事上诉审构造采复审制，二审、死刑复核甚至刑事再审都实行事实与法律审合一模式，上级法院享有不受控制的复审权，其审理范围既包括事实认定，亦包括法律适用。上级法院的审级监督权不受下级法院的制约，上级法院可以传唤当事人，重新组织证据的质证活动，有权重新认定事实，并据此裁判；一审法院对事实的认定对二审法院不构成任何约束，二审法院的职能与一审法院的职能完全重合，二审程序按照"新的一审"运行。

我国刑事审职能的混同，导致案件审理在一审和二审阶段采用完全相同的方式，二审成为一审程序的重复，难以体现二审程序的特殊意义。重复性审理造成了司法资源的极大浪费。从审级制度的角度来看，我国审判制度所面临的最大问题则是如何调整事实审与法律审的关系。[①] 英美法系国家在三审终审制及陪审制度的前提下，实行初审事实审与上诉审法律审的职能区分；大陆法系国家也在一定程度上强调事实审与法律审分离，如德国三审为事实审，法国最高法院的复核只针对法律问题。由于我国目前实行两审终审制，这与西方国家的三审终审制存在较大差异，事实审与法律审分离不仅面临技术难题，而且需要承受事实真相发现的现实需求。

（二）审级设置单一

刑事审级制度的核心内涵是"几审终审"，即一国的刑事诉讼案件

---

① 参见陈瑞华《论彻底的事实审：重构我国刑事第一审程序的一种理论思路》，《中外法学》2013年第3期，第518页。

经过几级审判机关审理，裁判发生法律效力，案件宣告终结。在我国，根据《人民法院组织法》及《刑事诉讼法》的规定，刑事审级制度除针对死刑案件设置了特殊的死刑复核程序之外，其他一律适用两审终审制度。我国的刑事审级制度体现出单一性特征，主要表现为：一方面，我国《刑事诉讼法》规定实行单一的两审终审制度，即无论案件的性质如何，也不论一审适用的程序类型，当事人若不服一审法院的裁判，都能也仅能在法定期限内提起一次上诉，上诉法院的裁判即为终局裁判；另一方面，当事人无论是对实体问题及法律适用问题不服，还是对程序问题不服，均享有相同的上诉权，并适用同一上诉程序，实体救济和程序救济的上诉程序之间不进行分类。

但考察世界主要国家的刑事诉讼制度，审级制度的设置并不单一，而是呈现出多样化的格局，实行单一审级制度的国家反而较少。在基本审级制度之下针对案件性质的不同，分别设置不同的上诉审程序，或者两审终审，或者三审终审，甚至对某些轻微的刑事案件实行一审终审，不提供上诉救济机制。如德国、日本既有三审终审制，也有两审终审制，法国则实行两审终审制与一审终审制并存，和我国刑事诉讼制度较为相似的俄罗斯，也是三审终审制与两审终审制并存的格局。多国在审级制度的设计上采取了灵活多样的方式，审级制度呈现出纷繁多样的局面。同时，这些国家，一般也都区分实体判决和程序裁定而设置不同的上诉审程序。如日本、德国区分抗告和上诉：抗告适用于当事人对程序性裁判不满的情形，其上诉程序较为简易；而上诉主要针对案件的实体问题。英国和美国的制定法也涉及对终局裁判之前的中间上诉程序的制度设计。

刑事审级制度设置的多元性，究其原因，在于审级制度的设计受制于很多因素，既须体现对司法规律和诉讼原理的尊重，也受一国法律传统、经济状况的影响，同时，刑事案件的多样性、刑事诉讼程序的类型化等也会对审级制度的样态产生影响。首先，案件多样化的影响。刑事案件类型多样，案件性质千差万别，如果对所有案件一律采用同一审级制度，则可能与司法的价值目标不符，对于极为简单的刑事案件，事实认定与法律适用都较为简单，在级别管辖中，初审管辖权通常由基层法院承担，而且在案件审理的过程中，定罪量刑可能更加体现被告人的自愿，考虑到国家司法资源的有限性，此类程序对司法效率的追求更高；而对复杂重要的刑事案件，事实认定及法律适用的难度更大，当事人权利保护的需求更高，在程序设计上，需要更为谨慎地对待，其初审通常由更高级别的法院负责，上诉程序的设置也更为复杂。其次，法律传统的影响。各国刑事审级制度的设置与本国的法律传统相关联，如在事实认定这一问题上，美国等国由于采用陪审制审理，一般实行一审终审，其上诉审集中于对法律问题的审查；而法国的重罪亦实行一审终审，其原因也在于陪审。最后，一国刑事审级的设置还受制于国家经济条件状况，司法资源的投入决定了审级的设置情况。科学合理地设置审级结构，建立诉讼程序类型化、案件多元化并与本国经济发展状况相适应的审级制度，及时吸收转化司法改革的最新成果，统筹协调，刑事审级制度才能具有旺盛的生命力，满足国家司法制度发展与人民对司法公正的需求。

（三）全面审查有违法理

我国上诉审属于复审制，在我国的刑事审级制度中，并未建立初审与上诉审职能分离的审级体系。根据现行《刑事诉讼法》的规定，我国二审实行全面审查原则：在上诉案件的审理中，二审法院不仅需要对一审法院的裁判中认定的案件事实问题及法律问题进行全面审查，同时二审法院的审查范围也不受当事人上诉或抗诉请求范围的限制，应将全案所有的事实和法律问题一并审查裁决。这意味着：二审法院对上诉案件的审查既包括实体问题的审查，也包括程序问题的审查；既包括案件事实问题的审查，也包括法律问题的审查；既包括上诉或抗诉问题的审查，也包括当事人未上诉或抗诉问题的审查；既包括对提起上诉的当事人的相关问题的审查，也包括对未提出上诉请求的当事人的有关问题的审查。依照这一原则，法院只要启动二审程序，就须主动地对一审裁判中涉及的证据运用、事实认定、法律适用及程序运作等问题进行全面审查，若有新的证据提出，亦应当重新组织质证。此种全面复审模式导致学者们将我国的刑事二审程序界定为"第二次的第一审"，也是我国刑事审级职能严重同质化的重要表现。

全面审查原则的确立来源于我国刑事司法中对实体真实诉讼目标的追求，有着深厚的诉讼理念基础。由于我国刑事司法坚持"实事求是，有错必纠"，强调追求实体真实。在制度设计上，为了实现"实事"这一目标，立法者认为，案件经由多重审级全面复查，即可保障事实真相的发现。因此，二审法院可以忽略上诉或抗诉的请求内容而全面审查，从而实现上级法院对下级法院的审判活动进行监督、把关、纠错的功能。

司法的被动性是现代司法的核心理念之一。司法权的被动性主要体现在司法权作为裁判权，其运行须遵循"不告不理"原则。托克维尔曾经形象而生动地描述司法权的被动性，他认为："从性质来说，司法权自身不是主动的。要想使它行动，就得推动它。向它告发一个犯罪案件，它就惩罚犯罪的人；请它纠正一个非法行为，它就加以纠正；让它审查一项法案，它就予以解释。但是，它不能自己去追捕罪犯、调查非法行为和纠察事实。"① 司法权的被动性意味着两点。一方面，司法权的启动须依赖诉权的推动，我们通常谓之"无诉即无审判"；若当事人不行使起诉权、上诉权或申请再审，则法院不能主动受理；法院作为司法权的享有者，以解决纠纷为主要目的，但是不能主动地介入社会生活，对社会争端不能主动裁决，其纠纷解决功能具有被动性。另一方面，司法权的行使受制于当事人的诉讼请求范围，这主要表

---

① 〔法〕托克维尔：《论美国的民主》（上卷），董里良译，商务印书馆，1988，第 110 页。

现为法院的审理内容须以当事人的起诉范围为限，不能超出当事人请求的范围；同样，司法权的被动性还体现在上诉审级制度中，无论是两审终审制还是三审终审制的国家，其审级制度和上诉审的构造均各有差异，但是在上诉案件的审理过程中，域外国家或地区几乎都规定上诉审的范围必须限于当事人上诉请求的范围，不得逾越。无论上诉审是实行法律审还是事实审，对一审中当事人未提出异议的裁决内容，上诉法院都不得重新审查，而是要尊重当事人的意思自由；司法的被动性针对当事人诉请的实体权利，同样体现在对于程序问题的裁判中，如在刑事诉讼中，法院对侦查机关的侦查权及检察机关的逮捕、搜查、扣押等权力的司法审查，亦需遵循司法的被动性。

司法的被动性反映在诉讼法中则是不告不理原则，根据该原则，除要求诉讼程序的运行以诉权的行使为前提之外，还可延伸至法院裁判权的范围限于当事人请求的范围，否则有损司法的中立性，可能带来司法不公的风险。根据现行《刑事诉讼法》的规定，我国二审案件实行全面审查原则：二审法院在审理案件的过程中，对于事实认定和法律适用问题的审查并不限于被告人上诉或检察院抗诉的范围，可以对案件涉及的所有问题进行审理。

## 二　刑事审级程序运行不够规范

刑事审级运行的过程中，立法者对于刑事审级制度的目标设定与制度设计在司法实践中出于多种原因遭遇了变异，立法者的立法意图与司法规律相违背的情况也客观存在。由于刑事审级程序与监督理念的冲突，以及立法对于上诉审程序的重视和程序运行对上诉审程序的不重视，司法实践中广泛存在着审级程序运行与立法相背离的情况。刑事审级运行机制异化的表现主要如下。

（一）事实审的上移

受刑事司法理念、刑事诉讼构造以及刑事审判程序设计等多方面的影响，在我国存在着一审难以保障事实认定质量的问题。① 事实认定重心向上移，审级关系错位，我国刑事审级制度构建强调上诉审全面审查原则，其立法用意非常清楚，即通过对事实问题的反复查明防范冤假错案的发生，表现审判权行使的慎重态度。但制度的运行可能与立法意图相去甚远，事实审的上移不仅未能完全保障事实真相更接近客观真实，还可能危及刑事审级功能的实现。事实审上移所引发的弊端主要如下。首先，从认识论的角度出发，一审靠近案发地，时间上也更接近案件发生，查明案情的时间和空间都比二审有优势；一审的审判程序最周全，诉讼参与人参与诉讼更为便利。这些都表明一审认定事实比二审认定更符合人类认识规律。在事实认定向二审转移后，时间、空间、程序运行等方面的劣势，极可能导致新的错误产生。其次，事实审的上移也不符合审级制度运行规律，审级制度发挥功能的基本原理在于不同审级之间进行一定的职能分工，即使在大陆法系国家，其上诉审采用全面的复审制的模式，也孕育出相对独立的法律审，如德国的第二次上诉就是法律审，这对于司法功能的实现具有特别重要的意义，事实审与法律审在一定条件下的分离有利于级别较高的上诉法院或终审法院将更多的精力投入法律适用问题，超越个案真相，审视具有普遍意义的法律问题，推动法律适用的统一，实现规则治理的功能，特别是最高法院，通常不以案件的事实审为职能，而主要关注法律问题。最后，事实审的上移，容易在不同审级之间造成混乱，形成恶性循环。从一审法院角度来思考，因为二审可以对事实问题重新审理，一审法院基于自己的行为不被重视和信任，一定程度上不可避免地会产生依赖和懈怠情绪。即使一审法院的事实认定有错误，也还有二审这一道防线，不至于产生大的社会问题。

① 参见龙宗智《论建立以一审庭审为中心的事实认定机制》，《中国法学》2010年第2期，第149页；龙宗智、袁坚《深化改革背景下对司法行政化的遏制》，《法学研究》2014年第1期，第136页；陈瑞华《论彻底的事实审：重构我国刑事第一审程序的一种理论思路》，《中外法学》2013年第3期，第518页；魏晓娜《以审判为中心的刑事诉讼制度改革》，《法学研究》2015年第4期，第99页。

那么，基于二审法院的立场，事实审的上移给二审法院带来沉重的负担，坚持二审全面审查的基本要求是二审案件开庭审理，否则事实问题的查明会落空。二审案件的开庭审要求极大增加了二审法院的负担，再加上诉权的充分赋予以及上诉不受限制的影响，刑事司法实践中，二审法院会不堪重负。这不仅会带来司法资源的严重不足问题，还可能直接导致审级监督的变异，即二审法院在司法实践中会在压力之下压缩监督程序，如采取不开庭审理、依赖一审法院的案卷、大量发回重审等应对之策。这实际上使审级制度陷入恶性循环之中。

（二）二审流于形式

通过对我国刑事二审程序运行实效的考察，可以发现，我国刑事二审程序存在着一定的问题，审级的实践运行与立法规定存在着一定的偏离，制度发生异化，难以实现立法者的初衷，这直接影响了二审审级功能的发挥。其主要表现在制度构建上，我国《刑事诉讼法》规定上诉审程序采取开庭审理的方式；对一审裁判的事实认定和法律问题进行全面审查，且不限于上诉或抗诉的范围；二审审理适用一审程序。虽然这对于审级制度的落实具有重要保障作用，但是司法实践中存在着上诉审流于形式的积弊。

一方面，通过前文对二审实效的考察，数据分析表明，2012年《刑事诉讼法》修正之后，刑事二审审理方式一定程度上实现了实践向立法的归依，刑事二审案件的开庭量随着二审收案数的逐年增加而相应增多，相比新法实施之前有所增多，而且总体上保持1/4的案件以开庭方式审理的趋势。但也不可忽视数据统计与司法现状的差异。在刑事司法实践中，仍然存在一些与立法规定相异的情形，不开庭审理是二审审理方式的主要选择，也存在书面和单方行为。死刑复核程序在实践中同样流于形式，2012年《刑事诉讼法》特别予以修正，加强死刑复核程序的开庭。在这种情况下，特别是对被告人一方当事人来说，既可能导致当事人因诉权的不被尊重而产生司法暗箱操作的疑虑；又可能损害当事人对刑事审级制度的信任,从而使其在上诉的同时寻求审级监督之外的影响司法的路径。特别是在我国上诉审坚持全面审理原则的前提下,二审法院不开庭审理与全面审理成为一个交叉影响的两难问题。全面审理要求对事实问题及法律问题重新审查,事实问题的认定需要证据的运用和控辩双方的对质。而不开庭审理,控辩双方根本无法在法庭上陈述主张并反驳对方主张,无法围绕事实问题和法律问题交互诘问而展开有效交涉,裁判者也无法听取控辩双方的意见。如前所述,在我国案卷中心主义的影响下,二审法院通过一审案卷掌握案件的全部真实情况也是不可能的。有学者就明确指出:"被控告一方不正常的举止,紧张和愤怒的表情,证言陈述中不情愿的停顿,提前背熟的流畅和急速表达,所有这些细微区别和难以描述的状况,在单调呆板的官方记录中消失得无影无踪。"① 即使从认识的角度出发,也无法得出仅仅阅读案会比直接言词审理更能发现真相的结论。

另一方面,即使二审采用开庭方式审理,在目前刑事司法实践中,二审法院在审理案件的过程中,仍然不可避免地受侦查案卷的影响。同时,非法证据排除等证据规则仍未完善,证人出庭率较低,辩护制度不够发达,裁判结论很难产生于庭审,这也导致二审程序流于形式。此外,我国上下级法院之间还存在请示汇报、监督指导关系。上诉审流于形式直接使审级程序落空,审级制度难以发挥纠正错误、救济权利的功能。

(三)死刑复核程序非诉讼化运行

死刑复核制度在我国是针对特殊案件而使用的一种审级机制,一直以来,由于死刑案件救济机制的虚化、死刑复核权力配置的不科学等问题,死刑复核程序由法院自行主动启动,又按照秘密、书面和单方的方式运行,而且大多数死刑立即执行案件中,二审程序与死刑复

---

① 〔德〕拉德布鲁赫:《法学导论》,米健、朱林译,中国大百科全书出版社,1997,第125页。

核程序合二为一，死刑复核程序在实践中几乎名存实亡。[①] 实践中死刑冤假错案的出现引发了对现行死刑复核制度的强烈反思。围绕死刑案件的公正审判问题，最高人民法院推出了一系列的改革措施，如 2005 年改革死刑复核权的配置，将复核权收归最高人民法院。2012 年《刑事诉讼法》对死刑程序进行了较大程度的完善，加强了死刑一审程序中事实问题认定的程序保障，规定死刑案件中讯问的录音录像制度、刑事辩护、证据运用及审查判断等；明确了死刑复核的程序保障，对死刑复核程序进行了一定的诉讼化改造，规定死刑复核应当讯问被告人、听取辩护律师的意见等保障措施，以解决死刑复核流于形式、难以纠错的问题。

但观察改革后的死刑复核程序，仍然可以发现该制度存在着一定的缺陷。其一，程序运行层面。死刑复核程序由于书面化而难以实现纠正事实错误、权利救济和纠正错误裁判的功能，最高人民法院的复核更多地采用书面方式，导致复核程序难以体现审判和程序正当性；死刑复核实行事实审与法律审结合，由最高人民法院在死刑复核程序中再一次进行事实问题的认定导致死刑案件审理重心上移，最高人民法院必将承担更大的复核压力和错判风险。[②] 死刑复核程序实行强制上诉制度，根据我国的死刑案件司法管辖规定，所有的死刑案件均由最高人民法院复核，这虽然在一定程度上表明了对死刑适用的慎重，但也存在死刑案件审理重心不断上移的问题，使刑事审级制度难以充分发挥功能，难以通过权力的纵向配置和合理分工保证死刑案件裁判的正确性和正当性。一审事实认定功能被架空，上诉法院和最高人民法院的审判任务和裁判风险无限加大，这导致司法资源的严重浪费。其二，审级功能实现层面。有学者提出，死刑案件法律适用统一目标

---

① 参见陈瑞华《对两审终审制的反思——从刑事诉讼角度的分析》，《法学》1999 年第 12 期，第 22 页。

② 参见魏晓娜《以审判为中心的刑事诉讼制度改革》，《法学研究》2015 年第 4 期，第 100 页。

实质上难以实现。① 基于对死刑事实认定的重视，我国在死刑案件的救济制度设计上，通过审级设置加强对下级法院裁判权的严格监督，如死刑案件上诉和复核均实行全面审查，重视上级法院对死刑案件的把关。我国的死刑复核程序实行全面审查原则，由于死刑复核程序是强制性复核，不存在被告人的请求范围，最高人民法院在复核中对案件的全部事实问题进行审查，其审查重心主要在于事实认定有无错误、量刑情节有无遗漏，核心在于事实纠错。这表明，最高人民法院并不是单纯通过复核死刑案件的法律适用来控制死刑的，更未明确将统一死刑适用标准作为死刑复核程序的重要目标。② 全面审查在死刑控制方面具有一定的作用，但最高人民法院主要针对个案进行审查，而不是针对法律适用典型问题进行审查，因此，最高人民法院的死刑复核大多仅具有个案处理与纠纷解决的意义，更多体现的是行使对特别严重刑事案件的最终决定权这一微观功能，而与宏观功能无太大关联。③ 从这一角度出发，我们可以发现，死刑复核的程序要求与最高人民法院的职能定位相悖。

（四）审判监督程序导致"终审不终"

刑事审判监督程序的审级定位应当是补充性的救济程序，是审级制度的例外情形，严格意义上并不属于刑事审级制度的当然组成部分，其立法目标主要是纠错。根据我国《刑事诉讼法》的规定，审判监督程序的启动并非诉权行使的结果，而是各种监督权行使的结果。从司法规律的角度来分析，审判监督程序不应当是一个常态性程序，只有发生真正的错案时，才能有限地运用该程序。其程序启动及运行有非常严格的

---

① 参见高原《审级制度视野下死刑复核制度的缺陷及其完善路径》，《政治与法律》2012 年第 9 期，第 25 页。

② 相关例证参见最高人民法院发布的指导性案例 4 号、11 号；胡铭《大区巡回法院：一个现实主义的进路——以死刑复核程序为例的分析》，《浙江社会科学》2012 年第 9 期，第 63 页。

③ 参见左卫民《死刑控制与最高人民法院的功能定位》，《法学研究》2014 年第 6 期，第 192 页。

条件，从域外立法来看，也基本上是设而不用，司法公正的实现原则上应当依赖常规审级制度。但从我国刑事司法实践来看，中国司法现实中作为错案纠正机制的审判监督程序启动频繁，这一问题可能使上级法院对下级法院的审级外监督成为一种常态，强化了上级法院对下级法院的监督。① 这一方面导致审级制度落空，审级功能未能实现；另一方面导致二审权威被削弱，当事人对上诉制度产生不信任之感，在司法实践中力图寻求其他非诉讼救济途径。同时，上诉审功能的虚化也引发再审程序的过度使用，审判监督程序从设而不用的最后救济通道异化为普通救济机制，由于二审监督机制难以充分发挥纠错功能，当事人对审级制度难以产生信任，司法的正当性受挫，申诉或申请再审成为人们实现权利保护的常规性思维，裁判的稳定性、权威性难以维持。

（五）非正式制度常规化运行

案件请示制度的存在，严重影响了刑事审级制度的正常运行，通过请示汇报，二审法院针对案件的审理和裁判向一审法院提出意见或作出指导，一审法院的裁判已然体现二审法院的裁判意见。这将一审与二审合二为一，即使案件上诉到二审法院，由于一审法院的裁判已经是二审法院的意见，当事人的上诉也不会产生期待的收益和效果。二审法院将自己的复审权提前行使，融入一审审理过程中，对当事人来说，其审级利益被侵犯，在两审终审的审级制度模式下，仅仅享受了一个审级利益。更为重要的是，无论是从上诉法院的提前介入还是当事人审级利益的受损，我们均不可能寻找到辩解理由，即无论如何，案件实质上经过了两级法院。案件请示制度的最大弊端是对整体刑事审判程序正当性的侵害，从程序自治角度分析，审判程序作为一个相对封闭的自治空间，

---

① 关于中国司法启动审判监督程序的频繁化及其对中国司法审级制度的负面影响，可参见陈光中、郑未媚《论我国刑事审判监督程序之改革》，《中国法学》2005 年第 2 期，第169 页；杨凯、黄怡《论刑事司法理念的发展与刑事冤错案防范机制建构——以 175 件再审改判发回案件法律文书的实证分析为视角》，《法律适用》2016 年第 1 期，第 23 页；等等。

而空间的封闭性并不能制造一个可以恣意妄为的隐蔽世界，这里需要程序自律机制作为清道夫来维持空间的有序性和正当性。案件请示制度等的存在以隐蔽、非公开、非规范的方式运行，直接危及程序性审级制度的正常运行，可能导致整个审级程序陷入混乱。而其他非程序性机制，可能以上级指导的名义，干预下级法院的个案审理，使审级关系陷入复杂化、非规范化、混乱化。可以说，我国目前审级关系不但未达到法律规定的状态，反而以复杂的扩大化的方式在一定程度上以非正式制度替代正式的审级制度，以至于影响刑事审级制度的正当运行，导致审级功能难以实现，刑事司法制度在国家治理领域的作用也难以发挥。

## 三 刑事审级制度功能难以实现

### （一）偏重监督

根据《宪法》的规定，我国刑事审级制度的设计中，不同层级的法院之间是监督与被监督关系，上诉法院对初审法院的裁判行为通过上诉行为进行审查和监督，防止初审法院事实认定、法律适用、程序规则适用错误发生。这一制度设计的初衷是力求通过两审终审制的优势实现司法公平与司法效率的平衡统一。在两审终审制度下，通过加强上下级法院之间的监督与被监督关系，上诉审实行复审制，通过二审对一审的审理裁判行为进行全面复审，二审能够实现依法纠错、救济权利的功能，不需要更多审级，即可实现司法裁判的正确性。立法者认为，要做到正确而及时地审判案件不在于增多审级，而在于健全各级人民法院的制度，特别是加强基层人民法院和中级人民法院的建设，使绝大多数案件能在基层人民法院和中级人民法院得到圆满解决。① 在这一理念观照下，我国刑事审级制度设计一直秉持对一审法官及一审裁判质量的"不信任"观念，整个刑事审级制度的构建以监督管控为理念，1996 年

---

① 参见《最高人民法院、司法部关于贯彻执行两审终审制的通知》（1955 年 2 月 4 日发布，2002 年 8 月 6 日废止）。

《刑事诉讼法》及 2012 年《刑事诉讼法》的修改中有关审级制度的立法理念无不体现这一观念的影响：在制度构建层面未准确界定初审与上诉审之间的关系，审级功能同构，缺乏事实审与法律审的区分观念，未在立法上完成一审与二审、死刑复核程序的职能分工，刑事上诉实行全面审查原则，等等。我国刑事审级制度的建构秉持监督的理念，审级制度的设置不进行审级职能分工，而是在初审与上诉审之间形成相互制约之势，在审级职权配置的过程中，不同审级承担相同的职能，强调上级法院对下级法院的监督指导。一味强调上级法院对下级法院的监督，容易导致上级法院对下级法院的恣意，更容易导致下级法院的功能不断上行，初审功能逐渐弱化，上诉审审判压力增加。

（二）困于纠错

刑事诉讼程序作为一种不完善的程序正义，尊重认识规律，我们就可以理解刑事司法错误产生的正常性。为避免司法错误的产生，一方面，要不断完善诉讼程序本身，力图通过程序的正当性实现实体公正；另一方面，刑事诉讼还设置了审级制度，力图通过上诉法院对初审法院的裁判进行复审，通过多次审理，确保司法的正确性。因此，纠错成为刑事审级制度功能之一。有学者认为，审级制度最重要的功能就是纠错，"刑事第二审程序的任务，是通过审理上诉、抗诉案件，对第一审人民法院作出的刑事判决或裁定所认定的事实、适用法律以及诉讼程序是否正确、合法进行全面审查，依法维持正确的判决或者裁定，纠正错误的判决或裁定，促使犯罪的人认罪服法，保障无罪的人不受刑事追究，使刑事案件得到正确处理，从而保证刑法和刑事诉讼法得到正确实行"[1]。我国刑事审级制度也几乎是以纠错为主要功能进行设计的，在两审终审制度下，二审实行全面复审制，二审法院的审查范围不仅包含事实问题和法律问题，而且不限于上诉人上诉请求的范围，实行全面审

---

[1]　苗生明、赵永红：《检察机关办理刑事二审出庭案件的实证考察》，《人民检察》2007 年第 10 期，第 11 页。

查。对死刑案件，更是设置了类似于三审的复核程序，一律由最高人民法院进行核准，确保死刑判决的正确性。同时，在两审终审制度之外，为防范司法裁判错误的产生，还设置了再审制度，裁判生效后，在确有错误的情况下，可以启动再审程序对生效裁判予以纠正。

我国对依法纠错功能的重视是刑事司法实体真实主义的体现，我国一贯坚持事实真相的发现。但是制度设计的初衷并没有通过制度的运行实现，通过上文对二审案件裁判情况的考察，2001~2016 年二审法院的依法改判率平均为 13.08%，而刑事案件再审的依法改判率则持续升高，申诉率也持续上升。同时近年来，我国刑事司法实践中的冤假错案都经历了上诉甚至再审，但审级制度的运行并未实现完全的防范和纠正。这一现实状况让人们不由得对刑事审级制度的纠错功能产生怀疑，我国的刑事审级制度也当然地承受着压力。同时，审级制度对司法错误的救济不力导致了涉诉信访，民众对这一司法外的非常规救济机制的广泛使用给国家带来了治理上的难题。司法裁判的困境使得制度设计者更加希望通过刑事审级制度的改革完善来改善局面，对刑事审级制度的纠错功能则更为强调。在这一矛盾的逻辑下，审级制度的纠错功能被寄予厚望，但司法实务中又不能确保这一功能的实现。我国刑事审级制度陷入了纠错的困境。

（三）疏于救济

刑事审级制度通过职能分层将事实认定功能分配给一审法院，二审法院则履行救济程序，其本职功能在于依法纠错和权利救济，即通过对刑事一审裁判的审查来监督一审法院的行为，救济当事人的权利。通过对上诉权的保障及对当事人不满情绪的疏通，审级制度实现了对遭受不公正审判的当事人的救济。但是由于我国刑事二审程序运行中存在着诸多问题，刑事审级制度的救济功能难以实现，具体如下。一是刑事二审程序流于形式。根据上文对二审程序运行实效的考察，我们可以发现，在司法实务中二审开庭审理率维持在较低的水平，由于其书面审理模式，上诉人难以有效地参与庭审活动；同时受侦查案卷中心主义的影响，诉讼权利的限制直接影响了上诉人权利救济的程度。二是在我国上下级法院请示制度普遍运行的前提下，在一审裁判已经体现二审法院的意思的情况下，很难对一审裁判进行实质审查。刑事二审程序运行中存在的诸多问题，导致审级制度救济功能的实现存在一定的障碍。

（四）统一失位

刑事审级制度通过上诉纠正错误裁判，提供救济途径以维护被告人的合法权益，最终实现定分止争；除此之外，还通过案件的上行实现司法管辖区内的法律适用统一。但是在我国，由于四级法院职能界定不清，四级法院的管辖权划分较为宽泛，从基层人民法院到最高人民法院都能受理刑事一审案件，中级人民法院以上的上诉法院均以事实纠错为主要目标，查明事实真相、进行审理成为四级法院的主要职能。而且审级制度的其他功能在制度设计之初就被忽视了。这表现在如下几点上。一是我国的刑事审级构造是一种圆柱形构造。即一审法院与二审法院承担相同的功能和同一职能，无论是一审法院还是二审法院，均以事实查明为审理的重点。在这一审级构造下，无事实问题与法律问题的区分，也没有专门的法律审这一审级，终审法院很难将审理的重心偏向于法律问题。二是两审终审制度导致终审级别太低。在一个国家的审级结构中，处于司法组织结构最顶端的最高法院须担负维护国家司法统一的重要职能，但考察我国刑事审级制度，除死刑案件由最高人民法院复核外，两审终审制度之下，根据现行的四级法院管辖权的分配，刑事一审案件基本上由基层人民法院管辖，其终审法院即为中级人民法院。终审法院级别较低，中级人民法院作为终审法院，其司法管辖区域范围较小，法制统一功能的实现是相当有限的。即使有部分重大刑事案件由中级人民法院管辖，其上诉法院也只是高级人民法院。即使这部分案件提出申诉或者通过其他方式获得特殊救济程序的审理，最终也是由巡回法庭行使管辖权，虽然巡回法庭审级规格与最高人民法院相同，但毕竟不是由最高人民法院行使裁判权，而且巡回法庭在数量上不具有单一性，数量上的增加直接导致法律适用不统一的风险增加。这与域外国家由最高法院行使案件的终审裁判权有很大的差异。因此，普通刑事案件很难通过常规的审级运行到达最高人民法院，最高人民法院无法对刑事个案行使终审裁判权。那么，这也就阻断了最高人民法院通过常规的诉讼程序对地方各级法院的裁判进行监督，最高审判机关通过司法裁判活动实现法制统一的功能，基本上成为无源之水。三是最高人民法院职能实现的偏差。我国最高人民法院承担了诸多与其自身目标不一致的职能。与域外国家不同，我国大量刑事案件难以通过审级运行的路径到达最高人民法院，但实际上一国的最高法院却不得不承担法制统一的责任，这就直接导致审判权运行的变异，即最高人民法院会寻求其他非诉讼方式实现自身的职能。目前我国最高人民法院法制统一功能并非通过裁判权的行使而实现，而主要采用非诉讼化的方式，如发布指导性文件、贯彻司法政策等，这不符合司法规律，同时对常规的审级制度造成冲击。

（五）难以止争

定分止争是刑事司法制度最基本的功能，但观察我国目前审级制度运行的实效，刑事案件的当事人对裁判的接受程度并不高，两审终审制度下上诉权的行使并未较高程度地消解当事人的不满，我国刑事审级制度并未充分实现定分止争的功能。这主要表现为再审程序运行较为频繁，申诉、涉诉信访案件数量居高不下。对刑事审判监督程序运行实效进行考察，刑事再审率一直徘徊在1%左右，而再审案件的依法改判率也维持在较高水平。① 审判监督程序不应当是一个常态性程序，只有发生真正的错案时，才能有限地运用该程序。其程序启动及运行有非常严格的条件，从域外立法来看，也基本上是设而不用，司法公正的实现原则上应当依赖常规审级制度。但由于我国的一审庭审虚化，不能完全承

---

① 相关数据见附录 B4。

担起事实审职能，司法正确性难以完全获得，一审定分止争的功能被削弱；而两审终审制度下的二审也有流于形式之嫌，救济功能被削弱，加之二审程序的异化，当事人可能对上诉制度产生不信任之感，在司法实践中力图寻求其他非常规救济途径；再审程序的过度使用，使审判监督程序从设而不用的最后救济通道异化为普通救济机制。虽然数据显示近年来刑事再审率有所下降，再审维持原判率趋向降低，但依法改判率升高。较高的依法改判率也反映出审级制度未能充分发挥审级功能。由于一审不能完全承担事实审职能，二审难以充分发挥纠错功能，当事人对审级制度易产生不信任之感，司法的正当性受挫，申诉或申请再审易成为人们实现权利保护的常规性思维。再审程序的过度利用破坏了司法的终局性，消解了刑事审级制度的功能，难以止争。

## 第三节 我国刑事审级制度困境之反思

### 一 刑事司法理念的影响

刑事司法的基本原则是"以事实为根据，以法律为准绳"，事实查明是解决纠纷的前提，刑事案件事实真相的查明具有重要意义。我国刑事司法制度的设计始终以明定事实、确定责任为轴心。"对中国的司法实践来说，一旦真相大白，案件就基本审理终结，法官并不看重对规范的推敲和演绎。"[1] 这导致中国的刑事司法经验即是："勘验认知优先于法律解释，追究责任优先于界定权利。其现实表现就是有大量诉讼成本用于调查取证及复查错案的认知性作业活动，案件全面而翔实的事实材料只有审判者才能掌握，法院对真相的认知较有自信时才开庭审理。"[2]"在能动型国家，找出事实真相往往是实现其法律程序之目标的前提条

---

[1] 季卫东：《通往法治的道路——社会的多元化与权威体系》，法律出版社，2014，第120页。
[2] 季卫东：《通往法治的道路——社会的多元化与权威体系》，法律出版社，2014，第120页。

件。能动主义意识形态建立在一种乐观主义认识论的基础之上。"① 我国刑事司法理念坚持以事实为根据，以法律为准绳。刑事诉讼以查明案件事实为目的，我国的刑事证明标准为客观真实，作为定罪量刑依据的证据必须是客观存在的案件事实。而且刑事诉讼的证明活动以辩证唯物主义认识论为指导，须遵循人类认识活动的基本规律，司法人员需要围绕"客观真实"进行司法活动，也只有在达到客观真实的程序中，案件事实才得以查明。

为贯彻事实真相主义，我国刑事司法程序在运作模式上，强调上级法院对下级法院的司法行为进行整体把关，即以最高人民法院为首的上级法院需要对下级法院的审判行为把关负责，通过审级运行机制，严格管控下级法院的审判行为。甚至在程序性机制之外，还采取一系列的行政性监督措施对下级法院进行检查、监督和指导。在此指导思想下，我国刑事审级制度的设计紧紧围绕事实查明目标展开，无论是一审程序还是二审程序、死刑复核程序、刑事审判监督程序，均以事实真相的发现为首要任务；无论是法庭审理还是书面审理，整个审判均围绕事实调查展开，法律问题的审理仅仅是事实认定后的附属行为，在审判的过程中不会成为关注的焦点，当事人的目光也更多地投向事实认定。而且在司法实践中，以事实查明为裁判前提的观念深入人心，形成了"如果没有查明事实，就无法正确适用法律"的思维定式。这不仅体现在刑事审前程序和一审程序中，案件审理活动围绕犯罪事实的查明；而且还体现在上诉程序中，我国二审程序强调全面审，审理范围包括事实问题和法律问题，审判程序与一审无差别运行，庭审活动围绕案件事实查明展开，可以对一审证据进行查明，可以提交新证据，可以组织质证活动，二审法院可以重新认定事实，并在事实基础上进行改判。虽然上诉审理

---

① 〔美〕米尔伊安·R.达玛什卡：《司法和国家权力的多种面孔——比较视野中的法律程序》，郑戈译，中国政法大学出版社，2015，第 208 页。

范围也包括对法律问题的审查，但在刑事上诉案件的审理中，法官关注的焦点集中于事实问题，仅在事实问题认定之后，才会审视法律适用问题，通常没有对法律问题进行审查的专门独立的环节。即使是死刑复核程序及刑事审判监督程序，事实的查明仍然是审理的重心。此种审级运行模式必将使事实认定的重心转向二审，且在实现这一目标的过程中，始终保持着对一审法院的"不信任"。这为审级制度预设了一个前提——上级法院具有优于下级法院的权威与正确性。相对于初审法院，上诉法院不仅在权力配置方面享有更高的司法权威，可以对初审法院的审理裁判行为以各种可能的方式予以指导，同时，在保障司法裁判的正确性方面，上诉法院也具有超凡的智慧，能更为准确地查明真相，认定案件事实，并确保法律适用正确。

## 二 刑事审级目标的冲突

一切制度都是历史的产物，路径依赖意味着历史是重要的，如果不回顾制度的渐进演化，我们就不可能理解当今的选择。[①] 当代中国司法制度的产生和演变轨迹最早可追溯至1954年，现行的刑事审级制度最初由1954年《人民法院组织法》确立，其后经历了1983年和1986年两次修订而逐步固定下来。新中国成立之初，受制于当时的政治制度、经济文化、社会生活等因素，我国的刑事审级制度具有多元化的特色。根据1951年《人民法院暂行组织条例》，审级制度以三级两审终审制度为原则，以三审终审或一审终审为例外，对于这一审级制度，当时的权威解读者表述为"基本上的三级二审制"。[②] 在国家政治体制逐步稳定，司法制度逐步完善并更多地契合执政党的政治理念，以及更好地体

---

① 参见〔美〕道格拉斯·C.诺斯《制度、制度变迁与经济绩效》，刘守英译，上海三联书店，1994，第134页。
② 参见《加强人民司法建设，巩固人民民主专政》，载周天度编《沈钧儒文集》，人民出版社，1994，第659页。

现新中国政治经济社会特色的背景下，新中国成立初期的"基本上的三级二审制"与三级三审或一审的混合审级模式逐步向完全的"四级两审制"演变，最终由 1954 年《人民法院组织法》予以明确，这是我国现行刑事审级制度生成的基本渊源。基于中国国家治理结构和治理理念的变化以及政治经济社会生活的发展，"地域辽阔，交通不便"的地缘背景在当下中国已经不能成为两审终审制合理存在的理由。回归审级制度本身，排除地域及交通限制，两审终审制的制度设计在实现司法公正、提高司法效率方面，在维护司法权威与保障权利救济方面，在实现惩罚犯罪与保障人权的刑事司法目的方面，在规范权力正当运行方面，其制度目标是否实现？在深入考察我国刑事审级制度运行实效的基础上，我们发现，现行刑事审级制度的诸多问题源于其基本价值目标的失衡。

（一）司法公正与司法效率之间的失衡

1. 两审终审制的立法原意考察

相较于法治成熟国家的三审终审制，我国两审终审制度在构建之初即充满制度自信。两审终审制既体现了对历史的传承、对域外经验的借鉴，又符合我国国情及刑事司法的实践。我国现行两审终审制的立法原意基本上可概括如下。

一是两审终审有利于提高司法效率。从司法效率的角度出发，若审级设置过多，则容易导致诉讼延迟。根据当时制度设计者及理论界的解释，实行两审终审的主要原因是："从过去的情况看，审级越多，诉讼越拖延，于国家于人民都不利，给了'讼棍'钻空子的机会，一般群众上诉三审的并不多，因此不需要多增设审级，二审终审对劳动人民是有利的。"[1] 而正式的官方解释则为："法院组织法关于审级制度的规定，是鉴于我国地区辽阔，交通不便，如果审级过多，势必造成诉讼拖

---

[1] 彭真：《在全国检察业务会议上的报告》，载《彭真文选（一九四一—一九九○）》，人民出版社，1991，第 270 页。

延，对人民不利，而两审终审既便利人民诉讼，又可以办案迅速，是切合广大人民的利益的。"① 当时的政策制定者认为："中国地域辽阔，交通不便，实行三审，使人民为诉讼长期拖累，耽误生产。"② 而两审终审既便利人民诉讼，又可提高诉讼效率，切合广大人民的利益。这符合"两个便利"的要求，③ 即便利司法机关办案，便利老百姓打官司。

二是审判监督程序加强司法公正。立法者在制度设计之初实际上就已经认识到两审终审制在上诉权赋予方面的不足，此种不足直接对司法公正造成了一定程度的损害。但制度设计者在保障司法公正的价值目标方面，并未继承新民主主义革命时期的三审终审制，而是选择了审判监督这一特别救济程序，并且针对死刑案件设置了专门的复核程序。其缘由一方面是追求诉讼效率和便利诉讼的考量，另一方面是受苏联审级制度立法模式的影响；但更为重要的是，制度设计者乐观地认为两审终审加再审的刑事审级制度足够保障司法公正。对于两审终审可能影响案件质量而难以保障司法公正这一难题，制度设计者认为从我国刑事司法的实践和整体刑事诉讼程序运作的环节来看，两审终审制完全能够保障司法公正，同时兼顾司法效率。原因如下。其一，通过二审全面复审模式完成纠错，实现判决的正确性。其二，刑事审判监督程序设置可在一定程度上弥补两审终审审级较少的不足，审判监督程序作为专门性的纠错程序，通过对确有错误的个案的审查，能较好地保障司法公正的实现。其三，与域外刑事三审终审制不同，域外国家的第三审主要为法律审，对事实问题不予审查，因此，在实体纠错方面并无可取之处，反而作用极为有限。

---

① 《最高人民法院、司法部关于贯彻执行两审终审制的通知》。

② 许德珩：《关于〈中华人民共和国人民法院暂行组织条例〉的说明》，载全国人大常委会办公厅研究室编《中华人民共和国人民代表大会文献资料汇编（1949—1990）》，中国民主法制出版社，1991，第18页。

③ 参见《彭真文选（一九四一——一九九〇）》，人民出版社，1991，第402页。

2. 制度运行的非预期化

对两审终审制立法原意的分析有利于我们理性地观察和思考现行的审级制度。两审终审制的立法预期是否在制度运行实践中实现？我国的刑事审级制度是否真正实现了司法公正和司法效率的高度统一？根据以上对刑事审级制度实效的考察，我们发现，两审终审制的立法预期并未完全实现，制度运行中出现了司法公正与司法效率关系的失衡。

一是二审全面审查导致司法效率降低。制度构建上，我国《刑事诉讼法》规定二审法院对一审裁判的事实认定和法律适用问题进行全面审查，且不限于上诉或抗诉的范围。一方面，全面审查原则不符合司法规律，司法的被动性是现代司法的核心理念之一。司法的被动性主要体现在：裁判权的启动须依赖诉权的推动，且裁判权的行使受制于当事人的诉讼请求范围。域外国家几乎都规定上诉审的范围必须限于当事人上诉请求的范围，不得逾越。另一方面，全面审查原则也导致诉讼效率的低下，对于上诉人并无异议的裁判内容，重新审理一次，实际上是对司法资源的浪费。

二是审判监督程序成为制度惯性，并未保障司法公正。再审程序作为纠错救济制度，在我国的刑事司法实务中，逐渐促成纠错的制度惯性，无论是裁判者还是当事人，都习惯于在审级之外通过审判监督程序的运行对生效裁判产生影响。

因此，我国刑事两审终审制的立法原意在于：两审终审制的运行能够有效提高司法效率，而审级过少引发司法公正不足的问题，由死刑复核程序和审判监督程序予以弥补。这样一种制度设计模式实现了司法公正与司法效率的统一，刑事审级制度的正当性在立法上得以证成。但刑事审级制度运行实践中，两审终审制的司法效率目标并未完全实现，我国刑事审级制度甚至比域外三审终审制的效率低。观察近年来刑事冤假错案的发生，我国的刑事两审终审制存在司法公正与司法效率失衡的问题。

（二）司法正当性与司法终局性之间的失衡

司法的正当性通常是指国家的司法裁判行为符合法律的规定，并获得当事人和社会的普遍认同。司法正当性协调司法与社会评价的关系，是司法获得公信力的基础来源。刑事审级的设置即是国家实现司法正当性的重要途径，审级制度一般通过两个层面来保障司法正当性的获得：一是通过上诉制度的运行，纠正一审法院的错误，通过增强法院裁判的正确性，使当事人愿意接受司法审判的结果，增强正当性；二是通过上诉制度的设立，给当事人提供发泄不满的途径，并重视上诉人的上诉请求，从而使裁判结果被当事人认可，最终获得司法正当性。上诉制度的存在使不满一审裁判的当事人能够立即向上一级法院表示不满，审理法院的司法级别的提高、法院审判组织的复杂性等等，都能让当事人感知司法的谨慎，在得到权利诉求的支持，甚至仅仅获得心理上的安慰之后，能接受司法裁判的结果。但刑事审级制度在维护司法正当性的过程中，追求重复审理的制度设计也可能造成对司法终局性的威胁。司法终局性是审级制度的基本要义，以司法正当性为基础，又对司法正当性产生决定作用。审级制度对司法终局性的维持体现在两个方面：一是审级制度本身即意味着终局性，"终审"的内涵即指案件审理的终局性，如我国刑事两审终审制是指刑事案件经过两级法院审理后即告终结；二是司法权独立性、权威性，司法权行使的独立性确保司法裁判不受其他权力的干涉，司法裁判具有相当的权威性，不因其他权力而被撤销、被否定，从而在更高层面保障司法终局性。

司法正当性与司法终局性的冲突主要体现在特殊救济程序中。为保障司法正当性，各国普遍设置特殊救济通道，以对司法裁判的错误进行纠正。此种救济机制虽然能在一定程度上通过维护司法正确性实现司法正当性，但是对司法终局性却可能产生破坏。我国的刑事审级制度在立法之初选择两审终审制时就将错误裁判的救济寄托于审判监督程序，为补足两审终审制在审级上的减少，加之我国刑事司法对实体公正的分外强调，我国的审判监督程序几乎成为与一审、二审并列的程序制度。这不仅表现在立法上，审判监督程序启动的主体非常丰富，法院、检察院以及相关诉讼当事人均可能引发再审程序启动；而且我国刑事案件的再审率较高，当然这还不包括当事人有诉求但是并未成功启动再审程序的情形，在司法实务中，申诉和涉诉信访的比例更高。这一切均表明我国审判监督程序的运行呈常态化，对司法正当性寄予相当的厚望，从而忽略了司法终局性的目标要求，这也是一直以来学界对司法实务中"终审不终"问题的批判。由于制度与理念的耦合，我国刑事裁判的终局性一直引人忧虑，司法正当性与司法终局性处于失衡状态。

### 三　刑事审级结构的制约

一个国家的审级制度受刑事组织构造与刑事审级结构的影响，刑事组织构造表现为法院层级的设置，刑事审级结构则表现为初审与上诉审的设置。从域外各国或地区的规定来看，绝大多数国家或地区的刑事组织构造以金字塔形构建，即法院依层级设置，最基层的法院设置数量最多，逐渐到最高法院，通常设置为一个，这有利于司法权的实现，也是审级制度法律统一及规则治理功能实现的必备条件。而审级结构则略有不同，有的国家刑事审级结构与法院层级设置相配套，如美国、意大利等国，其法院设置为三级，相对应的刑事审级制度也为三审终审制；有的国家，法院组织设置为四级，但刑事审级为三级或者二级。刑事审级制度多重功能的实现依赖科学合理的审级结构，刑事审级结构一方面关注不同层级审判机关的合理布局及管辖权的科学分配，另一方面还强调不同审级的职能分层。我国刑事审级制度的审级结构呈平行状态，即理论界通说的"柱形结构"。此种审级结构最大的弊端在于审级差异性不大，无论是初审法院，还是上诉法院，无一例外地遵循同一诉讼规则，适用同一诉讼程序，承担同一审判职能，实现同一审判目标。表现如下。

其一，在审级组织结构层面，无初审法院与上诉法院区分，四级法院职能混同。由于刑事级别管辖的平行化划分，虽然《刑事诉讼法》规定我国的四级法院都享有刑事一审案件的管辖权，但大多数刑事案件的管辖由基层人民法院负责。在这种级别管辖制度下，绝大多数的刑事案件的终审法院是中级人民法院，只有少数案件通过再审程序运行至高级人民法院与最高人民法院。由此造成的局面即是上诉案件的审理主要集中于中级人民法院，而高级人民法院与最高人民法院极少承担普通刑事案件的上诉审理。由于级别管辖的平行性，最高人民法院与高级人民法院往往不行使上诉裁判权，而是游离在审级制度之外。但在司法实践中，最高人民法院与高级人民法院并未完全放弃自己对下级法院的监督，反而通过非诉讼方式如案例指导、请示汇报、司法行政管理等带有非司法性质的手段实现。而这些非正式的监督方式严重影响了审级独立与司法公正的实现。

其二，在审级构造方面，与刑事审级组织结构并不完全相匹配，我国的刑事审级构造属于柱形结构，一审与二审之间审级功能、审理范围、审理方式都几乎不存在差别，具有同质性，案件从一审到二审，初审裁判权与上诉审裁判权同一行使。这种司法等级制没有职能分层，已经失去程序结构意义上的"审级"的价值，多一级法院只是增加了一层行政级别而已。① 这表现为以下几点。首先，一审与二审功能趋同。根据现行法的规定，我国的刑事一审、二审甚至死刑复核程序及再审程序均以发现事实真相为目的，追求个案的实质公正，其功能定位为解决纠纷。从刑事审级制度构建的基本原理来看，通常要区分不同审级的功能，对不同层级法院的职能进行明确划分，以充分利用司法资源，发挥审级制度的最大作用。为实现上下级法院的不同功

---

① 参见傅郁林《审级制度的建构原理——从民事程序视角的比较分析》，《中国社会科学》2002 年第 4 期，第 94 页。

能，在程序设计技术保障上往往体现权力配置之间、下级与上级之间的"界限"分明。在我国，上下级法院之间的层级权力配置标准模糊抽象，我国《人民法院组织法》并未明文规定审级制度的基本功能，在具体制度层面对四级法院的功能定位不明确。其次，审级职能同一。刑事审级制度的功能实现以审级职能分层为基础，不同审级的法院承担不同的审级职能，初审与上诉审职能分层，在不同审级之间形成监督与被监督的审判权良性运行机制。但从我国目前相关规定来看，我国上下级法院之间并不存在职能分层，亦无初审法院与上诉法院之划分。在我国的刑事审级关系的制度变迁中，立法在界定上下级法院之间的审级关系时秉持"监督"理念，设计了上级法院对下级法院不受限制的、单向的、行政化的全面监督机制。我国刑事上诉案件的审理范围不存在西方国家事实问题与法律问题的区分，刑事上诉审构造采复审制，二审、死刑复核甚至再审都实行事实审与法律审合一模式，上级法院享有不受控制的复审权，其审理范围既包括事实认定，亦包括法律适用。上诉法院的审级监督权不受初审法院的制约，上诉法院可以传唤当事人，重新组织证据的质证活动，有权重新认定事实，并据此裁判；一审法院对事实的认定对二审法院不构成任何约束，二审法院的职能与一审法院的职能重合，二审程序按照"新的一审"运行。与西方国家的锥形或梯形审级构造相比，我国的刑事审级构造呈现柱形结构。

## 四　法院治理结构的错位

现代国家建立了独立的法院组织体系，法院自下而上设置多个层级，每一层级依地域又设置多个法院。法院依地域和层级分配案件的管辖权，每一层级的法院的审判权完整并独立，不受同级法院亦不受上级法院领导和干涉。法院的层级设置与行政机关的科层组织结构具有形式上的相似性，但法院作为国家公共权力机关享有司法权，与其他国家机关相比，其运行机理存在着诸多不同，其中重要差异是其组织构造独具特色，即法院之间的关系不是科层式的行政级别关系，而是独立协作式关系。法院层级设置与科层式的行政等级设置有实质区别，法院层级设置固然旨在平衡司法资源，更重要的目标则在于弥补刑事诉讼"不完善"的程序正义，即通过审级制度的构建，以复审来防止和纠正错案。审级制度使上下级法院之间产生联系，不可能完全分离，上下级法院之间形成审级关系。基于司法公正之需求，通过上诉制度的设置表明司法权行使的谨慎性，以防止和减少错案。与行政组织系统通过科层制的领导管理实现系统意思统一完全不同，审级独立要求法院之间仅存在职能的分工，而不存在司法权威的等级化，在各自职能范围内独立行使审判权，实现"审理者裁判，裁判者负责"的良性审判权运行体系。

　　根据《宪法》和《人民法院组织法》的规定，我国上下级法院之间是监督与被监督关系。这是目前关于审级关系最明确的法律规定，但对于这种监督关系如何实现、如何运行，相关法律并未具体规定。理论上讲，上下级法院之间仅仅存在着上级法院在诉讼程序内对下级法院的裁判进行审查的关系，但在我国司法实践中，实际情况并不如此简单，鉴于权力运行的复杂性，审级关系受到多方干扰。一方面，上级法院享有人财物决定权，如"下级法院的主要领导很大程度上由上级法院领导决定，这种事实上的任命关系以及与之配套的业绩考评机制，不可避免地加强了上下级法院之间的行政关系"①。上级法院对下级法院及法官的职业保障实现实质上的掌控，进而影响下级法院。另一方面，上级法院加强监督，以案件考评等形式直接对下级法院的审判成果进行评价，通过评价权实现对下级法院的掌控。依自然正义的要求，纠纷解决不应该包含纠纷解决者个人的利益。对法院和法官而言，实现司

---

① 龙宗智、袁坚：《深化改革背景下对司法行政化的遏制》，《法学研究》2014 年第 1 期，第 149 页。

法公正最根本的理性，是裁判者在裁判中不涉及利益分配。但在我国，上级法院对下级法院的绩效考评等审判管理行为以及司法人财物管理的存在，使一审法院与二审法院之间形成了关涉法院和法官个体利益的审级关系，审级制度与裁判结果同法官有关，这不可避免地引发规避不利后果的行为。因此，刑事司法实践中，非正式制度大量运行，成为所谓的"中国现实"，其实质上来源于制度设计的非理性，而非法官素养和传统观念抑或现实需求。上级法院的上诉裁判权与行政管理权重合，审判监督、审判决策与管理决策主体混同，上下级法院之间科层取向的行政权与专业取向的审判权之间的冲突，成为影响上下级法院关系最核心的问题。① 上级法院司法行政管理力量的加强，导致法院内部科层化。总结我国刑事审级制度运行的实践，可以发现，《宪法》规定的审级关系在实践运行中发生了偏差，刑事审级关系内困于审级职能分层的缺失、审判监督方式的加强，外忧于司法行政管理权的干扰，难以形成双向约束之势，上下级法院关系呈现出行政化困境。

虽然本轮司法改革一直以各种措施克服司法行政化问题，如大力推行司法责任制，保障"审理者裁判，裁判者负责"式审判权的良性运行。在这一改革目标下，审级关系的行政化得到不同程度的缓解，案件请示制度等非正式制度的运行空间被压缩。但司法改革也带来了司法行政化新的隐忧。例如，本轮司法改革推行省以下法院人财物省级统管，即以法院内部的层级性加强来确保法院相对于外部权力的独立性，通过法院内部权力的层级控制来摆脱地方权力对审判权的羁绊，塑造以最高人民法院为中心的司法行政事务管理体制。但自该改革措施推行以来，理论界及实务界对改革效果存在一定的质疑，学者们提出，省以下法院人财物省级统管可能在一定程度上避免司法地方化的弊端，但是可能使

---

① 参见杜豫苏《上下级法院审判业务关系研究》，北京大学出版社，2015，第200页。

审判权陷入行政化强化的风险之中。① 省以下法院人财物省级统管有助于促进法院独立行使审判权，在一定程度上有利于司法去地方化。但以省级统管方式解决司法地方化问题的改革可能加剧法院内部结构的行政化，刑事审级制度的功能难以实现。法院治理结构的偏行政化给刑事审级制度的正当运行带来负面影响，审级关系的行政化是刑事审级制度目标落空的重要原因之一。司法改革过程中，解决问题的手段往往成为新问题产生的根源，今天的制度构建变成明天改革的对象，这是在任何一个改革领域都值得我们警醒的问题。

① 代表性研究成果如下：陈瑞华《司法改革的理论反思》，《苏州大学学报》（哲学社会科学版）2016 年第 1 期；陈瑞华《法院改革的中国经验》，《政法论坛》2016 年第 4 期；王广辉《司法机关人财物"省级统管"改革的法律反思》，《法商研究》2016 年第 5 期；马长山《新一轮司法改革的可能与限度》，《政法论坛》2015 年第 5 期；刘忠《司法地方保护主义话语批评》，《法制与社会发展》2016 年第 6 期；等等。

# 第三章　域外刑事审级制度之
# 比较研究

## 第一节　域外刑事审级制度之检视

现代各国刑事诉讼设置独特的刑事审级制度，赋予当事人上诉权，通过上级法院对下级法院裁判行为的监督，对未生效的下级法院裁判进行审查。除避免一次审理不够慎重等方面的局限性之外，刑事审级制度还通过审级的设置赋予当事人多次上诉权，缓解当事人因败诉而滋生的不良情绪；通过重复审理确保案件正确处理，使纠纷解决的诉讼方式正当化；更可以在国家层面保障一国法律统一适用，通过司法活动创制规则，从而实现司法的社会治理功能；等等。考察现代主要法治国家的刑事诉讼程序，可以发现，虽然各国刑事审级制度功能目标大同小异，各项功能或强烈或弱化地在不同程度上体现，但由于法律传统、现实条件等因素的影响，其组织构造、权力配置、审级运行模式等方面却各不相同。

比较分析不同法系刑事诉讼程序之间的显著差异，从而提炼出两大法系诉讼程序差异的根源，并进行类型化，是比较两大法系刑事诉讼程序的通常路径。传统理论认为，从诉讼构造角度而言，大陆法系的刑事诉讼程序属于纠问式，英美法系则是对抗式，此种分类能大体上完成对两大法系刑事诉讼程序基本特征的描述。理论界对刑事审级制度的比较研究通常置于这一诉讼程序的分类模式下，以两大法系刑事审级制度属于"几审终审"为研究对象，进行比较分析。这一研究视角的确定存在以下两个基本问题。一是"几审终审"是一国刑事审级制度的表征，其制度的抉择有着深刻的背景和复杂的制约因素；而且即使采取同样审级结构的国家，其审级制度的具体运行及效果仍然有巨大差异。二是两大法系国家的刑事审级制度具体内容均十分复杂，不仅存在着单一的"几审终审"审级制度，而且通常情况下基于不同的价值考量，不同类型的案件可能适用不同的审级制度，国家设计多层次的刑事审级制度混合运行，很难准确界定一个国家的审级制度是属于"三审终审"还是"两审终审"。因此，对两大法系刑事诉讼程序的某些重要差异仍然难以诠释。比较法学者达玛斯卡[①]从国家权力构造与刑事诉讼程序的关系角度出发，以一套独立的概念体系超越传统上仅围绕刑事诉讼审判阶段界定两大法系程序特征的方式，基于刑事诉讼中司法权的配置、刑事诉讼程序的整个阶段、法律具体运行等，运用两种权力结构模型——科层制和协同制来分别对两大法系的刑事程序进行说明。[②] 运用达玛斯卡的理论对两大法系国家的刑事审级制度结构、审级权力配置、审级程序运行等环节进行考察，我们可以将大陆法系与英美法系的刑事审级模式分为不同类型，以德国、日本、法国等为代表的大陆法系国家，刑事审级运行表现为科层制的单向运行模式；而以英国、美国为代表的英美法系国家，刑事审级运行则呈现出协作型的双向制约模式。两大法系在初审与上诉审的审级权力构造、审级职能配置、审级制度运行方式等方面都存在着极大的差异。基于此，下面以刑事审级权的配置及审级制度的运行为视角，以典型国家的刑事审级制度为例，对两大法系的刑事审级运行模式进行类型化的初步探讨。

---

① 亦译作"达玛什卡"。
② 参见〔美〕米尔建·R. 达玛什卡《国家权力结构与比较刑事程序》，巢志雄等译，载谢进杰主编《中山大学法律评论》（第 10 卷·第 1 辑），法律出版社，2012，第 68~131 页。

## 一　英美法系国家刑事审级制度之特点

英美法系的刑事审级模式因其刑事司法理念及刑事审级制度的基本原理的独特性，构建了协作型双向制约模式的刑事审级制度。英国、美国的刑事司法更关注刑事审级制度的规则治理功能，因此，在设计刑事审级制度时，在刑事审级权力配置的过程中，强调不同层级法院之间的平等协作，划分初审法院与上诉法院并进行明确的职能分层，刑事审级结构呈圆锥形，在审级权力运行的技术设计上，强调事实审与法律审的分离，通过审级职能的分工，通过对初审法院事实审的重视，将事实审基础夯实在初审，从而将上诉审从事实审的负担中解脱出来，使之专注于法律问题的审查，最终实现规则治理的刑事审级功能。下面以英国和美国为对象论述英美法系国家的刑事审级制度特征。

### （一）审级权力结构的协作型

根据达玛斯卡的理论，协作型权力结构的基本特征有：（1）职业人士与非职业人士共生；（2）权力的平行分配；（3）对灵活性规则的偏好；（4）非正式的形式；（5）行为预期非一致性；等等。[①] 具体来说，其内容主要如下。第一，司法权由职业者与非职业者共同享有。英美法律的陪审制度吸纳了外行人员参与刑事案件的审判，职业人士与掌握事实裁断权的非职业人士共生。第二，权力的平等分配。协作型权力结构本身反对权力的多重性，强调权力的单一平行。但协作型模式下的刑事审判程序仍然在一定程度上追求法律的统一性，赋予当事人救济制度，因此也会有层级权力结构的构建。各国的法院组织金字塔形结构的设置则很好地说明了这个问题，在英美法系国家，即使强调权力结构的协作式特征，其法院组织仍呈金字塔形。因为在协作型权力结构模式下，法律统一性的实现不可能依赖享有巨大"自由裁量权"的法官。

---

① 参见〔美〕米尔伊安·R. 达玛什卡《司法和国家权力的多种面孔——比较视野中的法律程序》，郑戈译，中国政法大学出版社，2015，第31~36页。

但协作型审级权力结构模式下，权力的等级很模糊，即使处在权力层级系统中，仍能保持较高程度的独立性，不太重视书面记录。[①] 依据达玛斯卡对协作型权力结构的界定，我们以英国、美国的刑事审级制度为例，分析这一模式特征在制度中的具体体现，亦即这一模式在这两个代表性国家的刑事审级制度中的实现。第三，协作制的目标。协作型模式更强调实现实质正义，裁决的稳定性重要但不突出；法官依自己理解的实质正义标准而不是技术规范进行裁判，实质正义的标准是开放的，非为规范所明确；法官偏好自己对正义的理解，享有较大的自由裁量权。

考察英美法系国家不同层级法院之间的审级关系，我们可以发现，协作型双向制约模式下的审级权力结构呈现出较弱的权力等级，刑事审级权力依协作式配置，强调权力的平等分配，初审与上诉审处于平行状态。例如，自中世纪开始，英国法院数量多且在相当长的时期内各法院之间不存在权力之间的差别。一部分法官在威斯敏斯特从事审理工作，一部分作为巡回法官，早期的英国并没有建立一种连接中央和地方的司法等级制度，其司法组织平行分布。其最早的王室法院就是一个单一设置，无层级、下属、分支法院，管辖权及于全国的初审法院。法官之间以协商合作的方式进行裁判，无上诉审的监督。其刑事司法裁判权大部分委托给地方绅士，由他们组成陪审团进行审理，王室法院及地方法院审理刑事案件均实行一审终审，未设立审级制度。通过国王权力的运行特别是巡回法官的磋商，保持国家法律适用的统一。从审级制度来看，英美法系并无严格意义上的审级制度，其上诉程序设置较晚，并且上诉程序并没有被视为正当程序的应有内容。如在英国，上诉权的行使在某些情况下还需获得初审法院与上诉法院的许可，上诉需要理由，主要限定于证据有无准确认定、陪审团

---

[①] 参见〔美〕米尔伊安·R.达玛什卡《司法和国家权力的多种面孔——比较视野中的法律程序》，郑戈译，中国政法大学出版社，2015，第31~36页。

有无接受正确指导等问题；与大陆法系显著不同的是，初审判决的正确性反而不是上诉的理由。① 在美国，审级权力构造呈现出与英国类似的特征，其司法权的界限模糊。由于美国的法院体系及法院权力配置并非由立法产生，不同法院之间不存在分权理念，法院的级别管辖权甚至出现重叠，基层法院甚至也享有一些"规范制定"权。例如，"当联邦地区法院的法官在复审州最高法院的人身保护令裁定时，他有权裁定人身保护令是否必要，也有权裁定与人身保护令有关的定罪判决的有效性，而非仅仅审查对被告采取监禁措施的妥当性"②。其上诉制度在独立战争后建立，但无论刑事案件有多大的影响，上诉权都并未作为宪法性权利被赋予公民。③ 在美国，通常认为法院作出裁判后刑事诉讼程序就应当终结，因为上诉审的运行与"禁止双重危险"理念相冲突，④ 上诉引发的重新审查对有罪判决的被告人来说是不利的，这可能成为一个"新的追诉"，目的在于将被告人投入另一场审判。在法官权力配置层面，我们也可能发现英美法系的协作型审级权力结构特色。上诉权在英美法系中的重要性比不上其在大陆法系中的重要性，一般不会给予宪法高度的确认。⑤ 英美法系的主审法官享有许多权力，如法官无须向上级法院请示案件或者面临案件被上级法院发回重审的状况。普通法系的法官从未接受科层制下的威权观念训练，始终保持发表个人意见的自由，即使在一个由多数法官组成的审判组织对案件进行审理时，也可以独立发表意见，案件的裁判往往以自己的名义发

---

① 参见〔美〕米尔伊安·R. 达玛什卡《司法和国家权力的多种面孔——比较视野中的法律程序》，郑戈译，中国政法大学出版社，2015，第31~36页。

② *Brown v. Allen*, 344 U. S. 443 (1953).

③ 参见〔美〕弗洛伊德·菲尼《上诉在美国刑事司法中的作用》，田力男、郑曦译，载陈光中主编《中国刑事二审程序改革之研究》，北京大学出版社，2012，第515页。

④ 参见 *Benton v. Maryland*, 395 U. S. 754 (1969)，该案否决了 *Palko v. Connecticut*, 302 U. S. 319 (1937) 判决的意见；*North Carolina v. Pearce*, 395 U. S711 (1969)。

⑤ 参见 *Griffin v. Illinois*, 351 U. S. 12, 18 (1956)；*Ross v. Moffitt*, 417 U. S. 600. 1974；*North Carolina v. Pearce*, 395 U. S. 711 (1969)。

表，而不必以法院的名义。在美国，法官甚至对自己是否应当回避都享有自由裁量权。

（二）审级构造呈锥形样态

刑事审级职能的结构是以不同审级法院的职能定位、审理范围等要素为指标进行类型化构建的。英美法系初审法院与上诉法院有较为明确的职能分层，初审法院主要承担事实审职能，上诉法院侧重于法律适用问题的审查。在明确的审级职能分工的基础上，特别是在实行陪审团审理的场合，初审法院对事实的认定具有终局性，实行一审终审，当事人无权就事实问题提起上诉，上诉法院须尊重初审法院关于事实问题的认定。上诉程序运行中，受理第一次上诉的上诉法院通常集中于法律问题，仅仅在特别特殊的情形下针对事实问题进行审查；而在第二次上诉时，上诉法院实行彻底的法律审，仅审理涉及重要法律问题的上诉案件。不难发现，英美法系上诉法院审理范围随着审级的上行而逐渐缩小，审级职能越发单一。这即是学者们描述的"锥形刑事审级结构"。具体分析英国、美国的刑事审级制度，能充分地证明这一观点。

英国法院系统由中央和地方两个层级组成，[①] 英国于 1907 年设立刑事上诉法院，其刑事上诉制度初步确立。其后经历一系列改革，上诉制度有关法律经过多次修订，如《1968 年刑事上诉法》及依其制定的《1968 年刑事上诉规则》，以及《1988 年刑事审判法》、《1994 年刑事审判与公共秩序法》和《1995 年刑事上诉法》等一系列法律，英国据此确立了刑事审级制度及上诉审程序。区别不同的法院，其审级的运行路径不同。若以治安法院为初审法院，可以将英国审级分为四个审级；若以刑事法院为初审法院，英国的刑事审级制度则实行三审终审制，刑

---

① 英国中央法院主要包括上议院、最高法院和枢密院司法委员会。其地方刑事法院从低到高设置治安法院、巡回法院、高等法院、上诉法院刑事庭和最高法院。参见王泽鉴主编《英美法导论》，北京大学出版社，2012，第 67 页。

事案件基本上赋予当事人两级上诉权。① 若初审法院是刑事法院，被告人及检察官可上诉至上诉法院刑事部；若初审法院是治安法院，则由刑事法院担任上诉法院；如果当事人对治安法院的一审裁判或刑事法院的二审裁判中的法律问题有异议，可就特定法律问题申请治安法官或刑事法院法官向高等法院后座部合议庭表达其法律见解，治安法官及刑事法院法官需向后座部合议庭说明被诉请的法律问题并作出解释，由后座部合议庭审查。② 英国的三审上诉程序主要针对上诉法院刑事部的刑事二审判决及后座部合议庭关于"法律问题之表明"的判决，被告人或检察官表示不服，可上诉至最高法院（2009 年前是贵族院），但是该案件须涉及重要的法律问题，同时须经原审法院或者最高法院上诉委员会许可。英国审级制度除普通上诉程序外，对当事人还设有特殊救济制度，是专门针对刑事错案而设立的，为避免刑事被告人无辜被判决有罪。根据《1995 年刑事上诉法》的规定，英国于 1997 年设立刑事案件再审委员会（Criminal Cases Review Commission，CCRC）。在被告人穷尽所有的救济途径后，可向刑事案件再审委员会提出将案件移送上诉法院进行再审的申请，CCRC 在调查、裁量后可决定是否将此案移送上诉法院进行再审。③ 英国刑事上诉审理范围通常情况下为法律问题，若对刑事法院所作出的裁决不满意，被告人或检察官可向上诉法院刑事部提起上诉，审理范围限于法律问题，上诉法院刑事部并不针对初审法院的事实认定进行重新审理。但也有例外，如果针对治安法院所作出的裁判的上诉，则实行复审制，对事实问题及法律问题全面重新审理并作出认定，对合议庭所认定的事实，当事人不得再次提起上诉。

---

① 参见孙长永《英国的刑事上诉制度研究》，《湘潭大学社会科学学报》2002 年第 5 期，第 33 页。

② 参见卞建林、刘玫《外国刑事诉讼法》，人民法院出版社、中国社会科学出版社，2002，第 217～218 页。

③ 参见王泽鉴主编《英美法导论》，北京大学出版社，2012，第 67 页。

美国是联邦制国家，其法院系统由联邦与州两套体系构成。联邦法院实行三审终审的刑事审级制度，被告人享有两级上诉权：若被告人不服联邦地区法院的一审裁判，即可向联邦上诉法院提起上诉；若对上诉法院的二审裁判仍表示不服，继而可向联邦最高法院申请调卷令。在州法院系统，部分州实行三审终审，允许当事人向州上诉法院提起上诉，并向州最高法院提起第二次上诉；部分州未设立上诉法院，当事人只能向州最高法院提出上诉。虽然美国各州的刑事审级制度存在差异，但若案件涉及联邦法律问题，针对州最高法院的裁判，被告人若不服，均可以向联邦最高法院申请调卷令。其"上诉法院通常不对第一审法院认定的事实问题予以新考虑。这种限制主要源于陪审团作为事实认定者的地位；除了对证据是否足以作出合理裁决的有限考虑之外，法院无权重新决定陪审团的裁决。对于由法官在不经陪审团审理的案件中所做的事实认定，也有类似的尊重"①。美国上诉审的审理范围集中于初审法院的法律适用，受一审事实认定的制约，通过对事实问题和法律问题处理权限在不同审级的配置，以及对司法裁判权运行方式的差异化设计，美国刑事司法制度完成了初审法院与上诉法院之间审级制约机制的构建，从而保证了各审级法院之间的独立。

（三）事实审与法律审的分离

考察英美法系国家的刑事审级制度，其共同点之一是将事实审和法律审作为区分初审法院与上诉法院的职能标准。英美两国在这一制度上没有差异。通常情况下，将事实审职能配置给初审法院，这是因为审判活动是一个发现和判断的实践性行为，对这一过程，通常来说是一审的下级法院比上级法院更接近案件事实。② 由初审法院负责事实问题的审理是符合认识论规律的，也是诉讼的基本逻辑。将法律审查问题配置给

---

① 〔美〕杰弗里·C. 哈泽德、米歇尔·塔鲁伊：《美国民事诉讼法导论》，张茂译，中国政法大学出版社，1999，第184页。

② 参见顾培东《人民法院内部审判运行机制的构建》，《法学研究》2011年第4期，第11页。

上诉法院，上诉法院对上诉案件的审查集中于法律适用问题。法律审不仅包括对一审裁判的法律适用的审查，还包括"对一审中事实的认定是否合法进行审查，如事实的认定是否违背了证据规则或经验法则"①。不同审级的职能分层既建立在不同层级法院的功能分离的基础上，也是符合现代刑事审级制度设立目标的。根据此种审级职能划分，在审级程序设置的技术层面，上诉审制度的设计通常遵循"有限审查原则"，即上诉法院审判权行使的对象仅限于初审法院认定的事实，对初审法院的事实认定予以尊重，在此基础上，就案件的法律适用问题进行审查，在此种模式下，上诉审被设计为"对第一审的审理程序"。

英国上诉案件的审查范围通常限于法律审。上诉法院对初审法院作出的决定进行复查，上诉对象限于案件的法律问题，在一些情况下，也会对案件的事实问题进行处理，而这种处理要么是间接性的，要么是基于这些问题自身的法律根据进行的。② 英格兰和威尔士的重要上诉法院"被授权重新审理一个案件"，是向上诉法院提起上诉，通过重新听审的方式进行审理，如果有新的证据，上诉法院则以口头方式对新证据进行审理，然后根据新证据和下级法院的审判记录对上诉作出裁决，不会以言词审理的方式对案件进行重新审理。③

美国刑事审级制度在不同审级之间职能分层明显，通过对事实问题和法律问题处理权限的分工在上下审级之间形成相互制约的审级模式。初审法院与上诉法院分别承担事实问题和法律问题的审查职能，上诉法院仅对法律问题进行审理，初审法院认定事实而且其认定结果一般不再接受上诉法院的审查。上诉审查一般仅限于程序方面和法律解释方面的问题。美国的上诉审实行"事后审"模式，其上诉审是一种法律审查

---

① 胡夏冰：《构建一审中心主义的审级格局》，《人民法院报》2011年9月22日，第2版。
② 参见〔美〕亨利·J. 亚伯拉罕《司法的过程：美国、英国和法国法院评介》，泮伟江、宦盛奎、韩阳译，北京大学出版社，2009，第110页。
③ 参见〔美〕亨利·J. 亚伯拉罕《司法的过程：美国、英国和法国法院评介》，泮伟江、宦盛奎、韩阳译，北京大学出版社，2009，第111页。

（review），是对审判的审判（a trial of the trial）。在美国，上诉法院对事实的审查范围限于初审认定的事实问题，而联邦最高法院和州最高法院的上诉审查范围更是不包括事实问题，上诉法院不接受任何证据，所有案件的调查都限于法庭内。① 当事人在上诉审过程中提交新证据的行为不被法院支持，因而也不可能有新的事实产生。在上诉审理的过程中，初审法院的卷宗、书证及法庭记录都直接拘束上诉法院法官，除特别情况，上诉法院应当尊重初审法院对事实的评价认定。一旦上诉法院认为初审法院所认定的事实需要纠正，则应选择将案件重新发回初审法院审理，上诉法院并不能直接审查证据、认定事实，事实审查职能原则上只能由初审法院行使。在上诉案件的审理中，上诉法院的审查范围还受"未提出即视为放弃"规则的制约。该规则是指如果当事人在初审审理的过程中，对相关争议或错误未提出异议，则在上诉案件审理的过程中亦不得再次提出主张。此原则为美国联邦法院及各州法院所遵循。该规则也能在一定程度上保障诉讼效率的提高，如果允许上诉方在上诉审理中提出新的证据，那么上诉案件势必需要再次开展庭审活动，组织质证，这必然影响诉讼效率的实现。此规则亦有例外。②

（四）审级运行双向制约模式

通过以上分析，英美法系国家的审级程序运行建立在审级功能分化、事实审与法律审分离的刑事审级制度基础之上。在其刑事审级制度中，法院的组织结构呈现金字塔形的构造，但通过初审法院与上诉法院

---

① 参见孙长永《探索正当程序——比较刑事诉讼法专论》，中国法制出版社，2005，第625页。
② 相反的是"明显错误"规则，即初审法院的裁判在上诉法院看来是明显错误的，那么即使没有在初审法院提起，被告人也可以上诉，这种例外有几种情况：一是在触犯宪法权利的案件之中，这是最可能发生的；二是由于法律的规定，上诉人无合理的时间或机会提出，也可以成为上诉的理由；三是有关审判权的错误，被告人若未向初审法院提出异议，在上诉时也可以提出，传统上向来承认这一例外；四是出于诉讼经济和社会公共政策的考虑，所争执的法律问题有再度发生的高度可能性，或者为公众所关心，或者具有较大的公共政策方面问题，也可以允许被告人在上诉中提出。参见魏晓娜《以审判为中心的刑事诉讼制度改革》，《法学研究》2015年第4期，第99页。

的角色分配和职能分化，将不同审级的权力限制在职能范围内，上诉法院行使监督权不得超越权力的界限。同时，保障不同审级法院的权力配置是平等的协作式，不存在凌驾于初审法院之上的上诉法院，审级不同仅仅在于审判功能的侧重点不同，初审法院的职能重点在于事实认定，以事实审为中心，上诉法院的职能重点是法律适用，以法律审为中心。通过对上下级法院之间的审级职能分层，实现法律审与事实审的分离。初审固定事实证据，上诉审审查法律适用，事实认定受制于多种因素的影响，因为证据的变化，事实认定具有一定的不确定性，如果反复对事实进行审查，不仅可能对事实真相的发现毫无益处，甚至可能导致无限再审情况的发生。

英美法系国家审级关系的双向制约也通过审级程序运行的技术设置来实现。上诉法院对初审法院的监督权被限制在程序规则内。一方面，审级权的运行唯有通过上诉制度才能发生，上诉程序是刑事审级制度运行的方式，是连接初审法院与上诉法院的桥梁。当事人的上诉权行使决定了上诉法院监督程序的启动，上诉是导致刑事案件由初审法院向上诉法院移动的唯一动因。依"不告不理"原则，审级程序的运行需要遵循司法权运行规律，上诉法院不能依职权自行启动。上诉法院的监督权作为程序内部约束机制，仅仅是初审程序的保障。因为当事人如果对初审法院的裁判没有异议，初审法院的裁判即刻产生既判力，刑事案件并不进入上诉状态，各国的刑事案件上诉率并非100%也很好地说明了这一点，在这种情况下，上诉法院的审级并不运行，上诉法院不得行使对初审法院的审级权。另一方面，上诉法院的监督权即使运行，也须尊重初审法院的审判行为，不得对初审法院的审判独立造成干扰。如西方国家普遍规定上诉法院一般不对初审法院已审查过的证据进行重新审查。此外，各国刑事诉讼法也严格规定裁判的既判力，经过一个法定的完整审级制度，个案的裁判即产生既判力，不得循环行使审级权；对已生效裁判的既判力，法院、当事人及社会都应当予以尊重，针对确有错误的刑事司法裁判，虽然设置了特殊的救济机制，但基本上备而不用。

（五）审级制度强调政策偏好的传递

英美法系国家法院的设置也呈金字塔形，但与大陆法系国家不同，根据英美法的原则，刑事诉讼活动是以审判为中心的，侦查程序为审判程序服务；审判程序以初审程序为中心，上诉程序是审判程序的补充。英国的审级制度功能更偏重宏观功能，即国家法律政策的偏好，通过上诉制度，由最高法院将司法政策自上而下传递。因此，其审级功能更偏向于法律适用的统一。上诉审重在解决具有法律价值的重要问题，并且"通过一定的筛选程序，才能过滤掉那些没有法律价值的上诉，确保上诉法院恪守其职能定位"[1]。有学者言："如果没有上诉程序作为审查法律的手段，普通法制度就难以存在。"英国刑事审级制度不仅能体现权利救济及法律适用统一的功能，也能在一定程度上防止错误、保障司法公正。其上诉机制较为复杂，上诉途径较多，较为完善的刑事审级机制维护着英国公众对刑事司法的信心，因为他们知道如果出现错误，就会有方法对其进行纠正。只有当上诉程序很好地运作时，这种信心才能被维持。[2] 美国法院划分为初审法院与上诉法院，初审法院承担事实审功能，上诉法院承担法律审功能，上诉法院主要负责审查初审法院的法律适用是否恰当，更多关注具有通常意义的法律问题，较少关注个案的事实问题，最高法院则承担规则治理功能。如美国学者夏皮罗指出："虽然形式上美国上诉法院也许会从事对在两个具体诉讼当事人之间所发生的具体争议作出最终裁决的工作，但是它们的主要功能是提供统一的法律规则。本质上基于公共政策的考虑制定出来的规则与具体的诉讼几乎

---

① 刘静坤：《英国刑事程序对上诉的限制及其启示意义》，《人民法院报》2015 年 1 月 30 日，第 8 版。

② 汪建成、黄伟明：《欧盟成员国刑事诉讼概论》，中国人民大学出版社，2000，第 225～228 页。

没有关系。"① 也就是说，美国上诉法院的法官们并不会把案件仅仅看作当事人之间的事情，而是更多地从案件背景等角度审视案件，以及用更理论性的框架来看待当事人的主张。② 有学者指出，上诉法院的法官们视其首要功能为创制法律，而不是纠正初审法院的错误，并保障初审法院遵守业已确定的法律，甚至上诉审查程序并不是一种纠正错误的有效制度。③ 为了为未来的案件制定恰当的法律规则，上诉法院不仅将当事人提出的争议视为与法律规则有关的"样品"，④ 甚至怂恿当事人就某些具有普遍意义的案件提起上诉⑤。美国法院初审与上诉审功能分离保障了审级职能分层，不同审级的法院承担不同的功能不仅保障了美国刑事审级权力的协作性，上诉程序的运行也并非为了监督初审法院的审判权运行，而是从审级功能角度确保法律适用的统一，并最终实现规则治理，不重点强调案件事实的查明。

## 二 大陆法系国家刑事审级制度之特点

与英美法系国家的刑事审级制度的功能定位不同，大陆法系国家刑事审级制度更侧重于对个案真实的查明，在诉讼的过程中，强调法官职权在认定事实方面的作用。在进行刑事审级权力配置时，强调不同层级法院之间的等级性，初审法院与上诉法院功能具有一定的同构性；刑事审级职能分层不明显，刑事初审与刑事二审职能重

---

① 〔美〕马丁·夏皮罗：《法院：比较法上和政治学上的分析》，张生、李彤译，中国政法大学出版社，2005，第77页。

② 参见〔美〕阿蒂亚、萨默斯《英美法中的形式与实质》，金敏、陈林林、王笑红译，中国政法大学出版社，2005，第236页。

③ 参见〔美〕阿蒂亚、萨默斯《英美法中的形式与实质》，金敏、陈林林、王笑红译，中国政法大学出版社，2005，第247~250页。

④ 〔美〕马丁·夏皮罗：《法院：比较法上和政治学上的分析》，张生、李彤译，中国政法大学出版社，2005，第77~78页。

⑤ 参见〔美〕阿蒂亚、萨默斯《英美法中的形式与实质》，金敏、陈林林、王笑红译，中国政法大学出版社，2005，第230页。

合；刑事审级结构呈梯形，在审级制度运行的技术设计上，事实审与法律审不严格分离，第一次上诉案件的审理实行复审制，既审查初审法院的事实认定，又审查法律适用，部分国家的刑事三审才实现审级职能的分离，进行纯粹的法律审。刑事审级功能更强调当事人权利救济与纠纷解决，重视事实问题的查明，追求刑事案件的实质真相。以下对大陆法系的刑事审级制度特征进行详细论述，以德国、法国为代表。

（一）审级权力结构的科层制

在达玛斯卡的观念里，科层制是一种国家权力配置的结构模式，其主要特征有二。一是权力结构的目标强调组织决策的稳定性。决策的稳定性决定了刑事司法的价值目标是个案公正，而不重视裁判的规则治理功能。二是权力结构的等级化。[①]科层制组织下，层级式的组织构建导向等级式的权威体系，其决策的稳定性有赖于健全统一的政策，官员的权力是被上级授予的，其行使受到上级的严格监督。科层制精确界定成员的权限，上下级的职位区分明确，等级之间不存在权力的交叉和重叠；职能依权力的重要程度予以分配，职位越高权力越广泛、越重要；下级所作出的决定只能由其上级改变。科层制强调系统、有序、简单、规范，成员的自由裁量权被严格限制，以避免自由裁量权的行使影响决策的稳定性和统一性；重视书面记录，为贯彻、执行上级命令，需要记录行为过程及执行情况供上级组织检查；内部成员遵循严格的等级制度，下级成员的发展是渐进式的，下级成员须从最底层做起，其晋升很大程度上取决于上级的评价。

大陆法系国家刑事司法的共同特征包括：通过司法权自下而上的集中实现司法政策的统一，司法行政管理事务由科层式的行政机构负责，偏好命令规范，书面文件被置于极重要的地位，科层模式通过招录、培

---

① 参见〔美〕米尔伊安·R.达玛什卡《司法和国家权力的多种面孔——比较视野中的法律程序》，郑戈译，中国政法大学出版社，2015，第65~69页。

训和提拔官员的方式得到巩固。① 大陆法系国家刑事审级权力结构的科层性可以从以下角度阐明。

其一，刑事审级权力配置的等级化。大陆法系的科层制强调严格的权力等级，其权力等级结构具有以下特征。首先是义务的精准配置，大陆法系国家法院组织的设置严格由立法规定，司法权不仅作为一种权力配置给法院，同时亦是一种义务，法院不能拒绝裁判。另外，上级法院对下级法院的裁判有复审的权力，下级法院的法官宣告判决后，仅上级法院有权变更判决。享有司法权的法院与其他国家机关之间，不同层级的法院之间，不同法官之间，其职权职责配置明确而精准。其次是不同层级的法院之间权力配置呈现出等级化的特征。初审法院的独任庭承担较轻微的刑事案件的管辖，严重的刑事案件则由合议庭审理；更为严重的案件或重大复杂的案件由级别更高的法院审理，特别是敏感案件通常由级别较高的法院审理，这与英美法系的司法情况有所不同。苏联法院科层制的特色更为明显，根据其刑事诉讼法的规定，上级法院对下级法院享有管辖权的案件，在一定的情况下可以提审。但提审制度在大陆法系国家是遭禁止的，原因在于其对公民获得相应法院审判的权利造成了干扰。

其二，刑事初审与上诉审的关系呈现出层层递进的单向监督特征。上诉制度在大陆法系国家是一个普遍而重要的制度，被广泛采纳。大陆法系国家的司法组织架构被设计为多层次、多等级，因此，审级程序的运行依层次、等级顺序分步骤进行，每一层级被赋予相应的职能和任务，主要包括材料的收集、初审、上诉审等，一环扣一环。上诉法院的审查是常规性流程，是可预见的初审的后续步骤；上诉由层级体系中的上诉法院承担，不允许同一层级法院进行上诉审，上诉法院被赋予

---

① 参见〔美〕米尔建·R. 达玛什卡《国家权力结构与比较刑事程序》，巢志雄等译，载谢进杰主编《中山大学法律评论》（第10卷·第1辑），法律出版社，2012，第68~131页。

"质量把关"的功能，初审判决不具有重要性，上诉审具有极为重要的地位。基于质量把关的目的，科层制模式不得不加强上诉审的重要性，弱化初审的作用，上诉机制被赋予重要使命，是司法公正的重要保障，是个案中的正当程序要素，上诉权被视为公民的基本权利。同样，基于对上诉制度的重视，将司法公正的实现全部赋予上诉法院，也导致初审法院职能的衰弱，更进一步使得科层制国家更为重视上诉制度。①

其三，大陆法系法官的独立性也较为脆弱。为保障司法判决的一致性，大陆法系创立了一套让下级法院采纳上级法院法律意见的程序，如最高法院公开发布的咨询性意见，虽然法律上并无约束力，但是通常下级法院会予以遵守，再如上级法院对下级法院关于法律适用问题的未公开发布的内部建议等能在下级法院产生较大约束力。此外，针对某些特殊案件设置的复核制度，能对终审判决进行审查，以保障法律的统一。虽然大陆法系并无遵循先例的传统，但上诉制度的设计使上级法院的意见对下级法院具有相应的约束力，下级法院始终处于其裁判可能被上级法院推翻的风险之中，因此，对上级法院意见遵从与否直接决定了其裁判能否被维持。

其四，大陆法系的上诉对卷宗的依赖。在司法程序中，每个环节的司法活动都应当被记录，并妥善保管，随程序向上流动，下级官员将保管的文档逐级向上移送，文档不断被扩充。科层结构中的司法人员也偏好和依赖以书面文档为依据作出判断。

（二）审级构造呈梯形样态

与英美法系刑事审级构造的圆锥形特征不同，大陆法系的刑事审级构造则呈现出梯形样态，初审法院与上诉法院在功能区分、职能分层与审判权运行模式方面较为相似，在不同的审级阶段有一定的区分。与英美上诉审是完全的法律审不同，德国、法国的第一次上诉审程序强调事

---

① 参见〔美〕米尔伊安·R.达玛什卡《司法和国家权力的多种面孔——比较视野中的法律程序》，郑戈译，中国政法大学出版社，2015，第65页。

实与法律的全面审查。如在德国，由于对刑事初审案件的审理质量没有充足的信心，当事人有权就事实问题与法律问题上诉到上诉法院，上诉法院可对事实问题与法律问题进行审查。① 上诉程序应当参照初审程序重新审查案件事实与证据，上诉法院也有权审查新的证据。② 而且如果是简易案件的上诉审，地区法院的小刑事庭不受初审法院的事实认定及证据调查范围的限制，可以直接改判而无须发回重审。③ 德国的三审主要强调法律审，原则上对事实问题不进行审查，但是仍与英国、美国的三审审理范围存在着一定的差异，其三审并不是彻底的法律审，而是以法律审为主、以事实审为辅。④ 在法国，由于实行两审终审制，为保障一审裁判的正当性、合法性，实现司法公正，对于一审法院的事实认定与法律适用问题，上诉法院均进行严格的审查，刑事审级权的范围很广泛。如根据《法国刑事诉讼法典》的规定，如果对重罪法庭作出的一审判决提起上诉，最高法院得指定重罪法庭组织由 12 名陪审员参加的上诉法庭予以审理。同时还规定，重罪上诉案件的审理直接适用初审案件的审理程序。⑤ 以上说明，在德国、法国的刑事审级制度中，初审程序与上诉审程序无论是审级功能还是审级职能抑或审级权的运行机制都基本上一致，初审程序与上诉审程序无实质性差别，都承担发现真实、解决纠纷的功能，刑事审级权的运行目标是确保犯罪真相的发现，确保事实认定的正确，在此基础上准确适用法律；为保障在定罪量刑上裁判的正确性，上诉审对事实问题和法律问题进行全面审查；为满足准确、公正认定犯罪事实的需要，上诉审适用初审法院的审理程序，在法国甚

---

① 参见〔德〕克劳思·罗科信《刑事诉讼法》，吴丽琪译，法律出版社，2003，第500页。
② 参见〔德〕托马斯·魏根特《德国刑事诉讼程序》，岳礼玲、温小洁译，中国政法大学出版社，2004，第221页。
③ 参见宋英辉、孙长永、朴宗根等《外国刑事诉讼法》，北京大学出版社，2011，第337~338页。
④ 参见刘磊《刑事上诉审之构造》，《中国刑事法杂志》2007年第4期，第66页。
⑤ 参见《法国刑事诉讼法典》，罗结珍译，中国法制出版社，2006，第232~259页。

至重新组成陪审团，对证据重新质证，审查新的证据，可以重新认定事实、适用法律。基于此，我们可以判断，以法国、德国为代表的大陆法系国家，其刑事审级构造呈梯形，初审与上诉审的功能、审理范围并未随着审级的上行而变小，刑事审级权的运行机制在初审与上诉审之间亦无变化。

（三）法律审与事实审有限分离

大陆法系国家的刑事审查既包括对事实认定问题的审查，也包括对法律适用问题的审查。初审判决不具有既判力，仅仅被看作判决书的草稿，当事人无须请求暂停执行，因为初审判决不具有执行力；审查的范围包含事实、法律与逻辑等多方面；审级权由层级体系中的上级法院享有，不允许同一层级法院进行上诉审；初审判决不因原判决有失误而被推翻（如果上诉审中出现新证据，初审判决亦可被推翻，但在初审判决作出之时并不能认为决策者有失误）；上级机构对下级官员享有一定的惩戒权。

大陆法系国家对事实审以二审为终审，其三审则是法律审。例如，在德国，凡是上诉案件审查范围既包括事实认定也包括法律适用的上诉程序均为二审上诉；而仅针对法律问题的上诉审查程序为"第三审上诉"。是故，对于地区法院和高等法院的判决提出的上诉被称为"第三审上诉"，但实际上审级运行是"第二审"。因此，德国法中的"第三审上诉"并不意味着从审级运作的角度一个案件经过了三级不同法院的审理，而仅仅是"事实和法律问题的审理"或"仅限于法律问题的审理"之别。德国上诉案件的审理范围依"上告"和"上诉"有所区分。通常称为"第二审"的上诉，即"上告审"，其审查范围包括事实问题和法律问题。第二审上诉法院不仅承担监督和纠错职能，同时也承担一审法院事实认定功能，在上诉案件审理的过程中，其职能配置及程序运行与一审法院未有差别，可以重新审查证据、组织质证，对事实问题可以重新认定，对法律适用错误可直接改判。即使如此，在"上告"

程序中，上诉法院的权力也并不完全等同于初审法院的权力，其事实调查权受一审程序的限制，法律解释权受到三审程序的制约。同时，立法明确规定接受新证据的前提是对方当事人不反对和不造成诉讼拖延，这实际上把二审程序接受新证据的决定权一部分交给了对方当事人（律师），将法官的裁量权置于当事人的监督之下。[①] 而在称为"第三审上诉"的"上诉审"程序中，审理范围则与"上告审"的不同，此时的上诉法院不负责审理原判决的事实认定问题，仅就原法院的法律适用正确与否进行审查。[②] 即德国的"第三审上诉"只能进行法律方面的审理。

法国的刑事上诉审审理对象不区分事实与法律问题，并不存在与英国或者美国相似的较为独立的"法律审"。虽然法国实行陪审制审理，但是与英国、美国所不同的是，其陪审制度并不与权力分工相关联，而是为实现司法的民主性，保障民众参与司法活动的权利，拉近司法与民众的距离，从而使裁判具有更高的可接受度。英国、美国的陪审制度进行事实认定与法律适用的技术分权，事实问题由陪审团负责。由于事实问题由陪审团认定，如果上诉审需对事实问题进行重新认定，势必需要重新组织陪审团，这无论从认识论的基本原理考量，还是基于司法成本与司法效率考虑，都是不具现实性的，因此，英国、美国的事实问题实行一审终审，上诉法院不再对事实问题进行审查。但是在法国，法官与陪审员在事实问题与法律问题之间并无分权一说，而是一种"全面合作"关系，陪审员并不是"事实法官"，而是与职业法官相互配合的"助理法官"。[③] 如《法国刑事诉讼法典》362 条规定："若被告人认罪，

---

① 参见傅郁林《审级制度的建构原理——从民事程序视角的比较分析》，《中国社会科学》2002 年第 4 期，第 92 页。

② 参见〔德〕约阿希姆·赫尔曼《〈德国刑事诉讼法典〉中译本引言》，载《德国刑事诉讼法典》，李昌珂译，中国政法大学出版社，1995，第 9 页。

③ 参见〔法〕贝尔纳·布洛克《法国刑事诉讼法》，罗结珍译，中国政法大学出版社，2009，第 277 页。

在此条件下，当审判长向陪审团宣读本罪的相关刑法规定后，陪审员可以就本案的刑罚适用问题进行评议或投票。"①

（四）审级目标偏重于案件审判质量

大陆法系国家的刑事初审与上诉审程序在功能上具有相对一致性，主要功能都是查明事实，解决纠纷，实现个案的正义。对于裁判结果指导司法实践及推动法律发展则鲜有顾及，对于统一法律适用、规则治理等功能目标也甚少关注。具体来说，在以纠纷解决为刑事司法目标的国家，上诉法院通常实行复审制或者续审制，上诉法院对初审法院裁判所涉及的证据查明、事实认定以及法律适用进行审查，同时还对初审法律诉讼程序的运行进行审查。初审与事实审在审级功能上几乎没有差异，初审集中于事实审，上诉法院除专注事实审外，还需要对初审法院的法律适用及程序运行一并进行审查，但上诉程序运行的终极目的是围绕事实的发现，解决纠纷。在德国，二审上诉法院不仅承担监督和纠错职能，同时也承担一审法院事实认定功能。第一次上诉实行复审制，当事人可以提交新的证据，上诉法院可以作出最终的判决，从而取代初审法院的判决。其上诉通常是一次"重新审理"的过程。② 在法国，刑事案件实行两审终审制，二审既是上诉审也是终审。为保障裁判的正确性，充分发挥上诉法院的监督功能，其上诉审采取复审制构造，事实审查与法律审查合一，对初审法院的裁判进行全面监督审查。在上诉案件的审理过程中，允许当事人提出新主张，补充新证据，上诉法院在对案件进行审查的基础上可以作出新的裁判。在上诉审理的具体内容上，法国上诉法院的审理范围限于当事人上诉请求的范围，③ 法院仅能围绕上诉请求需要认定的问题进行证据调查，而对

① 参见《法国刑事诉讼法典》，罗结珍译，中国法制出版社，2006，第251页。
② 参见〔美〕马丁·夏皮罗《法院：比较法上和政治学上的分析》，张生、李彤译，中国政法大学出版社，2005，第210页。
③ 参见金邦贵主编《法国司法制度》，法律出版社，2008，第387~389页。

于当事人未提出的初审内容，法院无权力审查并且坚持不利益禁止原则。

这样一种初审与上诉审审级功能相同的制度设计，在一定程度上反映出立法者对于案件审理质量的把关态度，为保证裁判的正确性，上诉法院对初审的裁判采取严格监督的方式。但此种模式也带来负面的影响，增加了上诉法院的审判压力。上诉审与初审功能的混同，导致上诉审的审理范围拓宽，对事实认定的"执着"使上诉法院不得不采取开庭审理的方式，重新组织质证，审理事项的宽泛化及随意化导致上诉审的审理压力增加。上诉审的压力如果无法在法定范围内消解，必将通过其他变异方式缓解，比如，上诉法院通过忽略法律适用及诉讼程序等方式缩小审理范围，通过简化庭审程序等方式缩短审理时间。因此，上诉审过于重视事实认定问题可能一方面导致法定的上诉审程序被篡改，另一方面使上诉功能被消解。

（五）审级运行单向诉讼制约模式

通过以上分析，大陆法系国家刑事审判权的纵向运行建立在审级功能趋同、事实审与法律审相对分离的梯形刑事审级构造基础之上。在刑事审级构造层面，大陆法系国家却与英美法系国家存在着较大差异。首先，由于大陆法系国家刑事审级权力配置的科层式，初审法院与上诉法院之间的关系比较复杂，不如英美法系国家那样松散，不同层级的法院之间在审判权的配置上保持着一定的独立性，但也存在着严格的等级制，上级法院通过当事人上诉权行使产生的审级关系，可以对下级法院的裁判进行严格审查并予以改判。"权力的科层式安排意味着这样的权力组织信赖一套全面而系统的上诉审查制度"[1]，因此，在大陆法系国家，审级制度的前提是对初审法官的不信任，而对上诉法官的监督权寄予极大的信任和期望。在科层制的审级构造模式

---

[1] 〔美〕米尔伊安·R. 达玛什卡：《司法和国家权力的多种面孔——比较视野中的法律程序》，郑戈译，中国政法大学出版社，2015，第63页。

下，审判权的行使体现了极强的中央集权化，如在德国第一部刑事诉讼法典中，立法者规定了重复审理的上诉审形式，这在一定程度上表明了对初审法院的不信任。上诉法院对初审法院的审判活动享有完全的监督权，其上诉审采用"复审制"，即上诉法院通过对上诉案件进行重新审理的方式来强化对下属机构的监督，以便中央的意愿逐级贯彻，从而实现中央对地方的统治，重新审查的方式赋予上诉法院较大的监督权力，其对案件的判决享有决定权。其次，大陆法系的初审与上诉审并无事实问题与法律问题的区分，初审与上诉审的审理范围相似，都包括事实认定和法律适用这两项重要内容，只不过上诉审还需对初审法院的法律适用进行审查；初审与上诉审审理程序相同，都采用开庭审理、言词审理的方式，容许提出新的证据，可以重新认定事实，上诉法院可以对案件直接改判，无须发回重审。可以说，在大陆法系国家，上诉法院享有更强大的监督权，凌驾于初审法院之上。由于不存在审级职能分工这一观念和规定，上诉法院的审理范围既包括事实问题也包括法律问题，上诉法院可以重新认定事实问题。因此，初审法院对于事实问题的认定对上诉法院不产生任何约束，上诉法院可以改判、发回重审。

相较于英美法系国家的审级运行呈现双向诉讼制约模式，大陆法系国家的刑事审级运行呈现出一定的单向性，但是并非完全的监督和被监督模式，与我国的刑事审级关系更加注重行政式制约不同，其强调刑事审级的诉讼制约，上诉法院刑事审级权的行使须限制在诉讼程序内。如德国规定，第一次上诉审审理须遵循"控审分离"原则，即虽然德国的第一次上诉审是事实审与法律审的合一，但仍然需要遵守"不告不理"原则，上诉法院的裁判权限于上诉人上诉请求的范围，对上诉人在上诉中未主张的一审法院的裁判内容，上诉法院不得自行审查。在德国，被称为"第三审上诉"的"上诉审"程序，审理范围则与"上告审"不同，此时的上诉法院不负责审理原判决的事实认定问题，仅就法律适用正确与否进行审查。[①] 上级法院须尊重下级法院的事实裁判，仅对法律适用问题进行审查。而在法国，上级法院通过复审方式监督制约下级法院，上级法院享有极强势的监督权。虽然传统上认为法国无三审监督，但上诉法院处于最高法院的监督之下，只不过法国的最高法院的审级是一种程序性监督。因为法国最高法院是"撤销法院"，最高法院即使发现下级法院的裁判错误或程序违法，也不能自己直接行使裁判权，须将判决撤销后将案件交由另一下级法院重新审理。法国最高法院不能行使再审权，仅能撤销发回重审，其审判权的行使具有消极性。最高法院的撤销法院定位从另一方面说明，法国刑事审级制度将最高法院也纳入制约机制之中，最高法院的权力也被制约。

## 第二节　域外刑事审级制度之评析

### 一　域外刑事审级制度之共性

#### （一）法院职能分工明确

从以上对两大法系典型国家刑事审级制度组织结构的考察分析（参见附录 A）可以发现，两大法系刑事审级组织构造具有相似性。其共性表现如下。第一，法院设置层面。综观域外各国的法院组织体系，无论是大陆法系国家还是英美法系国家，也无论是联邦制国家还是单一制国家，享有刑事案件管辖权的法院均自上而下设立，形成一套具有层级性的垂直系统，享有刑事司法管辖权的法院通常设置为三个等级或者四个等级。就一国法院系统的外观来看，其基本上均呈现出金字塔形状，其中位于系统底部的初审法院数量较大，自下而上法院数量随着法院层级的提高而减少，绝大多数国家在法院体系的顶端设立一个最高法

---

[①]　参见〔德〕约阿希姆·赫尔曼《〈德国刑事诉讼法典〉中译本引言》，载《德国刑事诉讼法典》，李昌珂译，中国政法大学出版社，1995，第 9 页。

院，统辖全国的司法审判事务。第二，法院职能层面。虽然各国法院都以审判权行使为基本职能，但法院之间职能分工不同。为最大限度地保障审级功能的实现，维护司法公正与司法效率价值目标的实现，不同法院的职能目标不同，初审法院更侧重于查明案件事实、实现个案正义，而上诉法院则承担权利救济、法律适用统一等多样化功能，更加强调社会整体正义的实现。因此，在法院功能设置上，法院的层级越高，审理案件的数量就越少；审理内容也有所不同，初审法院更强调事实认定，而上诉法院更加侧重于法律问题的审查。第三，法院职权配置层面。基层法院拥有大部分刑事案件的初审管辖权，高等法院及以上法院则享有上诉案件的管辖权。层级越高的法院，其司法管辖地域范围越广；依各国刑事审级制度设立的目标，上诉法院对初审法院可以监督指导。随法院等级升高，法院审理案件的数量递减，数量巨大的基层或地区法院承担了绝大部分的刑事案件的初审管辖，如美国联邦地区法院承担远多于联邦最高法院案件数量的案件。第四，法院关系层面。法院与行政机关存在着显著差异，法院的上下级之间的关系是一种纯粹的审级关系，不因审级关系的存在而具有行政性的领导与被领导关系。

（二）事实审以一审为中心

比较观察西方两大法系典型国家的刑事审级制度，其共同特征是，法律适用往往由较高审级的法院负责，事实认定则交由审级较低的初审法院，即法律问题采上行结构，而事实问题强调基础下沉。两大法系在上诉审审理范围层面有不同的侧重，但是在审级制度的建构层面，均秉持一个基本的原则，即事实查明的职能主要由初审法院承担，案件事实的审理以初审为中心，强调初审法院的事实审职能。两大法系均对初审程序委以重任，将初审程序视为案件事实查明的主要环节。

英美法系国家针对事实认定甚至实行一审终审原则，事实认定原则上不成为上诉的内容。如在美国，初审法院在法院组织结构层面是"金字塔"的底座，在刑事审级构造层面是"圆锥"的基座，无论从哪一方面讲，初审法院都承载着整个刑事司法制度的正常运行，因此，初审法院职权的配置、功能的确定及职能的赋予都直接影响刑事诉讼目标的实现，初审阶段成为最重要的刑事审判阶段，是事实认定的中心，是刑事审判程序的重心。在英美法系国家，审判程序是整个刑事诉讼活动的中心，这里的审判程序特指初审程序。在事实认定方面，实行一审终审，上诉法院应当遵从初审法院对事实的判断，一审判决有着一锤定音的效果。美国刑事司法制度中设计了相应的规则维护一审事实认定的中心地位。（1）"未提出即视为放弃"规则。因为英美法系国家实行当事人主义诉讼模式，诉讼主张及证据均由当事人提出，证明责任由当事人承担，那么对于当事人未能在初审中提出的主张，上诉审便不再审理。对于初审法院来说，当事人由于自己的疏漏，在初审中未提出主张，初审法院无审理的机会，若允许其在上诉审中提出，则不利于诉讼效率的实现；对于上诉法院来说，基于审级的职能，初审并未发生错误，上诉法院当然不能进行干预。（2）无害错误规则。该规则源于英国，即初审法院虽有错误，但是对于判决结果和基本权利无害的，不再发回重审。根据该规则，上诉法院发现初审法院的轻微错误时，可以明确指出错误的存在，无须发回重审或直接撤销判决。因为不管法官的职业素养多么深厚，刑事诉讼程序作为一种不完善的程序，其制度本身就可能存在不完善，法官在适用法律的过程中，出现轻微错误也在情理之中。另外，出现轻微错误即发回重审，也在一定程度上不利于司法效率的提高。（3）书面审理方式。美国上诉案件的审理通常采取书面审理模式，上诉审以初审法院的法庭记录为根据，初审法院的卷宗（record）、书证（documents）和法庭记录（transcript）对上诉法院有拘束力。上诉案件审理过程中，无须传唤证人，不组织质证活动，不要求证人出庭接受质证，不接受当事人提出的新证据。多重规则的综合运用足以保证初审程序成为刑事诉讼程序的中心。

大陆法系实行职权主义诉讼模式，其刑事诉讼的目标在于发现真实，法官负有查明案件事实的重任，如德国学者就认为："法院应当自主地，也就是说独立于诉讼参加人的所作声明、所作证据申请而全面查清事实真相。法院不受被告人供述约束，而是必须致力于调查实体法事实真相。"① 在职权主义诉讼模式下，上诉救济则是一审甚至审前程序中事实发现的继续与深化。如帕卡指出的，这是一种类似于流水线作业的诉讼活动。② 我国台湾地区学者黄朝义也指出："职权主义之诉讼制度下，从侦查至上诉审为止，从侦查之开始起，持续的在于累积案件之记录与诉讼资料，在审判之层级上，上诉之第二审法院不断地监视与监督下级第一审法院之审判活动，以展开整体之刑事裁判。"③ 对事实查明的重视从侦查程序开始，一直延续到上诉阶段，"上诉法院在事实上（是）对整个案件进行重新审理"④。对案件事实查明的不断追求，决定了大陆法系国家的上诉审既是对案件事实认定的审理也是对法律适用的审查。但其在程序设计方面仍然重视初审法院的功能，事实认定并不随着审级的升高而无限制地被审查，如德国的刑事第二次上诉就只进行法律审查，不对事实进行审理。同样，即使在上诉审进行全面审查的大陆法系国家，虽然上诉审可以对事实问题重新审理，但一审事实的功能同样受到重视。在大陆法系的刑事审级制度设计中，对于初审法院的事实认定，至多在二审时提出，终审仍坚持法律审。为夯实初审事实认定基础，各国在初审程序中设计了严密的程序规则，保障事实发现的准确性。

---

① 〔德〕约阿希姆·赫尔曼：《〈德国刑事诉讼法典〉中译本引言》，载《德国刑事诉讼法典》，李昌珂译，中国政法大学出版社，1995，第16页。
② 转引自张泽涛《反思帕卡的犯罪控制模式与正当程序模式》，《法律科学（西北政法学院学报）》2005年第2期，第100页。
③ 黄朝义：《刑事上诉审构造问题》，载黄朝义《论刑事诉讼程序之运作》，台北五南图书出版有限公司，2001，第41页。
④ 〔美〕马丁·夏皮罗：《法院：比较法上和政治学上的分析》，张生、李彤译，中国政法大学出版社，2005，第55页。

#### （三）审级职能分层

域外各国为保障司法裁判的谨慎、稳妥，给当事人提供相当的救济机制，保障国家法律适用的统一。通过审级职能区分，构建上下审级之间相互制约的审级运行机制，从而保障司法功能的实现。综观西方法治成熟国家的刑事审级制度，普遍做法是在初审法院和上诉法院之间区分事实问题和法律问题，初审法院以事实问题为审理对象，上诉审则专注于法律问题。最高法院都更倾向于排除对案件事实问题的考虑，而限于审查"法律事项"。[①] 初审法院和上诉法院之间进行职能分层是刑事审级制度优化运行的基础，是推动刑事审级制度功能实现的前提。

法律传统对两大法系国家在事实审与法律审的分离模式选择上有着重要影响。重新审理在大多数无文字的社会中能够被应用，毫无疑问，这在很大程度上是因为保留一审法院认定的作为二审判决依据的基本事实的困难性。[②] 英美法系有实行陪审团审理的传统，英美法系国家的陪审制度对上诉审理模式的形塑有重要影响。在一审事实认定的过程中，陪审员不需要论证如何认定事实，法院也无从记录陪审员的思路，上诉法院则无法对陪审员的事实认定问题进行审查。如果上诉法院想重新审查证据，只有重新召集陪审团并重新组织口头证据的认证，将全部审判重新演示一遍，这是不符合司法效率理念的。同时，第二次陪审团的事实认定也无法被证明比第一次陪审团的事实认定更准确、更正确、更公正，于司法公正的价值目标实现也并无益处。因此，在口头审理模式下，由上诉法院重新主持整个审判是不符合现代刑事司法理念的。在英美法系，初审案件的审理几乎全部建立在口头证据的基础上，其事实认定主要来源于庭审，陪审员对事实的认定不会被完整地记录，因此，英

---

① 当然，对于各国最高法院只限于审查法律问题而排除对案件事实问题的考虑，其理由是多方面的，不仅包括维护司法统一、发挥最高法院服务于公共政策与规则创制的考虑，还有其他方面的原因。

② 参见〔美〕马丁·夏皮罗《法院：比较法上和政治学上的分析》，张生、李彤译，中国政法大学出版社，2005，第54页。

美法系初审法院制作的案卷，其内容主要限于当事人的诉讼请求及法官对法律适用的阐述，至于事实是如何认定的，则无详细说明，上诉法院想通过案卷发现初审法院事实认定的错误，基本上难以实现。英国的上诉法院别无他法，即使想在事实认定方面或者上诉纠错方面有所作为也基本上无能为力：无法认定事实方面的错误，只能将上诉的功能限于发现案卷中存在的法律方面的错误。① 由此，英美法系的上诉审理主要集中于法律适用，而不涉及事实认定。而大陆法系国家的审理建立在案卷基础上，案卷中心主义是大陆法系刑事诉讼程序的核心特征。大陆法系的审判是通过连续多次开庭实现的，其诉讼程序逐步推进，一次开庭的结果成为下次开庭的基础。在诉讼程序推进的过程中，书面文件不断积累，形成丰富的案卷材料，如果一审判决被上诉，则案卷被全部移送至上诉法院，上诉法院会仔细审核一审审理过程中形成的案卷，对下级法院关于案件事实的认定进行重新审理，并对法律适用问题进行审查。

事实审与法律审的分离在两大法系国家存在着程度的不同，也受各国刑事审级结构不同的影响。根据达玛斯卡的理论，通过对两大法系审级权力配置结构的分析，我们发现大陆法系国家的刑事审级权力结构呈现出科层制特征，而英美法系国家的刑事审级权力结构则呈现出协作型的特质。科层制审级权力结构与协作型审级权力结构的差异，必然导致两大法系国家刑事审级制度模式不同，运行方式也不同。在科层制审级权力结构模式下，上下级法院之间权力呈现等级化特征，审级权威随着法院审级的提高而强化。上下级法院之间是监督与被监督的关系，上级法院对下级法院的监督权十分强大。因此，在审级制度中，上诉法院对初审法院进行全面复审，上诉审审理范围较广。上诉法院对初审法院享有监督权，而初审法院并无制约上诉法院的能力，审级机制单向化运行。在协作型审级权力结构模式下，刑事审级权力依协作式配置，强调

① 参见〔美〕马丁·夏皮罗《法院：比较法上和政治学上的分析》，张生、李彤译，中国政法大学出版社，2005，第55页。

权力的平等分配，初审与上诉审之间处于平行状态。上下级法院之间权力呈平行化特征，上诉法院的法官与初审法院的法官在权力、等级待遇等方面并无差别。上诉法院也不是初审法院的上级法院，上诉法院除审理上诉案件之外不与初审法院发生直接的联系，审级关系结构呈现出较弱的权力等级，初审法院与上诉法院之间的关系更多地表现为审级职能的相互制约状态，而无大陆法系国家强烈的监督、管控特色，各审级法院在不同的审级职能分工中履行自己的职责。上诉法院对初审法院的法律适用问题享有裁决权，而同样，初审法院在事实认定方面也对上诉法院产生制约。

（四）区分权利性上诉和裁量性上诉

两大法系国家在刑事上诉制度中设计了权利性上诉与裁量性上诉的区分，大多数实行三审终审制的国家，赋予当事人两次上诉权，但对不同审级上诉权的保障程度不一样。虽然上诉权作为被告人的基本诉讼权利需要得到切实的保障，但刑事审级制度的设计也需要考虑司法公正与司法成本、个案正义与社会正义、纠纷解决与规则治理之间冲突与矛盾的协调问题。因为大多数国家并未对当事人的上诉权进行限制，当事人行使上诉权极为简单，这就可能产生当事人滥用上诉权的风险，从而造成司法资源的浪费。通过设置权利性上诉和裁量性上诉两种类型的上诉机制，进行上诉权的分流，权利性上诉可以充分地保障当事人的权利救济，裁量性上诉则通过赋予上诉法院必要的调控职能来保障司法资源的有效利用，可以实现司法公正与司法效率的价值均衡。另外，在实行三审终审制的国家，权利性上诉与裁量性上诉的区分可以使审级职能在上诉审层面进一步分层，使不同级别的上诉法院在审判权限上也产生一定区别，从而进一步促进上下级法院之间职能上的分层。[①] 例如，美国刑事案件的上诉分为权利性上诉和裁量性上诉，权利性上诉通常适用于第

---

① 参见俞亮、喻玫《对我国刑事审级制度的反思》，《法学评论》2007 年第 3 期，第 70 页。

一次上诉，裁量性则适用于第二次上诉。被告人的权利性上诉，得到宪法或者制定法的保护，上诉法院通常必须受理，并免费提供律师帮助；被告人的第二次上诉则是一种限制性上诉，上诉法院享有受理案件与否的自由裁量权，上诉法院一旦认为上诉不具有价值，则予以驳回。① 美国州最高法院和联邦最高法院都拥有对上诉案件（除死刑案件以外）的裁量管辖权，一般依据案件所涉问题的重要性进行裁量，个案正义并不是上诉审查的价值依据。而在德国，虽然当事人向地区法院提起的第一次上诉是权利性上诉，提起上诉时不需要有明确的上诉理由，但二审法院在受理上诉之前会启动预先审查程序，在给予当事人陈述机会的前提下，二审法院如果认定上诉人无"诉的利益"或上诉"显无理由"，则有权裁定驳回上诉，"上诉人不服可再向第三审法院提起抗告"。② 那么，这实际上也在一定程度上对上诉进行了限制，其并不是完全的权利性上诉。

## 二 域外刑事审级制度之启示

### （一）刑事审级制度的现代化

刑事审级制度的构建遵循一定的基本原理，虽然各国刑事审级制度因政治制度、经济制度、法律传统的影响有着自身独特的制度面貌，但通过对两大法系刑事审级制度的考察可以发现，各国审级制度的构建遵循基本的诉讼原理，存在着诸多相同或者相似的制度设计，如均坚持审级独立原则，在审级制度的构建中注重审级职能分层，事实审集中于初审，等等。这些是刑事诉讼制度的基本要求，也是维持司法公正与司法效率价值均衡的基点。两大法系在审级制度构建中的同质性是满足刑事诉讼现代化的基本要求，反映出现代司法发展的同化态势。对于刑事审

① 参见最高人民法院司法改革小组编《美英德法四国司法制度概况》，人民法院出版社，2002，第34页。
② 参见邵建东主编《德国司法制度》，厦门大学出版社，2010，第308~309页。

级制度的普遍性原理，在我国刑事审级制度的构建中应当予以借鉴吸收。我国刑事审级制度与法治成熟国家的审级制度相比较，在制度构建层面，存在着审级构造同质、法院职能分工同一、审级设置相对单一等差异。不管一国的刑事审级制度如何设计，以及其功能定位有何种倾向性，刑事审级制度的基本目标均应当涵盖权利保障、司法公正、国家法制统一等内容，这些普遍性的价值追求也应当成为我国刑事审级制度发展和完善的要求。我国刑事审级制度改革完善的方向应当是现代化、法治化和规范化。我国刑事审级制度的现代化可以从以下方面得到启示。

其一，法院组织结构的现代化转型。现代刑事审级制度须依存于一定的法院组织结构中，由于政治体制、社会经济、法律传统等方面的影响，各国法院组织结构存在着一定的差异，但共性更强。我国的刑事审级制度设立之初，关于审级制度构建原理的理论探索较为匮乏，技术规范亦不够发达，这导致我国的刑事审级制度疏于观照审级权力的分工配置，各级法院的职能同质，各审级均以事实发现为主要职能，难以发挥审级制度的多重功能。刑事审级制度为保障不同层面审级功能的实现，在上下级法院之间进行了职能分工，侧重于不同的目标。在域外三审终审制度国家，第一次上诉审的私人目的较为明显，强调实现个体权利救济；而第二次上诉则偏重法律适用问题的审查，公共目的突出，强调国家法律适用的统一。再审制度作为特殊性的救济通道，域外国家对它的设计较强，其服务于相当少数个案的救济，并不作为通常性程序运行，基本上设而不用，以维护司法的终局性。刑事审级制度的分层机理主要通过法院职能分工实现。因此，可以借鉴两大法系在审级组织构造方面的共性，从法院设置、职权配置、功能设定等方面优化我国的审级组织构造。

其二，法院职能定位的现代化转型。充分发挥初审法院事实审功能。两大法系在纵向审级结构定位层面均坚持以一审为中心，强调一审事实审的基础地位，这对我国刑事审级制度的完善具有一定的启示意义。以审判为中心的刑事诉讼构造强调审判程序是整个刑事诉讼活动的中心，将初审程序设计为事实发现的中心，给予控辩双方平等的诉讼地位，赋予其诉讼权利的平等保障，辅之以正当程序的运行，初审程序对事实的认定通常被认为是公正的、不可逆的。我国刑事审级制度的一个困境即是事实审不断上移，由于刑事审级制度的目标被设定为发现真实，我国四级法院及两层审级，并不存在清晰的职能分工，事实认定是所有层级法院的核心职能，上诉法院在上诉案件的审理中也更为关注事实认定问题。本轮司法改革中，我国提出推进以审判为中心的刑事诉讼制度改革，以审判为中心的刑事诉讼制度本身即蕴含着以一审为中心，我国刑事审级制度良性运行的关键就是一审事实审基础的夯实。

其三，刑事审级制度技术规范的广泛运用。刑事审级制度须以司法公正与司法效率的均衡为价值目标，在审级设置中，应当充分运用技术规范。如对于事实问题与法律问题的区分，在审判权的纵向运行层面，围绕事实认定与法律适用这两大审判主要内容，制度设计者须考量对案件事实认定与法律适用进行调查和确认的权力在初审法院和上诉法院之间应该如何进行配置，这直接关系到法院之间审判权运行的模式，事实问题与法律问题的区分被广泛地用来界定司法等级中各个层级的功能。① 事实审与法律审的区分成为刑事审级制度构建的基础性原理之一，两大法系的事实审与法律审在不同审级之间的功能配置值得我国予以一定程度的借鉴，我国刑事审级制度需要妥善利用这些技术规范。又如，对于权利性上诉与裁量性上诉的区别适用，我国实行两审终审制，为了保障司法公正，为当事人提供周全的权利救济途径，我们在设计上诉权的行使时，并未要求上诉人阐明上诉理由，我国关于上诉条件的设置基本上都是程序性的，无实质约束。因此，可以说，我国的刑事上诉是一种权利性上诉。权利性上诉以及裁量性上诉区分的设定，更多体现

---

① 参见 J. A. Jolowicv, *On Civil Procedure*（Cambridge University Press），p. 301，转引自王超《刑事审级制度的多维视角》，法律出版社，2016，第 217 页。

在实行三审终审制的国家，其设置理念在很大程度上是对司法公正与司法效率的衡量。结合我国目前的刑事司法现状，笔者认为，为最大限度地保障司法公正，在我国的两审终审制下，与大陆法系国家相似，上诉应当坚持权利性上诉；但随着审级制度的发展，如我国的死刑复核程序三审制改造、审判监督程序改革，对刑事再审程序的申请应当实行裁量性上诉。

### （二）刑事审级制度的本土化

比较分析不同国家的刑事审级制度，我们可以发现各国基于政治体制、法律传统、司法制度的不同，刑事审级制度有所差异。由于刑事诉讼模式、审级权力配置、审级功能定位等方面的差异，两大法系国家的刑事审级制度设计不同。这表明，即使在坚持同一法治理念的西方不同国家，其刑事审级制度也具有当然的本土性，如虽然两大法系均坚持审级独立，但英美法系国家审级权力关系是协作式的，初审法院与上诉法院之间平等协作，独立性非常强；而大陆法系则具有一定的科层制特征，上诉法院能够对初审法院进行一定的监督。这导致两大法系的上诉制度有较大的不同。再如法国最高法院的审判职能配置，法国最高法院对生效的刑事裁判享有复核权。[①] 当事人认为判决在法律适用上存在明显错误或与法律的基本精神不相符合，可请求最高法院刑事审判庭对判决合法性进行审查，最高法院不进行实质审理，仅从法律的角度进行审查，若违反法律，则裁决撤销，将案件发回与原审同级的其他相同性质的法院审理，这与法国的司法传统和司法观念有关。因此，我国刑事审级制度的改革完善首先应当考虑我国的法律传统和现实条件，对域外国家相关制度的考察与研究并非要以其为样本，简单地剪裁我国的现实，机械性地进行制度移植，不加思考地引进。

我国近现代意义上的法律制度从产生之初即是一种"外源式借鉴

---

① 参见金邦贵主编《法国司法制度》，法律出版社，2008，第388页。

发展"，改革开放以来，我国法学的发展以及法律制度的构建基本上是一种西方法律科学的中国表达过程，我们在进行法学研究的过程中，较为习惯用外国的制度衡量评价我国的法律制度和实践，习惯于进行"西方法学的中国表达"，在制度设计的过程中，也习惯于移植借鉴法治较为成熟国家的法律制度。邓正来曾指出："中国法学之所以无力为评价、批判和指引中国法制/法律发展提供一幅作为理论判准和方向的'中国法律理想图景'，进而无力引领中国法制/法律朝向一种可欲的方向发展，实是因为中国法学深受着一种我所谓的西方'现代化范式'的支配，而这种'范式'不仅间接地为中国法制/法律发展提供了一幅'西方法律理想图景'，而且还致使中国法学论者意识不到他们所提供的并不是中国自己的'法律理想图景'。与此同时，这种占支配地位的'现代化范式'因无力解释和解决由其自身的作用而产生的各种问题，最终导致了中国法学总体性的'范失'危机。……我们必须结束这个受'现代化范式'支配的法学旧时代，并开启一个自觉研究'中国法律理想图景'的法学新时代。"① "法律科学的中国/汉语表达"绝不仅仅是"西方法学的中国/汉语表达"，中国法学未来必然要建构一套"运用汉语思维及其表达方式"的法学知识体系。② 法律制度属于上层建筑的范畴，任何一个国家的法律制度都不可能脱离本国的实际情况。改革开放以来，随着经济社会的发展和文化制度的沉淀，经过长期发展，当代中国逐渐形成了立足于中国特色的法治道路、法治理论、法治体系和法治文化，与中国当代社会生活实践相契合。因此，未来中国法律制度的构建完善要以中国的法治实践和法治需求为圭臬。未来的中国法学要有中国人自己传统文化的底色，有中国之话语、范畴、方法、当

---

① 邓正来：《中国法学向何处去——建构"中国法律理想图景"时代的论纲》，商务印书馆，2006，第3页。

② 参见舒国滢《中国法学之问题——中国法律知识谱系的梳理》，《清华法学》2018年第3期，第24页。

下制度实践经验的总结、案例的积累和理论之提炼。也就是说，在法学领域要有中国人独特的思想贡献，中国法律不是西方法学学问的本土化，而是根基于中国本土固有的理论和思想资源，融通西人之智识，以"优美而精确"的汉语表达的法律理论、思想体系。① 我国刑事审级制度的改革完善一方面需要遵循审级制度构建的科学性、规范性，应当在一段时间内保持对西方较为成熟制度的继受，但制度完善的根本是立足于我国刑事司法的实践需要，回望传统，寻求本土资源作为制度构建的力量。

其一，两审终审制度的历史传承。路径依赖意味着历史是重要的，如果不回顾制度的渐进演化，我们就不可能理解当今的选择。② 梳理我国刑事审级制度演化的路径，追溯我国刑事审级制度流变的缘由，对当下刑事审级制度的改革完善具有重要意义。我国古代并不存在现代意义上的刑事审级制度，从现代法院审级制度的立场来审视我国古代司法传统中案件控告方面的规定，其在审级制度方面可表述为"无限审级"，案件审理的次数是无限制的，可以一直上诉到最高司法权的享有者——皇帝。清末变法修律时期，我国确立了刑事司法的四级三审制，③ 并明确规定了各审级的具体职责范围和权限以及审判官的独立地位，各审级之间依法独立④。其后南京临时政府时期，临时政府承袭了清末的四级三审制，但由于法律上无明确规定，各地的审级制度并不统一。南

---

① 参见舒国滢《中国法学之问题——中国法律知识谱系的梳理》，《清华法学》2018 年第 3 期，第 24 页。

② 参见〔美〕道格拉斯·C. 诺斯《制度、制度变迁与经济绩效》，刘守英译，上海三联书店，1994，第 134 页。

③ 参见李启成《晚清各级审判厅研究》，北京大学出版社，2004，第 66~81 页。

④ 如《法院编制法》第一章 "审判衙门通则" 确定了审判权限法定的原则，第二章至第五章则明确规定了初级审判厅、地方审判厅、高等审判厅和大理院四级审判组织机构的权限，确保上级审判机构不干涉下级审判机构的审判事务；同时进一步规定审判人员独立行使审判权，不受任何人包括上级领导的干预，如《法院编制法》第 35 条规定："大理院卿有统一解释法令必应处置之权，但不得指挥审判官所掌理各案件之审判。"

京国民政府时期，刑事案件的审理以三审为原则、以二审为例外。[①]
南京国民政府建立初期承袭四级三审制的审级制度，后由于司法资源
的压力，审级制度改采三级三审制，并设立两审终审的例外规定。[②]
新民主主义革命时期，在刑事审级制度设计上，不同时期有所不同，
中央苏区时期实行四级两审制，陕甘宁边区时期实行两级两审制，解
放战争时期各解放区大多实行三审终审制。[③] 新中国成立之初，刑事审
级制度以三级两审制为原则，以三级三审制和三级一审制为例外。1954
年《人民法院组织法》将审级统一为两审终审制，取消了一审终审制
和三审终审制。1954 年《人民法院组织法》所确定的两审终审制奠定
了现代中国的刑事审级基本模式，一直沿用到 21 世纪的今天。梳理
我国刑事审级制度的变化可以发现，影响现行刑事审级制度的变量
主要包括古代刑事"审级"理念的影响、对苏联刑事审级制度的借
鉴以及革命根据地时期司法经验的积累，但最终是国家政治治理能
力的产物。新中国成立初期司法制度的建设显然既迫切但又非主要
问题，司法制度的选择与重构伴随着国家政治、社会经济文化建设
而展开，并在不同程度上作用于当时的司法实践。这一时期的审级
制度模式与当时的政治环境及国家治理需要相契合，两审终审制的
确立有其正当性基础，以稳定新生政权为目的。为打击敌人、稳固政
权，刑事司法制度作为人民民主专政的有力工具，强调从重从快，审
级制度的设计即以效率为目标，两审终审制被认为"既能保障人民
的诉讼权利，又能及时有效地制裁反革命活动，而又防止了某些狡
猾分子，故意拖延时间，无理取闹，造成当事人以及社会人力财力的

---

① 参见郑保华《法院组织法释义》，上海法学编译社，1937，第 58~59 页。

② 《南京临时政府公报》第 34 号，转引自张生、李麒《中国近代司法改革：从四级三审制
到三级三审》，《政法论坛》2004 年第 5 期。

③ 参见中国社会科学院法学研究所民法研究室民诉组、北京政法学院诉讼法教研室民诉组
合编《民事诉讼法参考资料》（第一辑），法律出版社，1981，第 45、156、159、369、
426、428 页。

损失"①。这反映了当时的国家政治形态及政治安全的需求。新中国成立以后，相当长的一段时期内，基于政权稳定和国家建设的需要，单一制政体对自上而下的强大行政权有极其强烈的需求。

其二，两审终审制的设计对于当下的刑事司法实践仍有正当性。我国现行的刑事审级制度确实存在着一定的问题，可归因于制度在实践中偏离立法者设计的轨道，制度运行不规范，这导致我国的审级制度难以实现制度目标。我国刑事审级制度的难题并非忽略我国的本土现实，直接引进域外三审终审制就可以解决的。刑事审级制度设立之初，从我国刑事司法的实践和整体刑事诉讼程序运作的环节来看，两审终审制完全能够保障司法公正，同时兼顾司法效率。原因如下。第一，通过二审全面复审模式完成纠错，保障判决的正确性。第二，刑事审判监督程序设置可在一定程度上弥补两审终审审级较少的不足，审判监督程序作为专门性的纠错程序，通过对确有错误的个案的审查，能较好地保障司法公正的实现。第三，域外国家的第三审主要为法律审，对事实问题不予审查，因此，在实体纠错方面并无可取之处，反而作用极为有限。这一思路在当下的刑事司法环境下仍然具有较强的现实意义。三审终审制同样面临制度运行失范的风险，域外成熟的审级技术规范可能在我国缺少制度支撑，最终在实践中落空。比较研究的意义在于了解、对比和借鉴，但比较研究同时需要防范"对西方现代化范式不加质疑地信奉和引进，忽略中国的现实问题"，应当坚持"中国是思考问题的出发点，也是研究的对象"。② 一方面，在一个大国，完成国家治理秩序化、有效化的最简单的路径即是强大的层级治理结构。所有中央方针政策都必须依赖强大的行政权力一层一层贯彻落实，在这个过程中，独立性在一定程度

① 许德珩：《关于〈中华人民共和国人民法院暂行组织条例〉的说明》，转引自朱立恒、李辉《中国两审终审制的理论反思》，《华东政法大学学报》2008年第4期。
② 邓正来：《中国法学向何处去——建构"中国法律理想图景"时代的论纲》，商务印书馆，2006，第4页。

上被削弱。那么在这一治理背景下，审级的增加显而易见并不能促进审级目标的实现。另一方面，制度变革需要坚持"问题导向"，刑事审级制度具有共通性、普遍性，但其完善不能脱离中国语境，审级制度是生成于我国的政治制度、经济体制、法律传统及司法环境之中的，在制度发展完善中，我们无须排他，但必须顾己！

# 第四章　我国刑事审级制度
# 完善之路径选择

## 第一节　新一轮司法改革的挑战与制度动力

### 一　以审判为中心的刑事诉讼制度改革

党的十八届四中全会提出推进以审判为中心的刑事诉讼制度改革，这对当下中国的刑事诉讼制度与实践具有重要指导意义。以审判为中心的刑事诉讼制度改革符合司法规律要求，是我国刑事司法制度发展的必然方向。

以审判为中心的刑事诉讼制度构建对审级制度的完善提出了挑战。有学者指出："中国刑事诉讼制度在实施中面临的根本问题，既不是当事人诉讼权利的扩大问题，也不是公检法三机关权力的重新分配问题，而是刑事程序的失灵问题。"[①] 推进以审判为中心的刑事诉讼制度改革，最终制度落实仍然依赖刑事审判程序的运行。刑事审判程序作为刑事诉讼的灵魂，如果其本身已然失灵，那么以审判为中心的诉讼构造变革将成为无源之水，刑事诉讼法乃至刑事司法制度改革的基石将不存在，必将面临制度失败的危机。以审判为中心的刑事诉讼制度改革，须同时关

---

① 陈瑞华：《刑事程序失灵问题的初步研究》，《中国法学》2007 年第 6 期，第 141 页。

注诉讼程序运行的正当化，否则，即使形式上构建了以审判为中心的刑事诉讼制度，但由于审判职能的虚化以及诉讼程序的异化，审判也难以成为刑事诉讼的中心，权力的归置只能导致权力的异化，改革的目标难以实现。有学者提出，以审判为中心包含两层含义："一是在整个刑事程序中，审判程序是中心……二是在全部审判程序当中，第一审法庭审判是中心，其他审判程序都是以第一审程序为基础和前提的，既不能代替第一审程序，也不能完全重复第一审的工作。"[①] 也有学者提出，推进以审判为中心的刑事诉讼制度改革，应当在两个方向上着手：在水平方向上，宏观层面的侦查、审查起诉和审判关系实现"以审判为中心"，在审判阶段应当做到"以庭审为中心"；在纵向的审级结构上，应适当调整二审和死刑复核程序的功能，确保一审程序在事实认定问题上居于整个程序体系的重心地位。[②] 但我国的刑事审级在制度设计上，上诉审实行全面审查原则，审级职能同质化，事实认定问题呈持续上行状态，不断强化上诉审的事实纠错职能，各审级均以事实查明为核心审理任务，上级法院的纠错职能和法律统一目标难以实现。这些问题的存在严重地影响以审判为中心的刑事诉讼制度的构建。以审判为中心的刑事诉讼制度改革需要以坚实的审判程序构建为基础，即在审判权运行的纵向层面，准确定位审级功能，配置审级职权，划分审级职能，厘清审级关系，规范审级运行。以审判为中心的刑事诉讼制度改革对刑事审级制度提出了更高的要求。

以审判为中心的刑事诉讼制度构建为刑事审级制度的完善提供了制度动力。当前我国刑事审级制度的重要困境即是一审程序空置、事实审不断上移，其重要原因之一在于一审本身难以承受事实审职能之

---

① 孙长永：《审判中心主义及其对刑事程序的影响》，《现代法学》1999 年第 4 期，第 93 页。
② 参见魏晓娜《以审判为中心的刑事诉讼制度改革》，《法学研究》2015 年第 4 期，第 99 页；张吉喜《论以审判为中心的诉讼制度》，《法律科学（西北政法大学学报）》2015 年第 3 期，第 47 页。

重。刑事一审程序运行中，庭审虚化，受侦查中心主义的影响，侦查案卷对审判结果有决定性的作用，难以有真正意义的"对质"，被告人及其辩护人的质证权难以充分实现及被保障，一审对事实的认定缺乏制度性支撑及程序性保障，从而导致司法实践中一审事实认定质量难以保证，冤假错案时有发生，一审法院的审判质量令人担忧。考察我国刑事一审程序事实认定质量难以保证的根源，并不在于几审终审，而在于一审程序运行本身存在偏差；事实认定职能难以实现，问题不在于事实认定功能是由一审法院承担，还是由一审及上诉法院共同承担，而在于承担该职能的审判程序本身未能如制度设计的那样完美运行。如果审理程序本身不能良性运行，那么事实认定的职能无论由哪一审级法院承担，都难以实现。因为事实认定依赖于庭审活动，若我国庭审实质化的问题不得到解决，则无论是一审还是二审抑或再审都存在事实认定错误的风险。从这个角度来说，当前立法者将事实认定的这一重要问题逐级上移的制度设计未能对症下药，并不能从根本解决事实认定问题，一审庭审流于形式导致事实认定错误的问题，在二审审理程序中同样存在。这意味着，无论我国刑事司法制度实行"两审终审"还是"三审终审"，都不可能破解目前审级功能弱化、刑事冤假错案产生的问题。因为所有类型的审级制度都建立在一审基础之上，如果作为基石的一审程序本身出现了问题，审级的增加只不过是使制度变得糟糕而已，审级的增加不仅无法促进司法公正，而且会带来更为严重的司法效率降低的风险。因此，我国审级制度的重构须重点改造一审程序，通过程序机制的全面完善保障一审程序法定职能的充分实现，以一审为中心重塑审级制度，才能构建良性的审判程序。以审判为中心的刑事诉讼制度改革"要以庭审实质化改革为核心，以强化证人、鉴定人、侦查人员出庭作证和律师辩护为重点"。在以审判为中心的刑事诉讼制度改革背景下，随着刑事庭审实质化改革的推进，一审事实审基础得以夯实，过去不信任一审职业能力的现实缘由不再成为刑事审级制度规范设计的障碍，审级职能分层成为可能，这为刑事审级制度的完善提供了制度动力。

## 二　刑事诉讼程序类型化发展

### （一）刑事速裁程序及认罪认罚从宽制度的建立

随着刑事案件数量的逐年增多和公民法治素养的普遍提升，人们对司法的需求日益增长，司法资源的有限性决定了不可能要求所有刑事案件的审理都符合实质化。为提高诉讼效率，在制度上设计须观照案件性质的不同，并采用不同的诉讼程序进行分流，满足诉讼当事人不同的诉讼需求，减缓案多人少的现实压力。基于此，重大复杂疑难案件在审理的过程中，需要突出审判中心主义，进行精细化庭审，确保庭审实质化，以获得司法裁判的正确性和正当性，维护司法公正；而对轻微刑事案件，则可以以简易程序、刑事速裁程序等比普通程序更为简单的诉讼程序进行审理。

党的十八届四中全会以来，在法官员额制改革的背景下，为解决案多人少的实践难题，缓解刑事案件数量不断增多的审判压力，2014 年开始推行刑事速裁程序的试点改革，针对 11 种类型的刑事案件，被告人自愿认罪认罚、对法律适用无异议、同意选择速裁程序的，适用速裁程序进行审理。我国在刑事速裁程序两年试点期限届满后，及时总结速裁程序运行实践经验，随着 2016 年刑事案件认罪认罚从宽制度试点工作的推进，刑事速裁程序的适用范围拓宽，其中可能判处三年有期徒刑以下的认罪认罚案件，适用速裁程序审理，程序适用的条件不变；同时还明确规定，若刑事速裁程序的被告人不服一审裁判，可以提起上诉，但二审可以不开庭审理。2018 年新修正的《刑事诉讼法》在第三编第二章专门增加了第四节"速裁程序"，明确规定基层人民法院管辖的可能判处三年有期徒刑以下刑罚的案件，案件事实清楚，证据确实充分，被告人认罪认罚并同意适用速裁程序的，可以适用速裁程序。新修正的

《刑事诉讼法》同时规定了认罪认罚从宽制度，犯罪嫌疑人、被告人自愿认罪认罚，对事实认定无异议，接受检察机关量刑建议的，依法从宽处理；认罪认罚案件的审判程序依不同情形适用速裁程序、简易程序、普通程序，刑事速裁程序成为探索刑事诉讼程序多元化的一个契机，刑事速裁程序的构建有益于促进我国刑事程序类型化发展，弥补简易程序之不足，解决刑事审判程序层次设计跨度大等问题。

（二）刑事诉讼程序的类型化

刑事速裁程序和认罪认罚从宽制度的推行促进了刑事初审程序的类型化发展，改革开放后，我国刑事一审案件适用的程序有了一定的变化，具体来说，我国刑事诉讼程序体系主要包括以下程序。（1）速裁程序。速裁程序主要适用于基层人民法院管辖的可能判处三年有期徒刑以下刑罚，事实清楚、证据充分，当事人对适用法律没有争议，被告人认罪认罚并同意适用速裁程序的案件。① （2）简易程序。简易程序主要适用于基层人民法院管辖的事实清楚、证据充分，被告人承认自己所犯罪行，对指控的犯罪事实没有异议，并且对适用简易程序没有异议的案件。同时 2016 年《最高人民法院、最高人民检察院、公安部、国家安全部、司法部关于在部分地区开展刑事案件认罪认罚从宽制度试点工作的办法》又进一步规定，对于基层人民法院管辖的可能判处三年有期徒刑以上刑罚的案件，被告人认罪认罚的，也可以依法适用简易程序。（3）普通程序。速裁程序和简易程序之外的案件，一律适用普通程序。

刑事初审程序的体系化发展对刑事审级制度造成了事实上的冲击，面

---

① 根据《最高人民法院、最高人民检察院、公安部、司法部关于在部分地区开展刑事案件速裁程序试点工作的办法》的规定，速裁程序适用于犯罪情节较轻，可能判处一年以下有期徒刑、拘役或管制，或者依法单处罚金的 11 种类型认罪认罚案件；但 2016 年《最高人民法院、最高人民检察院、公安部、国家安全部、司法部关于在部分地区开展刑事案件认罪认罚从宽制度试点工作的办法》将速裁程序适用的案件范围拓宽到可能判处三年有期徒刑以下刑罚的认罪认罚案件，2018 年《刑事诉讼法》修正时关于速裁程序的规定基本上维持了这一适用范围。

对刑事效率的要求，以及初审程序的多样化，审级制度应该如何应对？有学者提出刑事速裁案件一审终审的改革设想。① 实务界绝大部分人表示赞同，② 提出在未来的认罪认罚从宽制度中实行一审终审制的改革建议。但有部分学者表达了对这一观点的忧虑。③ 哪种观点更符合我国刑事诉讼价值目标追求和司法实务需要并无定论，但毋庸置疑的是，刑事审判程序类型化的发展对刑事审级制度的变革提出了挑战。

## 三　刑事辩护制度的完善

刑事辩护制度一直是我国刑事司法制度完善的关键，在法律援助案件中，由于经费有限和援助律师的职业能力限制，被告人很难得到有效辩护，有效辩护率不高。④ 加之我国司法传统中刑事辩护理念严重不足，反映在制度设计中，我国过去形成了以侦查为中心的刑事诉讼模式，在此种模式下，辩护权天然地处于弱势地位，难以发展；加之律师制度及相关法律援助制度乏力，由此一来，辩护权整体处于弱势状态，辩方的对质权较难实现，庭审活动难以实质化。这导致我国难以形成以审判为中心的刑事诉讼制度，刑事司法实践中也存在着违背司法规律的现象。受制于这一困境，我国刑事诉讼制度完善很重要的一个考量即是辩护率低下背景下的被告人权益保障问题，被告人难以获得有效辩护成为刑事诉讼制度设计的一大障碍。这一问题同样反映在我国刑事审级制度的构建中，通过前述对我国刑事审级制度困境的分析，我们可以发

---

① 参见洪浩、寿媛君《我国刑事速裁程序迈向理性的崭新课题》，《法学论坛》2017 年第 2 期，第 96 页。

② 2016 年 7 月，中国政法大学就刑事速裁程序试点效果所作的调查问卷显示，75%的法官、61%的检察官、62%的警察赞同对刑事速裁案件实行一审终审制。参见《最高人民法院关于报送〈刑事速裁程序试点工作总结〉的报告》（附件 4）、《刑事案件速裁程序试点问卷调查情况》（法〔2016〕280 号）。

③ 参见朱孝清《认罪认罚从宽制度中的几个理论问题》，《法学杂志》2017 年第 9 期，第 21 页；陈瑞华《认罪认罚从宽制度的若干争议问题》，《中国法学》2017 年第 1 期，第 11 页。

④ 参见陈瑞华《论彻底的事实审：重构我国刑事第一审程序的一种理论思路》，《中外法学》2013 年第 3 期，第 521 页。

现，我国刑事审级制度在许多方面受制于刑事辩护制度的屡弱。制度设计层面，如全面审查原则，即使其不符合审级制度基本原理，立法上依然坚持设立此原则的最大的理由便是，我国犯罪嫌疑人、被告人自身文化水平低、法律知识欠缺，难以很好地行使自己的辩护权、上诉权，而在诉讼的过程中由于律师参与辩护的比例极低，犯罪嫌疑人、被告人难以得到辩护或者有效辩护。因此，我国的上诉审必须实行全面审查，否则不足以保障弱势犯罪嫌疑人、被告人的利益，有损司法公正。实践运行层面，制度异化的很大一个原因也是辩护率的低下，如庭审实质化难以真正推进，二审流于形式，庭审效率低下。

为解决我国刑事司法实践中辩护率低下、有效辩护不足的难题，多年来司法改革一直致力于提高律师参与辩护率，保障犯罪嫌疑人、被告人的辩护权。较有成效的是，现行《刑事诉讼法》扩大了法律援助的范围，加强了刑事辩护权，充实了辩护权的内容。本轮司法改革延续这一思路，将刑事辩护制度作为改革的重要内容。党的十八届四中全会明确提出"完善法律援助制度，扩大援助范围"①的要求，并随后推出了多项积极有效的改革措施。2015 年 6 月《中共中央办公厅、国务院办公厅关于完善法律援助制度的意见》印发，明确规定了刑事法律援助的范围，其具体措施包括：一是为不服司法机关生效刑事裁判、决定的经济困难申诉人提供法律援助；二是"建立法律援助值班律师制度，在法院、看守所派驻法律援助值班律师"；三是"健全法律援助参与刑事速裁程序试点工作机制"；四是"建立法律援助参与刑事和解、死刑复核案件办理工作机制"。而这一系列的改革措施中，最引人注目的是，2017 年 10 月，《最高人民法院、司法部关于开展刑事案件律师辩护全覆盖试点工作的办法》出台，在北京、上海、浙江等 8 个省市推行刑事案件审判阶段律师刑事辩护全覆盖工作试点，期限为

---

① 《十八大以来重要文献选编》（中），中央文献出版社，2016，第 173 页。

一年。该办法规定了必须为犯罪嫌疑人、被告人提供法律援助的情形；规定了法律援助律师的经费保障机制、辩护权保障机制及辩护职业责任机制；同时规定了程序制裁措施，若因为一审法院未履行通知辩护职责，被告人在审判期间缺乏律师辩护，二审法院应当裁定撤销原判，发回重审。2018 年新修正的《刑事诉讼法》明确了值班律师制度，犯罪嫌疑人、被告人没有委托辩护人，法律援助机构没有指派律师为其提供辩护的，由值班律师为犯罪嫌疑人、被告人提供法律帮助。2019 年《中共中央办公厅、国务院办公厅关于加快推进公共法律服务体系建设的意见》发布，提出将法律援助纳入以审判为中心的刑事诉讼制度改革，健全依申请法律援助工作机制和办案机关通知辩护工作机制，加强法律援助值班律师工作，推进法律援助参与认罪认罚从宽案件办理工作，依法保障刑事诉讼当事人合法权益；明确提出探索建立律师专属辩护制度，完善死刑复核案件指定辩护制度，推进刑事案件律师辩护全覆盖试点；强调申诉案件逐步实行律师代理制度，完善律师参与和代理涉法涉诉信访案件的工作机制；促使律师参与信访工作，引导群众理性表达诉求，依法维护权益；探索推进再审案件律师代理制度。刑事辩护制度的发展与完善为审级制度的优化提供了保障和支持，被告人辩护权的加强是落实庭审实质化的关键，唯有庭审实质化推进，一审才能完全承担起事实审职能，审级制度的基础才能夯实。在此基础上，不同层级的法院职能分工成为现实，审级职能分层得以逐步推进，审级制度各项优化措施得以真正实施。因此，一审和二审程序的规范运行是刑事审级制度良性运行、审级功能实现的前提和基础。

## 四　司法行政管理体制改革的挑战

为解决司法地方化与司法行政化的难题，保障审判权依法独立公正行使，党的十八届四中全会提出"改革司法机关人财物管理体制，探索实行法院、检察院司法行政事务管理权和审判权、检察权相分离"①
的改革措施。这项改革部署具有重大理论价值和实践意义。司法行政管
理体制的改革引发了司法权力配置及运行的变化，在法院内部，表现为
审判权运行环境的改变、内部权力配置的变化、上下级法院关系的变化
等等。本轮司法改革推行省以下法院人财物省级统管，即以法院内部的
层级性加强来确保法院相对于外部权力的独立性，通过法院内部权力的
层级控制摆脱地方权力对审判权的羁绊，塑造以最高人民法院为中心的
司法行政事务管理体制。但自该改革措施推行以来，理论界及实务界对
改革效果存在一定的质疑，学者们提出，省以下法院人财物省级统管可
能在一定程度上避免司法地方化的弊端，却使审判权陷入行政化强化的
风险之中。② 此种担忧在我国当下的司法环境下无疑是必要的。

　　省以下法院人财物省级统管有助于促进法院独立行使审判权，在一
定程度上有利于司法去地方化。在实行省以下法院人财物省级统管之
后，地方各级人民法院作为一个整体，抵御外界干预的能力将会得到显
著提高。但以省级统管方式解决司法地方化问题的改革可能加剧司法行
政化，使审判权落入司法行政化的泥沼。在我国，法院内部审判权、审
判管理权、司法行政事务管理权混同运行，会在一定程度上影响审判权
依法独立公正行使；③ 刑事审级监督以监督下级法院为理念进行设计，
并不强调权力与权力之间的相互监督，本身即不可避免地具有行政化色
彩；实践中非程序性审级监督机制的存在使我国现行的刑事审级关系呈

---

① 《十八大以来重要文献选编》（中），中央文献出版社，2016，第169页。
② 代表性研究成果如下：陈瑞华《司法改革的理论反思》，《苏州大学学报》（哲学社会科学版）2016年第1期；陈瑞华《法院改革的中国经验》，《政法论坛》2016年第4期；王广辉《司法机关人财物"省级统管"改革的法律反思》，《法商研究》2016年第5期；马长山《新一轮司法改革的可能与限度》，《政法论坛》2015年第5期；刘忠《司法地方保护主义话语批评》，《法制与社会发展》2016年第6期；等等。
③ 参见徐汉明《论司法权和司法行政事务管理权的分离》，《中国法学》2015年第4期，第88页；陈杭平《论中国法院的"合一制"——历史、实践和理论》，《法制与社会发展》2011年第6期，第63~64页。

现出"行政化"特点。那么，在权力配置、制度设计及司法实践方面上下级法院关系行政化仍未得到实质化解的情况下，省以下法院人财物省级统管可能在一定程度上缓解司法地方化的同时加剧司法行政化。在上级法院掌握了下级法院的人事、财物决定权的情况下，上下级法院在审判权行使方面的"垂直性"完全有可能亦会加强。

在此背景下，地方法院的人财物统管等去地方化改革措施的推行，势必会使刑事审级关系的行政化进一步加强，审级独立将更难以保障，刑事审级制度的运行必将受到严重影响。因此，在未来的司法改革中，应当重点关注上下级法院关系的研究，在省以下法院人财物由省一级法院统管已成定局的情形下，遵守宪法法律的基本精神，坚持审级独立原则，厘清法院内部审判权、审判管理权、司法行政事务管理权之间的关系，理顺上下级法院关系，防止上级法院干预下级法院依法独立行使审判权，防范司法去地方化的改革使审判权陷入更深、更隐蔽的司法行政化的风险，建立有效保障下级法院独立行使审判权的机制。

## 第二节　我国刑事审级制度完善路径之选择

### 一　我国刑事审级制度改革理论之争

#### （一）刑事审级制度改革理论梳理

关于刑事审级制度改革的必要性，研究者一致认为，我国的刑事审级制度存在着诸多方面的弊端，承担纠纷解决、规则治理功能的压力较大，需要进行深度改革。但对于改革方案的设计，众说纷纭。梳理已有成果，目前刑事审级制度改革的方案主要如下。

方案一：维持现行的两审终审制，完善死刑复核程序，改造再审制度。有研究者提出，我国刑事审级制度的改革方向是强化一审程序中被告人的公正审判权，改革现有的二审程序模式，完善再审程序。这是相对保守的改革方案，其核心是对现行的两审终审制进行局部完善。

方案二：构建三审终审制。面对我国刑事审级制度的现实困境，有研究者在考察西方审级制度之后，提出构建三审终审制的建议。但不同研究者对于这一方案的具体设计又不尽相同，主要包括三种。一是完全的三审终审制。根据这一设想，所有刑事案件均适用三审终审，制度上构建专门的三审，由其承担法律问题的审查，三审实行裁量性上诉，需建立配套的上诉审查制度；同时确立越级上诉制度，若仅针对法律适用问题，当事人可以直接提起三审上诉。① 有的学者还系统地提出将"柱形结构"改造为"锥形结构"的设想："打开一审程序，抑制上诉程序，紧缩三审程序，原则上关闭再审程序。"② 二是有限的三审终审制。这一方案认为刑事审级制度不必单一，不同的刑事案件可以适用不同的审级模式，具体来说，适用三审终审的有：危害国家安全的犯罪；可能判处 15 年以上有期徒刑、无期徒刑、死刑的案件；一审判无罪，二审判有罪的案件；二审中的重大程序性违法案件。而其他刑事案件适用两审终审。③ 三是渐进式推进三审终审制的建立。这一方案考虑到刑事司法的大环境，认为刑事审级制度改革的最终目标是建立三审终审制，但其实现路径应当是渐进式的。因此，"应该针对两审终审制在立法和实践中存在的问题和缺陷，分别制定近期、中期与远期改革目标，并根据上述目标制定不同的改革措施，分阶段、有计划地加以实施"④。

---

① 参见陈瑞华《对两审终审制的反思——从刑事诉讼角度的分析》，《法学》1999 年第 12 期，第 18~25 页；俞亮、喻致《对我国刑事审级制度的反思》，《法学评论》2007 年第 3 期，第 69~73 页；徐伟、童春荣《中国刑事审级制度的反思与重构——基于法理学的视角》，《福建行政学院学报》2012 年第 5 期，第 75~79 页。

② 参见蒋惠岭《"圆柱"何时削为"圆锥"》《人民法院报》2010 年 4 月 30 日，第 5 版；傅郁林《民事司法制度的功能与结构》，北京大学出版社，2006，第 81 页。

③ 参见陈卫东、李训虎《公正、效率与审级制度改革——从刑事程序法的视角分析》，《政法论坛》2003 年第 5 期，第 133 页。

④ 朱立恒：《中国刑事审级制度的渐进性改革》，《法学评论》2012 年第 2 期，第 69 页。

　　方案三：构建多元化的刑事审级制度。其核心观点是根据刑事案件的不同，在刑事程序分流的前提下，区分不同类型的刑事案件或刑事程序，适用不同的审级制度。[①] 这一方案也存在着争论，究竟是借鉴域外以三审终审为主并以两审终审、一审终审为例外的审级制度模式，还是以两审终审为主并以一审终审、三审终审为例外的审级制度模式。

　　以上方案是理论界针对现行刑事审级制度的困境所开出的药方。

　　（二）改革方案评析

　　总结研究者对刑事审级制度改革的方案设计，其中的分歧实质上是刑事审级制度的改革是"重塑"还是"完善"。"重塑"方的理由主要在于以下三点。一是通过对域外相关制度的考察研究，发现域外已经有相当成熟且运行良好的刑事三审终审制，三审终审制符合一国对司法公正和司法效率目标的追求。二是我国的两审终审制设立之初的缘由已全然不存在。如因地域辽阔、人口众多、交通不便，为减少诉讼成本、方便诉讼而实行"两审终审"，在今天的中国，这实在不能成为理由；如两审终审制有助于司法效率的提高，结合我国审判监督程序的运行实践及涉诉信访问题的严重性，这一理由也因制度运行的异化而变得牵强。[②] 三是我国的死刑复核程序实质上已经成为刑事三审，死刑复核程序的三审式改造为三审终审制建立提供了路径。那么针对现行两审终审制的弊端，最直接最彻底的改革即是借鉴域外优秀的制度经验，重构"三审终审"或"有限三审终审"的刑事审级制度。"完善"方的理由也有三点。一是刑事审级制度改革成本过高，不可能在短期内投入大量司法资源。二是刑事审级制度改革是司法制度改革的一个组成部分，司法制度的变革是一个渐进式的过程。三是刑事审级制度的改革牵涉面广，审级制度改革既关系审判权的定位与配置、法院关系及功能、司法管辖与法院组织体系，还涉及审级技术原理、审级程

---

① 参见易延友《我国刑事审级制度的建构与反思》，《法学研究》2009年第2期，第59页；刘根菊、张建《我国刑事审级制度的重新构建》，《法学论坛》2005年第5期，第76页。

② 参见王超《刑事审级制度的多维视角》，法律出版社，2016，第382~383页。

序的具体运行，更与刑事辩护制度的完善、司法管理体制的改革等有关。基于以上诸种原因，刑事审级制度的改革非一蹴而就。

## 二　三审终审制构建之现实障碍

刑事审级制度的改革牵一发而动全身，审级制度的良性运行需要以经济体制、司法体制的良性运行为基础，刑事审级制度改革有其自身的复杂性。以我国目前的经济政治发展水平、民众的司法观念、司法体制的运行情况来看，现阶段根本无法承担三审终审制重构所带来的高昂成本和制度压力。

（一）刑事审级制度改革成本的考量

刑事审级制度的构建始终面临司法公正和司法效率的冲突。欲求司法公正，事实真相的发现十分重要，但真相的发现是无止境的。抛开人类认识能力的有限性，仅从审级制度的表征来看，审级制度一方面通过"几审"即多次审理活动让裁判者更接近真相，另一方面又以"终审"即审级运行的终点为真相获得设置障碍。因为司法公正的实现不可能抛弃对诉讼成本的计算，诉讼制度的构建永远不可能偏离诉讼成本的轨道，离不开对诉讼效益的追求。就目前学界设计的刑事审级制度改革方案而言，刑事审级制度模式的转变，无论是重构"三审终审"，还是建立"有限三审终审"等，都会极大地增加刑事诉讼成本。从死刑复核程序的改革我们就可以得知，仅仅是将死刑复核权收回，最高人民法院就已经从人员配置等方面投入巨大成本。而且从目前我国刑事审级制度的问题来看，改革并非仅仅涉及"几审终审"的调整，还牵涉法院功能定位、审级运行机制等层面的变革，其中任何一个环节的变动，都需要配套法院组织体系、法官制度等相应的司法成本投入。司法资源的有限性决定了我国刑事审级制度变革之路的复杂性。

（二）刑事审级制度改革的渐进性

刑事审级制度离不开一国的政治制度、经济体制和法治现状，其改革与其他制度之间具有较强的牵连性。从正式规则层面上讲，刑事审级制度似乎仅仅蕴含了国家刑事裁判权分层配置及审判权纵向运行，但我国的审级制度并非仅仅由《刑事诉讼法》予以规定，更大程度上是一国司法制度的体现，由《宪法》、《人民法院组织法》、诉讼法及相关部门规章、司法解释、政策文件等共同规范。首先，《宪法》关于司法权的定位对我国刑事审级制度的运行有至关重要的影响，根据我国《宪法》，我国的司法权包含审判权及检察权，检察权作为司法权在《宪法》中的定位是法律监督权，这一权力配置在刑事诉讼中引发一定的冲突。检察机关同时也是公诉机关。二审针对事实不清、证据不足的案件，通常采用发回重审的方式。其次，《人民法院组织法》中关于法院设置、司法管辖权分配、职能划定的规定直接确定了刑事审级制度的基本架构。最后，诉讼法及相关部门规章、司法解释、政策文件等，在审级制度运行的过程中，通过司法管理体制、法院组织管理制度、法官管理制度等潜移默化地影响审级运行的实效。同时，基于我国司法传统，刑事审级制度的运行还需要顾及司法实践中广泛存在的非正式制度，比如上下级法院之间的案件请示制度等。刑事审级制度的改革是一项系统性工程，需要良好的司法环境、相关配套制度的完善。否则，即使构建了三审终审制，仍可能走向制度失灵的结局。

同时，刑事审级制度改革的进程依赖于我国司法制度和法治建设事业。刑事审级制度改革本身是司法改革的一个环节，其改革步伐受司法改革的整体进程影响，与司法改革不可分离，不可能脱离司法改革的整体规划单独进行并取得成功。其制度完善只有在司法制度完善的大背景下才能实现。如审级制度的变革离不开法院组织结构和职能定位，审级制度的良性运行与审判权运行机制改革实质上是同一个问题。因此，刑事审级制度的完善只能置于司法制度改革的洪流中，通过司法制度的全面改革才能实现，细枝末节的技术完善和制度设计难以真正使我国的刑事审级制度进入良性运行轨道。例如，我国学术界主张的刑事三审终审制之构建，若置于当下的司法制度之下，其最终运行与设计者的初衷之间将有极大的偏离，因为在一审庭审实质化还未能完全实现的情况下，一审难以承担事实审职能，无论几审终审，最终都会落入追寻"事实真相"的窠臼，难以达到三审终审制设计者追求的三审为法律审的目标。我国的刑事司法制度历经多轮改革，制度本身已有巨大进步，整体司法环境也趋于良性，但离人民对司法的要求还有一定距离，如刑事冤假错案仍有发生，申诉及涉诉信访的比例较高，辩护质量有待提升，民众对司法的信任度仍然不够，司法公正及司法公信力仍需提高。这些都说明我国的司法制度仍然处于建设之中，亟须进一步完善发展，当下中国的法治处于一个变革的时代，理念争鸣不断，各项改革措施不断推陈出新。我国社会主义法治建设是一个相对漫长的过程，司法改革的目标、成效、进程又必然受我国依法治国的进程和法治发展水平的影响。如此一来，我国刑事审级制度改革须处理好刑事审级制度与其他司法制度之间错综复杂的关系，其改革完善具有渐进性，不可能一蹴而就。

（三）域外三审终审制借鉴的有限性

通过本书第三章的分析，我们可以发现，从世界范围来看，域外国家或地区虽然基于历史传统和诉讼模式的差异，其刑事审级制度并不完全相同，但"普遍实行两级结构的传统模式却沿着不同发展脉络九九归一，最终汇入三级的司法等级结构。目前世界上实行两审终审制的国家已为少数例外"①。无论是德国的刑事审级制度模式还是美国的刑事审级制度模式，三审终审制的运行均已比较成熟，各自有突出优点。但任何制度的移植都面临一个问题，即如何在借鉴域外成熟制度经验的基础上，将之与本国的具体国情，如司法权在国家权力中的分配模式、审判权的运行实践、刑事司法理念、国民对司法的需求偏好等因

---

① 傅郁林：《审级制度的建构原理——从民事程序视角的比较分析》，《中国社会科学》2002年第4期，第85页。

素相整合，创造性地构建能在一国司法场域下良性运行的刑事审级制度。在刑事审级制度产生背景、运行环境以及制度内涵等层面均存在极大差异的前提下，吸收借鉴世界优秀制度的成功经验，并与我国国情相结合，对现行审级制度进行改造，绝非易事。制度借鉴的过程中，需要反复考证、比较论证，提炼制度精髓，梳理制度存活的条件，并仔细评判自身的司法环境及有利条件和障碍，在司法实践中反复试验，不断摸索。

我国两审终审制设计之初，制度设计者充分考虑了司法公正与司法效率之间的冲突与平衡，力图通过一审与二审审判质量的提高及审判监督程序的纠错功能，保证司法公正。这一思路从当下来看，并无不妥。域外三审终审制国家，同样关注司法效率价值目标的实现，在制度设计中，利用技术规范对三审程序进行一定的限制，并非所有的刑事案件都能适用三审程序，其审级制度具有多元性。而更重要的是，从前述对我国刑事审级制度存在问题的分析来看，我国刑事审级制度当下最重要的问题并不是增加一个审级的问题，而是现有的两审终审制本身存在运行异化的问题，如二审审理方式实践与制度之间的背离，二审书面审与复审、全面审模式之间的矛盾，案件请示制度对一审认定事实功能及二审纠错功能的削弱。

（四）三审终审制构建的技术障碍

刑事审级制度的完善在我国的刑事诉讼理论研究中是一个比较陈旧的论题，虽然论题陈旧，但学者们也提出了较为清晰的改革方案，多轮司法改革并未触及刑事审级制度，我国依然坚持两审终审制，围绕刑事审判监督程序，改革者推出了些微变革措施，但这些变革不足以改变两审终审制。如前所述，我国理论界关于刑事审级制度最引人瞩目的改革方案是三审终审。但在此，本书认为，至少就当下的司法环境及司法制度的整体设置来看，三审终审并不适合我国当下的刑事诉讼制度，除上文所陈述的诸多障碍之外，更存在着三审终审无法实施的技术障碍。主要表现如下。

首先，在当下一审事实审基础不稳的情形下，三审终审制难以发挥职能分工的作用。设立三审终审制最主要的立法理由在于通过审级职能分层在二审中实行事实审与法律审的结合，三审则实行法律审，如此可发挥审级制度统一法律适用的功能。这一方面通过终审法院级别提高来实现，另一方面则通过三审集中于法律审这一单一职能来实现。但在一审未能承担起事实审职能、审级关系行政化的环境下，事实审只能不断上移，我国在一段时间内很难实现事实审与法律审的分离。

其次，事实审与法律审的分离是一个障碍。在域外审级制度运行相对成熟的国家，法官的司法经验较为丰富，但在面对事实审与法律审的分离问题时，仍然存在着一定的分歧，理论上同样有关于事实审与法律审是否能够完全区分的不同观点。我国在理论上缺乏对技术规范的研究；立法上缺乏对事实问题与法律问题进行区分的配套制度设计，如法院职能定位与审级功能划分的缺乏；而司法实践中，法律职业者还未形成事实问题与法律问题相区分的思维习惯，法官的司法经验及法律职业群体的职业素质均有一定不足。

## 三　两审终审制优化之合理性

刑事审级制度的构建运行应当与国家经济发展程度、司法制度状况及国民的法治观念等相适应。从刑事审级制度的静态层面考察，各国刑事审级制度均有其多元化、灵活性的一面，并不绝对维持单一审级。域外国家在刑事审级制度层面大多建立三审终审制，同时也针对特殊程序或特殊案件设定了"一审终审""两审终审"的例外，如在美国治安法官管辖的轻微犯罪的审理程序中，被告人需放弃上诉权，仅在无效辩护、认罪非自愿以及量刑严重偏离法律规定等情形下才享有上诉权；德国刑事处罚令程序、意大利处罚令程序等则实行一审终审，通过赋予被告人异议权维护司法公正。

　　各国的刑事审级运行受多种因素的影响，通常在不同时期有不同变化。首先，一国的经济发展程度对审级制度的设置会产生一定的影响。司法制度的建设需要司法资源的投入，审级的增加意味着司法成本的增加，对司法公正的渴求受制于国家经济发展的状况，如俄罗斯在21世纪初，刑事审级制度由过去单一的两审终审制改为三审终审制与两审终审制并存。① 其次，法律传统对刑事审级制度亦有重大影响。如美国事实问题基本上实行一审终审，这与其陪审制度的传统密不可分。最后，刑事案件的性质对审级制度的确立也有一定的影响，不同类型的诉讼案件，可以分别适用不同的审级制度或者运行模式。如在德国，轻微犯罪和严重犯罪案件适用不同的二审程序，运行机制也截然不同。② 对于简易程序审理的轻微刑事案件，在上诉审的审理过程中实行严格的复审，原因在于德国法认为简易程序较容易忽略当事人的权利，从而导致司法错误，二审应当格外谨慎，二审是对一审的完全重复；相反，对于严重犯罪案件的审理，二审则侧重于法律问题，仅仅是一个审查程序。

　　我国确立了四级两审终审的刑事审级制度模式，现行审级制度的生成具有特殊的时代背景，制度的演变也受制于我国特定的政治、经济、文化、历史背景，在审级结构上呈现为审级职能不分、运作方式相同的柱形结构。由于时代变迁和司法正当性基础的嬗变，我国刑事审级制度在一定程度上已不适应刑事司法的需要，其合理性随着刑事司法体制的完善和现代化转型日趋减弱。从现行两审终审的积弊及司法改革的大力推进来看，刑事审级制度应当进行全面而深刻的改革，但制度的变革不是一劳永逸的事情，因为制度的生成和运行往往受制于多种因素的影响。认真梳理总结我国审级制度存在的问题，我们可以发现，审级的增

---

① 相关内容见《俄罗斯联邦刑事诉讼法典》中的第四编、第十三编的规定，参见《俄罗斯联邦刑事诉讼法典》，黄道秀译，中国政法大学出版社，2003。
② 参见〔德〕贝恩德·许乃曼《应当如何设计刑事二审程序?》，初殿清译，载陈光中主编《中国刑事二审程序改革之研究》，北京大学出版社，2011，第560页。

加可能在形式上解决目前审级制度的一般问题，如终审法院级别较低、上诉案件难以到达最高人民法院、法律适用难以统一等问题。但进一步分析可发现，现行刑事审级制度的主要弊端并非审级过少，而是在目前的两审终审制下，审级关系的行政化、刑事审级制度运行异化才是审级制度最迫切需要解决的问题。无论是两审终审制还是三审终审制，刑事审级制度的良性运行都需要建立在合理的刑事审级关系基础之上，否则将出现一系列问题，如审级关系行政化，上诉审流于形式，上下级法院之间案件请示制度等非正式制度盛行。在此情况下，无论何种审级制度可能都无法发挥应有功能。刑事审级制度设置触及一国刑事司法体制的根基，因此，刑事审级制度的模式选择须统筹观照国家的经济状况、法律传统、司法环境以及刑事诉讼程序等因素，才能建立满足审级功能的、富有生命力的审级制度。我国刑事审级制度的变革虽然迫切，但改革的推进不能不切实际，面对刑事司法改革的冲击和挑战，应当以审慎而务实的心态思索刑事审级制度的转型路径。

本书认为，彻底改革现行两审终审制，构建三审终审制，重构刑事审级制度的思路过于理想化，未能综合考量刑事审级制度构建所需要的基础和运行环境。综合多种因素考虑，在当下司法改革和国家治理迈入法治化轨道的背景下，顺应国家经济、社会文化的发展，结合国家的承受力和国民的容纳力，以司法体制机制改革为支撑，围绕以审判为中心的刑事诉讼制度改革，针对刑事审判程序分流的类型化，寻求刑事审级制度的多元化转变。当下刑事审级制度改革的理性选择应当是优化而非重构。制度改革目标是立足于现行刑事审级制度运行的阻滞问题，推动刑事审级制度以"两审终审"为主的多元化探索。制度完善的总体构想如下。

### 1. 刑事审级制度改革选择渐进式的改良路线

在我国当下整体司法环境及司法制度运行现状中，综合考虑经济因素、法律传统等因素，我国现行审级制度的困境表现为审级运行中的制度异化，因此，刑事审级制度改革的当下目标应定位为刑事审级制度的完善，应当遵循渐进式的改良进路，其核心是应当坚持以两审终审制为核心，并围绕程序类型体系化发展趋势，探索构建以"两审终审"为主的多元化审级制度。刑事审级制度的模式层面，维持两审终审制的刑事审级制度不变，遵循刑事审级制度的构建原理，对两审终审制予以优化，探索建立刑事速裁案件一审终审制，推动死刑复核的三审终审制改造。

2. 刑事审级制度的现代化转型

一是完善刑事审级构造。优化四级法院职能分工，并观照法院组织体系设置方面的改革探索；充分利用审级制度的基本技术原理，以审级职能分工为抓手，构建符合司法规律的刑事审级结构。二是在刑事程序类型化改革的基础上，根据案件类型的不同，对刑事速裁案件，在两审终审制之外植入一审终审制。三是两审终审制的自体优化。围绕以审判为中心的刑事诉讼制度改革，以此为契机、动力，实现刑事审级制度的自体优化。推进庭审实质化改革，提高一审审判质量，保障一审事实审功能的实现，奠定坚实的刑事审级制度基础；设置有限审查原则，规范二审程序的运行，限制非正式制度。四是死刑复核程序的三审终审制改造。围绕死刑复核制度存在的问题，针对死刑案件的特殊性，对死刑复核程序进行再造，构建死刑案件的三审终审制。五是再审程序的合理化再造。规范再审程序，使之回归非常规救济程序的立法定位，并关注诉讼内的再审救济机制与诉讼外的信访救济机制之间的协调，将诉访分离纳入法律化、程序化轨道。据此，在顺应刑事司法理念发展、回应刑事司法改革成果的前提下，对我国的刑事审级制度进行必要的优化，以充分发挥刑事审级制度的应有功能，推动刑事诉讼制度的发展完善。

# 第五章　我国刑事审级制度
## 完善之具体路径

## 第一节　刑事审级构造之完善

### 一　审判组织结构之完善

法院组织架构及角色地位的变革以司法体制改革为背景，并内嵌于我国国家政治权力配置和整体政治体制之中，国家治理理念和司法政策的变化为法院角色定位和职能分工指明了方向，提出了要求。党的十八届四中全会提出："完善审级制度，一审重在解决事实认定和法律适用，二审重在解决事实法律争议、实现二审终审，再审重在解决依法纠错、维护裁判权威。"① 这从审级制度角度对四级法院职能划分提出了明确的要求，法院职能分工的合理性有利于确认实体上的四级法院与程序上的两个审级之间的倾向性对应关系。因此，须以司法公正和司法效率为目标，坚持独立公正司法原则，遵循司法规律，依现代审级制度的构建原理重新界定我国四级法院职能。法院职能分工以法院组织体系的构造为基础，但并不完全受制于组织结构。目前我国四级法院的司法管辖区域基本上与行政区划一致，本轮司法改革以破除司法地方化为目标，进行跨行政区域

---

① 《十八大以来重要文献选编》（中），中央文献出版社，2016，第 169 页。

的法院设置，设立最高人民法院巡回法庭。本书不欲在此讨论法院区域管辖权划分，即法院设置问题，法院设置需要考虑审级制度、法院管理制度等诸多因素，且法院跨行政区划设置并不能直接产生司法去地方化的效果，在实践中也存在诸多不便。① 笔者拟以现行的法院设置及区域管辖为基础，重点探讨四级法院纵向层面的职能分工。总体思路是：以厘定四级法院的职能分工为基础，调整四级法院对刑事一审案件的管辖权，其中，刑事一审案件由基层人民法院和中级人民法院管辖，高级人民法院和最高人民法院不再管辖刑事一审案件，主要负责上诉案件的审理。

（一）四级法院职能分工及管辖权之完善

1. 基层人民法院的职能定位及管辖权

从世界各国对法院的权力配置及分工来看，基层法院一般主要承担审理职能，享有初审案件的管辖权。我国基层人民法院的定位为一审法院，承担初审职能，以解决纠纷为功能目标，以事实认定为审判权行使的主要内容，着力发挥分流案件的功能。我国基层人民法院实现其功能的过程中须观照以下问题。第一，程序运行方面，基层人民法院的审理应以庭审为中心，坚持以审判为中心；落实非法证据排除规则；庭审活动贯彻直接言词原则，强化当事人对质权的运用；充分保障辩护权的实现，严格遵守法定程序。第二，以事实审为中心，打造坚实的一审事实审基础，发挥一审查明事实的作用，着力提升一审质量，为二审创造良好条件。第三，司法效率方面，通过案件繁简分流，缓解基层人民法院的办案压力，提高办案效率；完善刑事案件小额诉讼速裁机制，简化诉讼程序；健全审判组织体系，提升法官职业素质，保障审判活动的公正高效。

2. 中级人民法院的职能定位及管辖权

在我国的刑事司法体制中，中级人民法院既承担初审职能也承担上

① 参见姚莉《反思与重构——中国法制现代化进程中的审判组织改革研究》，中国政法大学出版社，2005，第163~167页。

诉审职能，中级人民法院享有刑事一审和二审案件管辖权。由于刑事案件经过基层人民法院分流，中级人民法院受理的刑事一审案件数量大为减少，中级人民法院在履行一审法院职能的同时，主要角色定位应为上诉法院，以上诉审为重点，以定分止争为目标。中级人民法院应当充分发挥二审法院的职能，确保权利救济的及时性，通过对上诉案件的审理确保裁判结论的权威性，通过对当事人程序权利和实体权利的充分保障，以规范的程序运行、合理的事实认定、娴熟的法理阐释，实现当事人对二审裁判的认同和社会对二审裁判的尊重，从而保证二审裁判的权威性，防止"终审不终"现象的出现。

3. 高级人民法院的职能定位及管辖权

高级法院在四级法院中具有承上启下的功能，其在司法组织结构中的地位较为特殊，西方国家通常将高级法院定位为上诉法院，一般不承担初审职能。在我国刑事司法实务中，由于基层人民法院和中级人民法院已经承担了绝大部分刑事一审案件的审理任务，高级人民法院实际上极少承担刑事一审案件的审理任务。因此，我国高级人民法院可定位为上诉法院，不再负责刑事一审案件的审理，专门管辖不服基层人民法院和中级人民法院一审裁判的上诉案件。具体来说，其职能有二。第一，上诉职能。高级人民法院在进行上诉案件审理时应实行法律审，在大部分刑事上诉案件由中级人民法院分流后，上诉到高级人民法院的上诉案件通常案情相对复杂，争议较大。随着目前我国一审事实审基础的夯实和辩护制度的加强，高级人民法院实行法律审是可以期待的。第二，监督指导职能。高级人民法院应在逐步减少直至取消其一审审理职能后，强化其审判监督职能，通过上诉案件、再审案件的审理，充分利用其优质司法资源，为当事人提供权利救济途径，保障实体公正和程序公正的实现。

4. 最高人民法院的职能定位及管辖权

在司法现代化背景下，我国最高人民法院的功能目标理当从纠错转向法律适用，通过审理典型个案实现法律适用统一，通过案例指导实现规则治理，并统一管理全国法院的司法行政事务，实现司法权的中央事权属性。其具体职能如下。第一，统一法律适用。最高法院的主要职能不是解决纠纷，而是通过审判具有典型意义的个案保障法律适用的统一。我国最高人民法院的管辖范围应限制在死刑复核案件和不服中级或高级人民法院二审裁判法律适用的上诉案件，应取消其刑事一审案件的管辖权，且审理范围限于法律问题。这有利于发挥最高人民法院统一法律适用的功能。第二，创制规则。通过司法创制规则是世界各国的通例，我国最高人民法院同样也承担这一职能。最高人民法院创制规则的途径主要是司法解释和案例指导。司法解释是具有中国特色的法律性文件，它不仅具有法律效力，还可以被裁判引用，在一定程度上构成我国的法律渊源，对公民权利和经济社会发展有重大影响。① 目前我国已经建立了案例指导制度，最高人民法院应当积极探索案例指导的适用，明确指导性案例的效力，予以规范化。目前最高人民法院对地方各级法院的监督指导方式不明确，在一定程度上导致审级关系行政化，2015 年《〈最高人民法院关于案例指导工作的规定〉实施细则》明确了选取指导性案例的标准、体例要求、推荐主体和类似案件的标准，要求办案应查询相关指导性案例并予以参照，可加大对指导性案例的选编发布，规范"类似"案件的判断标准，明确指导性案例的效力，加快发展案例指导制度。最高人民法院的监督主要通过个案审理实现，指导功能主要通过指导性案例发挥。

（二）巡回法庭之审级定位及反思

党的十八届四中全会提出建立巡回法庭，改革法院组织体系，试图解决我国当下司法地方化的积弊。根据规定，巡回法庭审理或者办理巡回区内应当由最高人民法院受理的刑事申诉案件、依法定职权提起再审

---

① 参见曹士兵《最高人民法院裁判、司法解释的法律地位》，《中国法学》2006 年第 3 期，第 175 页。

的案件、最高人民法院认为应当由巡回法庭审理或者办理的其他案件、巡回区内向最高人民法院来信来访的案件等。立法者对巡回法庭的功能定位是：方便当事人诉讼，就地化解矛盾纠纷；缓解最高人民法院本部的办案压力，集中精力发挥对下指导职能；发挥桥梁纽带作用，加强最高人民法院与地方法院之间的联系；成为司法改革的试验田。[1] 通过对巡回法庭运行实践的总结，我们可以发现，目前巡回法庭最重要的价值主要体现为以下两点。一是作为司法改革的试验田，巡回法庭创新了审判权运行机制。[2] 围绕司法行政化，巡回法庭进行了诸多工作机制的改革，贯彻和落实了本轮司法改革的各项举措，为司法体制改革积累了经验。二是对最高人民法院的压力进行了地域层面的分散。巡回法庭作为最高人民法院的内设机构、组成部门，其在审判业务上的职能，并不能被认定为最高人民法院的职能下沉，只能视为最高人民法院的职能从地域上进行了一定的分散，缓解了首都压力，其审判业务仍然由最高人民法院承担。当然，从这个角度来说，其也实现了司法便民。从刑事诉讼的角度来看，巡回法庭的功能应当是通过对申诉案件的审理纠正冤假错案，提升司法公信力，缓解涉诉信访压力，并通过对典型刑事案件和涉及重要法律问题的案件进行审理裁判维护司法的统一性。当前从审级功能的角度而言，巡回法庭在刑事审级制度中并无特殊性，最多是将部分最高人民法院的职能分给作为"部门"的巡回法庭，同时进行地域上的调整而已。

对于巡回法庭在我国法院体系中的定位，目前官方观点明确其为最高人民法院的派出机构，最高人民法院明确表示："最高法院设置的巡回法庭即代表最高法，巡回法庭作出的裁判与最高法的裁判在效力上是

---

① 参见刘贵祥《巡回法庭改革的理念与实践》，《法律适用》2015年第7期，第37页。

② 参见方乐《最高人民法院巡回法庭的运行机制——以审判权的内部运行为中心的考察》，《法学》2017年第4期，第99页；胡云腾《最高人民法院巡回法庭设置与运行介述》，《金陵法律评论》2015年第2期，第3~17页。

相同的，都要盖最高法的章，都是终审判决，不存在上诉问题，巡回法庭和各高级法院之间仍然是上下级的关系。"① 从这一角度出发，在我国的四级法院组织体系中，巡回法庭并不能成为独立的层级，也就是说，我国法院组织体系的四级结构未发生变化。那么，巡回法庭的设置主要是为了实现最高人民法院在空间上的转移，其对刑事审级制度并不产生实质影响。但关于巡回法庭的审级定位，理论上则有不同的观点。有专家认为最高人民法院与其设立的巡回法庭"二者之间关系不是上下级关系，也不存在审判级别高低的关系，巡回法庭的判决就是最高人民法院的判决"②。有学者则认为："巡回法庭的审级定位应当是一级独立的审判机构，具有特定范围的审判管辖权，而不应当行使与最高法院同样的终审管辖权。"③ 根据目前最高人民法院的界定来看，巡回法庭在审级组织结构中属于最高人民法院的特殊部门，那么就不存在巡回法庭成为一个独立的审级的问题，但学者们对其审判管辖权确有相当的争论。巡回法庭主要管辖刑事申诉案件，当事人对生效的刑事裁判不服的，向高级人民法院提出申诉，仍表示不服的，可以向巡回法庭提出申诉。根据目前巡回法庭的审判活动来看，巡回法庭的功能被最高人民法院极其认可，其审判活动极为活跃，巡回法庭将来的功能会进一步扩张，随着巡回法庭在监督指导下级法院审判业务及统一法律适用等方面功能的加强，巡回法庭对再审案件的审查模式可能也会有所变化，将来可能更强调案件的实质审查，这一变化必将对再审制度造成冲击，我国的两审终审可能会向三审终审演化，巡回法庭的功能扩张及最高人民法院的功能归位，亦可能导致巡回法庭与最高人民法院关系的变

---

① 张璁：《巡回法庭即代表最高法——访最高人民法院审判委员会专职委员胡云腾》，《人民日报》2014 年 11 月 26 日，第 17 版。

② 王公义：《十八届四中全会公报提出最高法设立巡回法庭 专家认为巡回法庭打破地方保护 确保独立审判》，《南方日报》2014 年 10 月 25 日，第 3 版。

③ 顾永忠：《最高人民法院设立巡回法庭之我见》，《法律科学（西北政法大学学报）》2015 年第 2 期，第 57 页。

化，巡回法庭与最高人民法院之间的部门关系可能演化为上下级关系。随着巡回法庭的进一步发展，其可能从与最高人民法院处于同一审级而演化出新的审级定位。

## 二 刑事审级职能分工之完善

从职能分层角度考察我国刑事审级制度的审级结构，呈平行状态，即理论界通说的"柱形结构"。在审级分层上，仅有审理级别之差异，并无职能分层，无论是初审还是上诉审，其功能定位、职能分工、运行机制都几乎完全相同。欲解决以上问题，须完善我国刑事审级结构。为保障刑事审级制度功能的实现，本轮司法改革措施已显现出这一趋势。党的十八届四中全会明确提出："一审重在解决事实认定和法律适用，二审重在解决事实法律争议、实现二审终审，再审重在解决依法纠错、维护审判权威。"[1] 依据这一审级功能定位，在两审终审制的制度模式下，探索我国的审级职能分工的可能限度。

从审级制度的角度来看，我国审判制度所面临的最大问题是如何调整事实审与法律审的关系。[2] 英美法系国家在三审终审制及陪审制度的前提下，实行初审事实审与上诉审法律审的职能区分；大陆法系国家也在一定程度上强调事实审与法律审分离，如德国三审为事实审，法国最高法院的复核只针对法律问题。由于我国目前实行两审终审制，这与西方国家的三审终审制存在较大差异，事实审与法律审分离不仅面临着技术难题，而且需要承受事实真相发现的现实需求。问题的研究也变得相对复杂，以下就我国刑事审级职能分层的可能限度进行简单论述。

从理论层面考察，将初审与上诉审进行职能分层，制度目标在于，一方面，通过审级职能分层在初审法院与上诉法院之间构建一种双向制

---

① 《十八大以来重要文献选编》（中），中央文献出版社，2016，第169页。
② 参见陈瑞华《论彻底的事实审：重构我国刑事第一审程序的一种理论思路》，《中外法学》2013年第3期，第519页。

约的权力运行机制，保障权力的良性运行；另一方面，促进审级司法资源的有效利用和多元司法功能的实现。初审无论是承担认定事实的功能还是作为首次审理案件的审级，均应当发现事实真相；上诉审在案件已经经过一次或者两次审理后，事实发现不具优势，更为重要的是审级功能多元化的实现；上诉法院由于司法经验更丰富，在法律问题上显然具有优势。因此，从构建符合司法规律的审级制度目标来说，在审级中进行职能分层是非常必要的。在我国，从完善刑事审级制度的远景目标角度出发，应当实现事实审与法律审的分离。针对如何实现事实审与法律审的分离，理论上形成了较多的观点。较为普遍的观点是，事实审与法律审的分离须建立在刑事审级制度的改革完善基础之上。① 对刑事诉讼两审终审制进行修正，增设一个审级，构建有限的三审终审，即对具有典型法律意义的案件以及死刑案件实行三审终审，对于死刑案件的第三审程序，可以采取强制上诉制；对于其他案件，可以采取上诉许可制，在经历两审之后，有选择性地进行三审。② 制度可作如下设计。确认一审事实审中心地位，夯实一审事实审基础，保证事实认定的准确性。在此基础上，二审兼顾事实问题和法律问题，偏重于法律问题的审理，若当事人对一审法院认定的事实无争议，则二审法院无须关注事实问题，直接审查法律问题，仅仅在当事人对事实认定存在争议的情况下，二审法院才审查事实问题。原则上二审法院对一审法院的事实认定保持尊重，采取续审制，主要承担监督一审判决的职能和承接一审未完成的职能。三审则实行法律审，主要针对裁判的合法性问题进行审查，并以发回重审的方式进行裁判。这是当前理论界较为普遍的看法，也是符合司

---

① 相关文献包括：王超《刑事上诉程序的纠纷解决功能——以三审终审制为背景》，《政治与法律》2008年第2期；尹丽华《刑事上诉制度研究》，中国法制出版社，2006；姚莉《反思与重构——中国法制现代化进程中的审判组织改革研究》，中国政法大学出版社，2005；姜焕强《刑事诉讼审级制度之反思与重构》，《河北法学》2004年第10期；等等。
② 参见汪建成《〈刑事诉讼法〉的核心观念及认同》，《中国社会科学》2014年第2期，第146页。

法规律的较为彻底的改革方案。这与德国的做法基本一致。与此同时，最高人民法院的职能须进行转化，在刑事级别管辖权的划分上，最高人民法院应剥离二审管辖权，而成为承担法律审的法院，侧重于法律适用统一和规则治理功能的实现。

从现实角度分析，针对我国审级职能不分层、上诉审采用复审制且全面审查的现状，理论上探索事实审与法律审的分离是非常必要的，我国刑事审级职能分层的可能路径是实现事实审与法律审的分离。① 其制度基础是设置单独的承担法律审的三审。但我国当下进行三审终审审级制度改革并不现实，刑事审级制度的改革并非进行技术改造即可实现，刑事审级制度的变革牵连甚广，不仅与司法权在国家权力体系中的独立属性和功能实现有关，而且涉及司法资源配置、法院组织体系调整等方面。更为重要的是，刑事审级制度变革的基础也相当薄弱，如刑事一审事实审质量仍有待提高，辩护制度还不够完善，整体的监督观念仍然深厚，无论是执政党还是最高人民法院都对目前的刑事审判质量不够放心，司法改革的趋势仍然是在赋予审判权一定独立性的同时，围绕司法责任制加大审判监督的力度。因此，在刑事司法观念近期难以改变的情况下，以查明案件事实为原则的基调不会有太大的变化，设置"法律审"难以实现。

制度变革是一个渐进式的过程，刑事审级制度的改革完善也应当遵循改革规律，不可能一蹴而就。根据目前司法改革的总体动向来看，笔者认为审级职能分层具有以下可能限度。其一，二审层面。确立有限审查原则，对一审已审查的事实和证据不再审理，而是专注审查一审法院的事实认定是否全面正确，如出现未审查事实，则发回一审法院重审；对于二审出现的新事实和新证据，则由二审法院以开庭审理的方式进行审查，并直接裁判；对于上诉审，需坚持开庭审理原则，坚持公开对席

---

① 参见江必新、程琥《司法程序终结问题研究》，《法律适用》2013 年第 7 期，第 20 页。

审判和组织言词辩论等，通过充分保护上诉人程序权利的实现来达成其实质权利不被侵犯的目标。其二，死刑复核层面。根据《刑事诉讼法》，我国的死刑复核程序具有一定的特殊性，由法院主动启动，最高人民法院统一进行核准。因此，死刑案件与普通刑事案件的审级制度实质上存在一定的差异。基于死刑案件对法律适用统一性的要求更高，除高级人民法院审理的一审死刑案件外，死刑案件基本上实现了三审终审。根据现行《刑事诉讼法》的规定，最高人民法院对死刑案件进行复核，对于不核准的，可发回重审或依法改判。最高人民法院复核死刑同样实行全面审查原则，即对事实问题和法律问题都进行审查，实践中，最高人民法院通常重点审查原判决的犯罪事实认定、刑罚量定、诉讼程序等问题，事实问题的审查是重要内容。由于最高人民法院对事实认定并无优势，其将审查重点集中于证据的充分性、事实认定的内在逻辑性以及死刑案件之间适用标准的一致性与统一性，这是比较合理的。[1] 因此，死刑案件的一审应当以事实认定为主，二审应当以审查一审判决的事实认定和法律适用是否妥当为主，核准程序则应当以法律审为主。

## 第二节　两审终审制度之优化

### 一　强化一审事实审职能

刑事审级制度的改革除关注宏观审级设置之外，更应关注审级制度运行的实效。强调一审的事实审中心地位在理论证成上已无任何障碍，符合审判权运行的一般规律，理论界对其的研究既深入亦无观念上的冲突。一审程序在事实审层面具有二审所不具有的优势，但由于我国过往

---

[1]　参见魏晓娜《以审判为中心的刑事诉讼制度改革》，《法学研究》2015 年第 4 期，第 99 页。

以侦查为中心的刑事诉讼构造、司法职业能力的缺乏、法律传统的影响等因素，一审庭审流于形式，审判质量不足以承担事实审审理功能，立法者难以有信心将事实审的职能交付给一审法院。因此，须推进庭审实质化改革，进一步充实和完善一审诉讼程序，夯实事实审基础，从而保障上诉审专注法律问题的审查，实现审级职能分工。在以审判为中心的刑事诉讼制度改革背景下，大力推进庭审实质化改革。

1. 推进刑事一审程序庭审实质化改革

推进以审判为中心的刑事诉讼制度改革是"破除侦查中心、实现庭审实质化、重振司法权威的需要，也是保障司法公正，促进社会公平正义的必由之路"①。庭审是审判的关键环节，一审又是实现庭审实质化的主要阶段。在刑事案件审理过程中，如果一审程序不能承担事实认定的职能，不能保证审判质量，那么"事实误判的风险将会通过审级设置层层转移"②。推进审判中心改革，落实一审庭审实质化，是从源头保证案件质量的关键。庭审实质化是提高一审事实审正确率，保证事实认定在一审中充分完成的主要途径。庭审实质化需要克服我国刑事司法中庭审活动流于形式，辩方对质权弱化，侦查案卷决定审判结果的弊端。庭审实质化要求在法庭审理的过程中，证据在法庭上呈现，对证据的调查在庭审中完成；严格贯彻证据规则，审理者对证据的认定产生于庭审活动；在法庭审理中，加强辩护权，真正落实对质权，促进控辩双方形成实质上的对抗。"真正实现诉讼证据质证在法庭、案件事实查明在法庭、诉辩意见发表在法庭、裁判理由形成在法庭。"③ 具体来说，庭审实质化可从以下四个方面实现。首先，坚持以审判为中心，理顺庭前程序和庭审的关系。在刑事案件审理的过程中，庭前程序为庭审活动

---

① 陈光中、步洋洋：《审判中心与相关诉讼制度改革初探》，《政法论坛》2015 年第 2 期，第 128 页。

② 陈瑞华：《论彻底的事实审重构——我国刑事第一审程序的一种理论思路》，《中外法学》2013 年第 3 期，第 519 页。

③ 龙宗智：《庭审实质化的路径和方法》，《法学研究》2015 年第 5 期，第 139 页。

的顺利进行提供保障，但是不能制约庭审活动；庭前程序对庭审活动不能形成实质性影响，裁判结果不是来源于庭前，而是严格产生于庭审，证据的审查判断、案件事实的认定应当由庭审活动决定，既不来自庭前，也不来自法官的事后阅卷。其次，严格贯彻证据规则。党的十八届四中全会提出："全面贯彻证据裁判规则，严格依法收集、固定、保存、审查、运用证据，完善证人、鉴定人出庭制度，保证庭审在查明事实、认定证据、保护诉权、公正裁判中发挥决定性作用。"[1] 刑事审判中应当最大限度地保障被告人的对质权，欲实现对被告人对质权的保障，就必须规范证据的举证、质证、认证环节。在举证环节，公诉机关的证据必须全面提交，不得违反"客观公正义务"而仅提交不利于被告人的证据；公诉机关应当规范证据形式，不能仅仅提交书面证据。在质证环节，保障辩方的对质权，从证据角度入手，完善证据的审查方式和质证规则，提升证人、鉴定人出庭率，完善证据规则，保障控辩双方有效的对抗质证。在认证环节，法官对证据的审查和判断均应来源于庭审中出示和经过质证的证据，未经法庭质证的证据不得作为定案的依据。再次，法庭审理应当坚持集中审理原则。法庭审理活动作为一种认识判断活动，应当具有连续性，一旦中断，对证据的审查和判断便会断断续续，难以形成通畅的逻辑思维，法官的认知活动就会受到影响，庭审活动的中断也容易导致质证活动的反复性和模糊性，也会对法官的心证造成负面影响。因此，应当尽可能地维持庭审活动的完整性和持续性。庭审实质化要求证据的审查和判断来源于庭审活动，那么在落实庭审实质化之后，其重要的表现即是法官能够通过庭审活动形成心证，尽可能完成当庭宣判，而不是依赖庭后阅卷。最后，需要规范审判权运行机制，保障审判权依法独立公正行使。要着力克服我国司法实践中的司法行政化，保障法官及合议庭等审判组织独立审理、裁判，对司法实践

---

[1] 《十八大以来重要文献选编》（中），中央文献出版社，2016，第170页。

中存在的非正式制度，如内部审批制度、案件请示制度和裁判文书送阅制度等进行诉讼化改造并逐步取消。除依法应当提交审判委员会讨论决定的案件外，根据"审理者裁判，裁判者负责"的原则，一律由合议庭或者独任法官作出裁决，并对办案质量终身负责。

2. 推进一审程序分流

庭审实质化需要重视法庭审理活动，庭审活动的加强必然带来庭审周期的延长，诉讼成本亦会增加，在司法人员员额制改革后，我国案多人少的困境客观存在。庭审实质化给法院和司法者带来了极大的压力，也增加了司法投入的需求，这种情况下，必须进行程序的繁简分流，才能缓解司法压力，将更多的司法资源用于重大复杂疑难案件。实行案件繁简分流，简易案件简化处理，是世界各国的通行做法，重大复杂的案件适用普通程序，简单的刑事案件适用简易程序。我国现行《刑事诉讼法》也规定了普通程序和简易程序，并且对简易程序的适用范围作了适当扩大，对程序制度作了适当调整。但是司法实践表明，我国简易程序的适用并未达到立法者的期望，其在程序分流方面的功能并不明显。在推进程序分流这一思路下，从 2014 年开始，司法改革开始在刑事诉讼领域推动速裁程序的试点工作，2016 年全面推进认罪认罚从宽制度，这一制度的推进加快了程序分流制度的建立健全，2018 年《刑事诉讼法》修正时直接规定了速裁程序。速裁程序是比简易程序更简单的程序，这无疑是深化案件繁简分流制度的一项重大改革举措。对速裁程序试点经验的总结表明，刑事速裁程序简化了诉讼程序，可以不进行法庭调查、法庭辩论，实行快速审理快速裁判，提升了诉讼效率。程序繁简分流，为落实庭审实质化创造了有利条件，使庭审实质化得以真正实现。

## 二　建立有限审查原则

司法被动性反映在诉讼法中是不告不理原则，根据该原则，除要求诉讼程序的运行以诉权的行使为前提之外，还可延伸至法院裁判权限于当事人请求的范围，否则有损司法的中立性，带来司法不公的风险。根据现行《刑事诉讼法》的规定，我国二审案件实行全面审查原则：二审法院在审理案件的过程中，对于事实认定和法律适用问题的审查并不限于被告人上诉或检察院抗诉的范围，可以对案件涉及的所有问题进行审理。全面审查原则与审判权的被动性规律不相符合，直接导致刑事审级制约机制在刑事司法程序中的缺失，不利于现代刑事审级制度的生成。

围绕我国上诉审审理范围改革问题，理论界有两种不相同的观点。一种观点是认为上诉审全面审查不符合司法规律，应进行改革。如有学者认为目前上诉审实行全面审查原则不能发挥审级制度的过滤功能，不利于审级独立，故刑事二审应当实行有限审查原则，审理范围不应超出上诉或抗诉请求的范围，但对一审裁判可以附带审查。[①] 另一种观点则是"维持说"，认为全面审查符合我国国情，应予以保留，可以作一定改造。其理由如下。一是我国的审级制度实行两审终审制，当事人的上诉权仅能行使一次，一审事实审基础薄弱，社会观念仍然对实体正义比较看重。在这种情况下，仅审查上诉和抗诉的请求事项，会对二审救济功能的发挥造成影响，不利于司法公正的实现。[②] 二是由于我国刑事被告人的法律专业知识不具备，加之辩护制度及法律援助制度的不足，如果不实行全面审查制度，则被告人的权利保护不够周到。[③] 三是司法的

---

① 参见刘根菊、封利强《论刑事第二审程序的审判范围——以程序功能为视角》，载陈光中主编《中国刑事二审程序改革之研究》，北京大学出版社，2011，第210~224页。

② 参见陈新旺《我国刑事二审审查原则的思考与完善》，载陈光中主编《中国刑事二审程序改革之研究》，北京大学出版社，2011，第229~234页；魏海欢《论刑事二审程序审查原则》，载陈光中主编《中国刑事二审程序改革之研究》，北京大学出版社，2011，第235~243页。

③ 参见陈光中、曾新华、封利强《我国刑事二审程序改革之研究——以刑诉法再修改为视角和以实证研究为方法》，载陈光中主编《中国刑事二审程序改革之研究》，北京大学出版社，2011，第4~7页。

被动性与中立性是建立在控辩平等、法官中立的诉讼构造基础之上的，而我国目前的实际情况是诉讼构造不够合理，被告人的地位难以充分保障。因此，在现实的司法环境下，全面审查原则更能保护被告人的利益，有利于司法公正的实现。[①]

对于"维持说"，我们通过分析，可以发现其存在的理由并不充分，原因如下。首先，上诉审审理范围的扩张并不一定产生司法公正的法律后果。从认识论及审判规律来分析，事实真相的查明不在于较多审级的法院对案件进行审理以及上诉审审理范围无限扩张，而在于对案件事实的认定程序符合认识规律和诉讼规律。我国庭审活动质证的开展、诉讼规律的遵循、程序规则的遵守都存在着较大的障碍。事实上，即使我国立法上规定了全面审查原则，在实务中全面审查原则的贯彻也会存在很大的问题，上诉法院基于审判的压力，或多或少会在一定程度上予以规避，如不开庭审理。其次，以被告人缺乏法律素养、辩护制度不健全为由坚持全面审查，不惜违背"不告不理"的诉讼规律更是本末倒置。一方面，司法的被动性是世界各国普遍遵循的诉讼规律，若审判权以主动的方式行使，则很难维持其中立地位，审判权一旦丧失中立性，整个诉讼制度的基石便被推翻，更难以说司法公正、司法效率等诉讼目标的实现；另一方面，正因为刑事司法制度中控辩双方地位的不均衡性，维持诉讼"等腰三角形"构造的难度在刑事诉讼中比民事诉讼、行政诉讼中都要难得多，因此，须以审判过程中当事人对辩护权的需求推动刑事辩护制度的发展，而不是通过异化诉讼程序来回避这一困境，应该正视面对，以当事人对刑事辩护权的需求为支撑点，形成倒逼机制，大力发展完善我国的刑事辩护制度。再次，党的十八届四中全会提出"依法治国"理念，这给司法体制的变革提供了很好的契机，我国的律师制度有了长足的发展，截至 2017 年，执业律师人数已经突破 30

---

① 参见陈光中主编《中国刑事二审程序改革之研究》，北京大学出版社，2011，第 5 页。

万人，更以年均 9.5% 的速度持续增长，全国律师事务所的数量也保持着年均 7.5% 的增速。① 2003 年《法律援助条例》出台，2021 年《法律援助法》颁布，法律援助取得一定的成绩。2014 年法律援助案件约 124 万件，受援人数约 139 万人，法律援助财政拨款 168581.8 万元。② 辩护制度的不发达理应从制度层面予以解决，不能以牺牲程序规律为代价。最后，全面审查原则在司法实践中难以落实。在我国刑事司法实务中，全面审查原则实际上以各种各样的方式被弱化。鉴于我国上诉审的全面复审构造模式，上诉法院不仅要对案件所涉及事实认定问题、法律适用问题及程序问题进行全面审理，同时还要不限于当事人上诉、检察院抗诉范围对原案进行审理。加之上诉审开庭审理方式的要求，从我国目前上诉率的情况看，2011 年至 2015 年我国刑事二审案件的上诉率平均达到了 11.75%。③ 二审法院审判任务相当沉重。因此，在实务中，就能发现大量刑事上诉审程序异化的现象，如前文问题分析所述，我国刑事二审开庭率低，更多地采用书面审理的方式；上诉审更多地集中于对事实问题的审理，而对法律问题及程序问题无暇顾及；加之受案件请示制度的影响，上下级法院之间事先已就案件的相关问题交流过，初审判决已体现上诉法院的意思，在这种情况下，全面审查原则保护被告人权利的优势必将丧失。

相对于全面审查原则存在的理由，其产生的弊端更应当引起重视。审判权具有被动性、中立性的特征，这是具有普适性的司法规律，必须予以遵守。刑事诉讼程序则要求，审判程序的运行需要以诉权的行使为

---

① http://news.xinhuanet.com/legal/2017-01/09/c_1120275319.htm，最后访问日期：2017 年 2 月 15 日。

② 参见徐昕、黄艳好、汪小棠《中国司法改革年度报告（2015）》，《政法论坛》2016 年第 3 期，第 118 页。

③ 2011 年至 2015 年刑事案件二审上诉率分别为 11.78%、11.02%、11.06%、11.87%、13.03%。上诉率的计算公式为当年刑事二审收案数÷刑事一审结案数×100%，刑事案件的收案、结案数据来源于《最高人民法院司法统计公报》，http://gongbao.court.gov.cn，最后访问日期：2017 年 2 月 15 日。

前提，遵循无诉无审判的原理；裁判权的行使限于当事人的诉讼请求范围，法院的审理范围须以当事人的起诉范围为限；法院裁判内容须限于起诉书所载明的犯罪嫌疑人、被告人被控告的罪名范围，不得超出或主动增加审理内容并进行裁决。因此，在推动以审判为中心的刑事诉讼制度改革的背景下，对于刑事审级监督范围的调整亦成为刑事审判权纵向层面独立运行的关键之一。随着以审判为中心的刑事诉讼制度改革的推进、庭审实质化理念的贯彻及各项改革措施的落实，一审事实审的质量得以提高，基础得以加固。基于对一审审判质量不信任而强化二审全面审查的原因消失，加之我国辩护制度的发展及上诉审中当事人一方诉讼能力的提高，这些足以充分保障刑事上诉权行使的质量。我国刑事二审实行全面审的理由基本上不存在，其改革可谓顺理成章之事。

上诉审查范围的划定，必须兼顾正义理念与法的安定性，同时也要考虑当事人的审级利益与司法资源。具体来说，其改革可从以下方面展开。（1）二审法院的审理范围限于上诉、抗诉请求的范围。从域外各国的规定来看，无论是初审还是上诉审均严格遵循司法权的被动性原理，要求"不告不理"，这是一个基本的司法规律。我国上诉审实行事实审与法律审合一的复审模式，在二审中，上诉法院既要审查事实问题，亦需审查法律问题。有学者提出，由于我国现实条件的约束，被告人缺乏法律素质，自我辩护率极低，被告人无能力提出原判决中的法律问题，因此在事实审层面可实行有限审，而在法律审层面则实行全面审。[1] 事实问题与法律问题的分离本身就是制约我国刑事审级制度改革的瓶颈，我国并无事实审与法律审分离的传统。单就被告人能力缺乏问题，笔者认为这也不能成为二审全面审的理由。即使被告人因专业知识的缺乏虽申明不服，却难以准确地表达上诉理由，在我国刑事司法实践中，较为妥当的做法也应当是二审法官先进行释明，询问当事人的意

---

① 参见秦宗文《刑事二审全面审查原则新探》，《现代法学》2007 年第 3 期，第 183 页。

见，使其上诉理由得以明确。二审法院的释明可以在一定程度上弥补辩护人缺位的不足。更为重要的是，笔者以为在我国的司法制度变革中，不能以不符合国情、现实情况受限制为充分理由否定对某种普遍性规律的遵循。如果一味迁就现实情况，或者所有问题都完全解决后再开始制度变革，那这种变革很难进行。特别是司法制度牵连甚广，很难说某种制度完善，一个问题就可即刻解决。因此，更多时候我们需要以制度变革倒逼现实情况的改善。在当前辩护率不足的状态下，理想的改革路径是加快辩护制度的变革，而非停下审级制度变革的脚步。（2）容许特殊情形下有限审查的例外。基于我国对事实真相查明的重视程度以及社会大众的可接受程度，事实认定错误显然是我国刑事审级制度必须要避免的，刑事审级制度的核心功能就是纠错。在上诉案件审查过程中，一旦出现明显违背司法公正、损害被告人权益的事项，而上诉人并未在上诉请求中提出，二审法院就可以主动审查，但是须以被告人利益维护为原则，遵循禁止不利益变更原则，不得加重对被告人的刑罚。

## 三　规范上诉审审理程序

刑事审级制度正当合理有效运行关乎刑事审判权纵向运行的合理化，牵涉正当程序、实体正义等刑事诉讼价值理念的平衡和抉择。真正合乎理性的诉讼制度设计必然建立在遵循司法规律的基础上，并观照本国司法传统与现实需求。法律规则与司法实践不可避免地会呈现理念与现实的冲突，以及应然与实然的差异，这些需要诉讼程序的不断选择与重塑。诉讼过程理应成为刑事审级制度生成的重要甚至唯一场域，其运行机制的完善是制度重构的关键。

### （一）完善上诉审审理方式

刑事审级制度运行异化的一个重要表现是上诉审审理方式的异化。经过多轮制度改革及立法加强，司法实践中刑事二审的审理方式仍然严重偏离规范，开庭率继续维持较低状态。我国上诉审审理方式的不规范受制于多种因素，如开庭容易延长诉讼期限，导致二审法院负担过重，规避开庭；① 以案卷笔录为中心的审判惯习使法官信赖并依赖书面材料；② "开庭形式化，效果不好"③；刑事二审案件控方不愿意出庭；④ 被告人异地羁押客观上抑制了法官开庭的意愿；⑤ 司法实践中的案件请示制度也对二审审理方式造成影响，既然一审裁判表达的就是上诉法院的裁判意见，那么二审开不开庭对案件的审理毫无影响。从以上理由来看，刑事二审开庭在司法实践中确实存在着诸多的困难，这些困难使二审法院不开庭似乎合情合理。存在着这样一个现实：社会行动者不一定是遵循理性的，但总是"合情合理"的，这正是社会学得以成立之处。⑥ 但即使面临着司法实践中的各种困难，二审开庭仍然是刑事审级制度发挥功能的保障之一，二审案件的书面审理，不符合司法规律，难以发挥刑事审级制度的功能，在结果上不能形成对当事人权利的有效救济，也与以审判为中心的刑事诉讼制度改革要求相背离。更重要的是，刑事司法实践中程序违规行为的实施，不仅助长法官规避制度规范的惯习，也使正当程序理念只能成为立法中的文字。笔者以为实行上诉审开庭审理，有以下问题应当观照。

一是推行简化审与重点审分离运行。对于司法实践中确实存在的困难必须予以重视，二审庭审实质化在司法实践中确实会遭遇审判压力过大、司法资源不足的现实。因此，需要结合实际的问题，改革开庭审理的方式。对于"开庭"审理可根据个案的具体情况采用不同的模式。

① 参见陈卫东主编《刑事诉讼法实施问题调研报告》，中国方正出版社，2001，第 196 页。
② 参见陈瑞华《案卷笔录中心主义——对中国刑事审判方式的重新考察》，《法学研究》 2006 年第 4 期，第 64 页。
③ 参见白国华《刑事二审开庭率低的深层因素分析》，《理论探索》2016 年第 5 期，第 121 页。
④ 参见陈卫东主编《刑事诉讼法实施问题调研报告》，中国方正出版社，2001，第 196~197 页；白国华《刑事二审开庭率低的深层因素分析》，《理论探索》2016 年第 5 期，第 120 页。
⑤ 参见白国华《刑事二审开庭率低的深层因素分析》，《理论探索》2016 年第 5 期，第 120 页。
⑥ 参见〔法〕皮埃尔·布迪厄、〔美〕华康德《实践与反思——反思社会学导引》，李猛、李康译，中央编译出版社，2004，第 175 页。

根据上诉案件的整体情况、案件的性质以及上诉请求的内容，灵活选择开庭审理程序：对于一审事实认定清楚、上诉人争议不大、仅就法律适用问题不服的上诉案件，可以采用简化开庭的方式；而对于上诉请求复杂、一审事实审认定不清、程序违法的上诉案件，则重点审理。对上诉案件审理程序的分流，能较好地实现上诉司法资源的合理配置，充分发挥上诉法院的纠错功能。

二是简化式的开庭审仍然是开庭审理，并不是书面审。上诉程序中始终需要遵循以下诉讼规律：上诉程序的启动须以上诉或抗诉为前提，实行"不告不理"原则；在上诉案件审理的过程中强调控辩双方的程序参与权，须在双方同时到庭的情况下进行审理；上诉法院法官的庭外调查活动等活动须控辩双方到场；合议庭须听取控辩双方的意见。上诉审开庭审须通过强化开庭理念，提升上诉法院法官职业能力，以及完善庭审规则等路径，助推实现二审庭审的实质化，充分发挥刑事审级制度功能。

三是明确不开庭审理的案件适用条件。在司法实践中，开庭审带来的审判压力往往导致二审法院偏向不开庭审。而立法上的模糊性给法官自由裁量权的行使带来方便，为避免实践中不开庭审理变成常态，须进一步明确不开庭的客观标准。

（二）完善发回重审制度

根据我国《刑事诉讼法》第236条的规定，二审法院在审理刑事二审案件后，根据上诉案件的具体情形不同，可以维持原判、依法改判以及发回原审法院重审。针对我国刑事司法实践中二审发回重审不规范等问题，从以下方面予以完善。

1. 进一步科学界定发回重审的事由和标准

根据现行《刑事诉讼法》的规定，目前发回重审的情形有两种：一是原判决事实不清楚或者证据不足，二是一审法院违反法定诉讼程序。首先，关于程序违法发回重审这一事由，需要注意以下问题。（1）现行

《刑事诉讼法》规定了事实不清、证据不足发回重审的次数为一次，这有利于及时解决纠纷，避免过去司法实践中反复发回重审的问题。立法中也应当明确因程序违法发回重审的次数限制。（2）在程序违法发回重审时，可区分程序违法的程度，分别作出判断。如果仅仅是程序性瑕疵，对案件裁判影响不大，上诉法院认为程序错误不影响结果——一种无害的错误，则有权维持原判决。① （3）我国《刑事诉讼法》列举了程序性违法的具体情形，但司法实践中存在法官随意行使自由裁量权而扩大解释程序性违法发回重审的情形，因此应当要求严格遵守法律规定。其次，关于"事实不清、证据不足"发回重审的事由，须从以下方面予以完善。（1）对于事实不清、证据不足的上诉案件，原则上由二审法院查明事实，依法改判。我国不存在审级职能分层，上诉审实行复审制，因此，理应对事实不清、证据不足的情形进行审查并改判。（2）对于二审中的新证据问题，虽然对于事实不清、证据不足的案件原则上由二审法院依法改判，而非发回重审，但若二审出现新证据，为保障当事人的审级利益及维护上下审级职能分层、权力平衡，应当发回重审。

### 2. 规范发回重审的适用

发回重审的问题除制度设计不够科学合理之外，更重要的弊端是司法实践中发回重审制度的非规范适用。笔者认为，发回重审制度的问题更多由司法行为不规范所引起。为避免发回重审成为重复追诉的手段，或者上下级法院规避审判管理的工具，须进一步进行规范。

首先，严格遵守上诉不加刑原则。在过去的司法实践中，由于发回重审的案件适用一审程序审理，因此，存在发回重审后加重被告人刑罚的现象。② 这种重复追诉行为规避了控诉方证明责任的承担，对被告人

---

① 参见〔美〕迈克尔·D. 贝勒斯《法律的原则》，张文显、宋金娜、朱卫国等译，中国大百科全书出版社，1996，第 79 页。

② 参见陈卫东、李奋飞《刑事二审"发回重审"制度之重构》，《法学研究》2004 年第 1 期，第 130 页。

极为不公平。因此，2012 年《刑事诉讼法》针对这一问题进行了规范，明确规定对于发回重审的案件，仅仅在有新的犯罪事实、检察院补充起诉的情况下才可以加重被告人的刑罚，除此之外，须严格遵守上诉不加刑的原则。在我国现阶段查明事实、惩罚犯罪的刑事司法理念下，司法实践中须严格执行这一规定。

其次，规范发回重审裁判的说理。发回重审制度是上级法院对下级法院的程序性制裁，单方面体现上级法院的意志，下级法院往往被动服从。为平衡上下级法院之间的关系，2010 年底发布的《最高人民法院关于规范上下级人民法院审判业务关系的若干意见》明确规定，对于发回重审裁定，应当在裁定书中详细阐明发回重审的理由及法律依据。发回重审的裁判理由上承当事人的上诉请求，下续发回后重审之内容，并具有公开裁判心理过程及自我证成的正当化功能，应成为发回重审程序之"脊梁"。[①] 在加强裁判说理的同时，司法实践中的"内部意见函""沟通交流机制"则需谨慎限制使用。[②] 发回重审的目的不仅在于对下级法院的裁判进行否定性评价，也在于使案件回归初始状态，实现上级法院对下级法院的审级监督。二审法院若理由陈述过于周到，则有代一审法院审理之嫌，这会对一审法院独立审判案件造成一定的影响。

## 四 取消案件请示制度

案件请示制度是上下级法院之间关于个案审理的一个沟通机制，下级法院在审理案件过程中遇到重大、疑难、复杂案件时，通过审委会批准，以书面形式向上级法院就有关问题进行请示，上级法院酌情答复。以请示制度为核心的刑事非正式制度的大量运行，可能导致司法行政化加强，刑事审级功能难以实现，其负面影响是不言而喻的。针对这一问

---

① 参见陈杭平《组织视角下的民事诉讼发回重审制度》，《法学研究》2012 年第 1 期，第 18 页。
② 参见本刊编辑部《加强审判权监督制约 完善审判权运行机制——部分中级法院院长谈审判权监督制约》，《山东审判》2013 年第 4 期，第 8 页。

题，《最高人民法院关于规范上下级人民法院审判业务关系的若干意见》强调上级人民法院"监督指导的范围、方式和程序应当符合法律规定"，要求"各级人民法院在法律规定范围内履行各自职责，依法独立行使审判权"，即理论界提出的"诉讼化改造"改革措施。该意见规定了请示的案件范围，限于重大疑难案件、新型案件、有普遍法律适用意义的案件；并将案件请示制度纳入程序化轨道，规定下级法院可将请示案件管辖权移至上一级法院。案件管辖权的移转防范了刑事案件在上下级法院之间的审裁分离，在一定程度上遵循了"审理者裁判"的司法规律。该意见为维护审级独立和充分发挥审级制度功能，以及克服审级关系行政化，通过案件请示制度的诉讼化改造，试图将案件请示制度纳入诉讼程序范围内，通过案件管辖权的移转稳定这一制度。但意见所希冀的效果并不一定能实现，制度在实践中可能遭遇规避，案件请示制度应当进一步改革完善。

笔者认为最高人民法院关于案件请示制度的诉讼化改造只是制度内的"微调"，不能收到釜底抽薪之效，应当取消案件请示制度。其理由如下。第一，案件请示制度无论在过去对刑事司法产生多大的作用，或者在今天仍然有一定的价值，但在司法现代化理念下，作为一种内生于诉讼程序之外并且滋生于司法行政化大环境下的隐形制度，在推进国家治理现代化、法治化的大背景下，在推行司法去行政化的改革大局中，都与基本的治国理念和司法观念相违背。随着我国依法治国理念的提出和司法制度变革的深入，作为社会控制机制的司法机制让位于依赖于法律统一而确立的"规则之治"（法治），各层级法院的权力运行须回归常规的监督状态。第二，学术界及实务界对于案件请示制度的诸种优势，理应回归诉讼程序内来进行讨论，理应通过诉讼程序的完善予以实现，而且从理论上论证，相关优势也可以通过诉讼程序机制实现。关于案件请示制度可以防止错误发生的问题，刑事审级制度的核心功能之一即是纠错，防止错误的发生正需要审级制度的运行来保证，而不是通过案件请示方式实现。关于法律适用统一，同样也理应由刑事审级制度来实现，并且现行的案例指导制度比案件请示制度更能实现这一目标，案件请示在实践中还往往存在并非因法律问题而请示的情况，客观上还有承办人的案件压力、案件复杂情况、法律适用问题、社会压力、人情和行政干预等因素，甚至其可能被用来规避审限。① 至于防范当前法治进程的风险、缓解法官面临的诸多现实压力方面的优势，更不能成为案件请示制度存在的理由。我国现阶段的法治建设已有长足的进步，法律体系相对健全，法官职业素质有极大的提高；更重要的是法官缓解自身职业压力绝不是规避程序的借口。试想，审级关系变管理思路为独立理念，制度设计从监督走向制约，如果一审法院不再以请示方式转移职责和防范风险，上级法院不再对一审法院承担过多责任，与之配套的有关鼓励请示的考核制度一并废除，随着基层法官素质的提高，判者不审、审者不判的现象可能消失。法官独立判案，法官个人声誉市场将随之建立，裁判文书公开会进一步强化法官声誉。基层人民法院实际承办了绝大部分案件，人们对司法的预期将极大地改变。由于影响二审法官更加困难，"关系难办案件"也会随之得到极大遏制。② 有学者实证研究人们对案件请示制度改革的看法，其中，21%的基层人民法院法官和13%的中级人民法院法官支持废除，65%的基层人民法院法官和83%的中级人民法院法官支持完善；32%的当事人表示反对；46.3%的律师表示反对，53.7%的律师主张改造，无一律师表示支持；80%的法学专家支持废除。③ 当然，对于案件请示制度的改革绝非一纸禁令可以解决，在试图禁止该制度时，也应该为审判权的正当运行提供良好的制度环境，否则，实践中被禁止的制度可能披上另一层外衣重新回归我们

---

① 参见沙永梅《案件请示制度之废除及其功能替代——以中级法院的运作为出发点》，《河北法学》2008年第7期，第188页。

② 参见戴治勇《多任务司法裁判与相机控制权分配》，《法制与社会发展》2016年第5期，第42页。

③ 参见杜豫苏《上下级法院审判业务关系研究》，北京大学出版社，2015，第86~103页。

的视野。随着第四轮司法改革各项措施的大力推进，特别是审判权运行机制的完善及司法责任制的出台，案件请示制度在我国的刑事司法实践中生存的土壤已然改变，根据 2015 年《最高人民法院关于完善人民法院司法责任制的若干意见》第 6 条以及 2017 年《最高人民法院关于落实司法责任制完善审判监督管理机制的意见（试行）》第 1 条的规定，在审判权运行的过程中，坚持"审理者裁判，裁判者负责"的原则，审判权落实到审理者，案件的审理、裁判文书的制作及签署均由独任法官或合议庭等审判组织自行负责，除重大疑难案件由审判委员会讨论决定之外，无须院庭长进一步审核签发。这些措施虽然没有完全杜绝请示汇报，但随着审判权运行机制的进一步明确，制度运行必将迈入正轨。

## 第三节　速裁案件一审终审之植入

### 一　刑事速裁案件一审终结之正当性

狭义上的刑事速裁程序，是指适用于被告人可能被判处一年以下有期徒刑、社区服务和罚金等刑罚的轻微刑事案件的快速裁决的特别刑事诉讼程序。[①] 我国目前推行的刑事速裁程序即属于狭义上的速裁程序。刑事初审程序的类型体系化改革给刑事审级制度带来了事实上的冲击，面对刑事效率的要求以及初审程序的多样化，审级制度应该如何应对？有学者提出对刑事速裁案件实行一审终审的改革设想。[②] 实务界有绝大部分人表示了赞同。但仍有部分学者表达了对速裁程序实行一审终审的忧虑，认为刑事速裁程序实行一审终审不利于对被告人非自愿认罪认罚、案件不符合司法证明标准、法院裁判不当等情况进行救济，不能确

---

[①]　参见李本森《刑事速裁程序的司法再造》，《中国刑事法杂志》2016 年第 5 期，第 34 页。

[②]　参见洪浩、寿媛君《我国刑事速裁程序迈向理性的崭新课题》，《法学论坛》2017 年第 2 期，第 96 页。

保司法公正。被告人对于"认罪认罚"唯有保留"反悔"的权利，才能拥有对审判程序和诉讼结果的自由选择权，并对最终的裁判结果不产生抵触情绪。① 无论哪种观点更符合我国刑事诉讼价值目标追求和司法实务需要，毋庸置疑的是，刑事审判程序类型化的发展对刑事审级制度的变革形成了冲击。观点主要分歧在于能否为被告人的权利提供充分的保障。笔者认为，刑事审级制度的多元化符合刑事审判程序类型化的需求，对于不同类型不同程序适用不同的审级制度也是世界各国的通例。司法效率是我国刑事司法改革必须考量的价值目标之一，刑事速裁案件适用一审终审制，符合程序设立的目标及刑事司法改革的初衷。至于学者所担心的被告人权利保障，则完全可以从初审程序的设计完善角度予以实现，而不需要多次审理，从被告人选择权的角度提供程序保障可能是更好的权利保护路径。刑事速裁案件一审程序终结有其正当性基础，具体如下。

（一）理论逻辑层面：当事人上诉利益之缺乏

上诉利益是诉的利益在上诉阶段的体现，又称当事人不服之利益。② 上诉利益决定了上诉权行使的效果，是上诉成立的法定要件。根据大陆法系刑事诉讼理论，上诉利益通常只存在于原审裁判给上诉人带来不利益之场合。具体来说包含两种情形：一是被告人在原审中提出无罪或罪轻的辩护，但原审裁判未采纳该抗辩；二是被告人虽未提出抗辩，但原审裁判结果超出了其认可的定罪量刑范围。③ 这就表明，如果一项裁判并没有给当事人带来不利影响，当事人不存在权利救济需求，则无上诉利益。

根据这一理论分析刑事速裁案件的上诉利益之存否，若有上诉利

---

① 参见朱孝清《认罪认罚从宽制度中的几个理论问题》，《法学杂志》2017年第9期，第21页；陈瑞华《认罪认罚从宽制度的若干争议问题》，《中国法学》2017年第1期，第11页。

② 参见林俊益《程序正义与诉讼经济：刑事诉讼法专题研究》，台北元照出版公司，2000，第145页。

③ 参见林钰雄《刑事诉讼法》（下册），中国人民大学出版社，2005，第218~221页。

益，则应当赋予被告人上诉权；若无上诉利益，则可从理论上证成刑事速裁案件一审终局的逻辑正当性。根据《最高人民法院、最高人民检察院、公安部、司法部关于在部分地区开展刑事案件速裁程序试点工作的办法》第1条，我国刑事速裁程序适用的条件是："（一）案件事实清楚、证据充分的；（二）犯罪嫌疑人、被告人承认自己所犯罪行，对指控的犯罪事实没有异议的；（三）当事人对适用法律没有争议，犯罪嫌疑人、被告人同意人民检察院提出的量刑建议的；（四）犯罪嫌疑人、被告人同意适用速裁程序的。"根据这一规定，刑事速裁案件具有两个特征。一是定罪量刑无争议。刑事速裁案件要求案件事实清楚、证据充分，且被告人对犯罪事实无异议；被告人对法律的适用亦表示认可，对量刑建议不存在争议。二是自愿性。刑事速裁程序的适用强调尊重被告人的意思自治。无论是刑事速裁程序的适用，还是事实认定、法律适用，均需获得被告人的同意；而且在程序的运行过程中，司法机关需多次确认被告人对程序选择及量刑建议的认可。从这一角度来看，适用速裁程序审理的案件，如果法院的裁判结果限于量刑建议的范围，基本上不存在对被告人不利益的情况发生。因此，可以认定被告人无上诉利益。实质上当事人一旦自愿选择速裁程序，就意味着放弃上诉权。

（二）诉讼价值层面：司法裁判去低效化

刑事审级制度的构建始终面临司法公正与司法效率价值目标的冲突和平衡，从审级制度的模式抉择来看，理论上审级层次越多，司法公正的程度越高，司法效率越低；审级层次越少，司法效率越高。两审终审制与一审终审制，前者强调"公正优位"，后者侧重"效率优位"，体现出不同的价值取向。

从我国刑事速裁程序设置来看，其目标主要在于两点。一是给以审判为中心的刑事诉讼制度改革提供动力。以审判为中心的刑事诉讼制度改革，在审判阶段主要表现为庭审实质化的实现，但庭审实质化意味着更多司法资源的投入，我国刑事案件审判程序较为单一，对所有刑事案件一律实行庭审实质化，在现实上不可能。因此只能通过刑事案件的分流，为重大复杂刑事案件真正落实庭审实质化提供条件。二是缓解法官员额制和司法责任制改革所带来的办案压力。法官员额制和司法责任制是本轮司法改革的重心，为解决司法行政化问题，以及实现"审理者裁判，裁判者负责"，本轮司法改革以极大的决心推动这两项制度的落实，但改革同时带来一系列的问题，如法官流失、法院配套制度滞后等问题，案多人少的压力不仅未能缓解，反而因为转型期改革阵痛变得更为严重。在这种情况下，刑事程序分流成为缓解审判压力的可行出路。从当下的刑事司法实践来看，司法效率成为制度设计重点观照的目标。刑事速裁程序的制度意义正是通过快速解决纠纷提高诉讼效率，以符合司法改革的目标要求。如果刑事速裁案件仍然采用两审终审制，则与两审终审制强调司法公正的特征不符，也与刑事速裁程序本身的目标不合，其在诉讼效率层面的优势完全无法体现。

（三）审级功能层面：上诉功能之丧失

刑事上诉制度主要体现出依法纠错、救济权利、法律统一等功能。通过上诉程序的设置，对一审法院的裁判活动进行规范，使其审慎行使权力，从而最大限度地保障刑事裁判的正确性；通过上诉程序的运行，发现一审裁判的错误，吸纳上诉人的不满情绪，统一国家法律适用，以此维护司法的正当性、权威性。但刑事速裁案件中，并不存在对纠错、权利救济、法律适用统一等功能的需求，具体如下。一是依法纠错功能的不必要。刑事速裁程序的适用前提是案件事实清楚、证据充分，被告人对事实认定和法律适用均无异议。而且刑事速裁程序适用的案件均为轻微刑事案件，基层人民法院法官基本上可以有效认定事实，正确适用法律。那么在这种情况下，不存在纠错的必要性。二是关于权利救济，刑事速裁程序的适用强调当事人的意思自治，以被告人自愿为程序适用的核心，速裁程序的选择权由被告人享有，一旦被告人决定选择速裁程序，则意味着其自愿放弃了上诉的权利，不存在权利救济的需求。三是由于刑事速裁案件均属于比较常见的传统轻微刑事案件，其定罪量刑相对简单，法律适用比较成熟统一，通常不存在法律适用的争议或法律适用的难点，无论是案件性质本身还是所涉法律问题，都不具典型性。因此，其并无法律适用统一的功能需求。

（四）比较法层面：域外制度之有益借鉴

围绕节约司法资源、提高诉讼效率，域外对于轻微刑事案件的程序分流有较为成熟的制度机制，其在刑事审级制度的模式设计上有值得借鉴的经验和做法。例如，美国治安法官关于轻微犯罪的审理程序，允许被告人以明示的方式放弃上诉权，法院予以支持。英国则规定，"治安法院审理的轻微刑事案件，进行有罪答辩的被告人不得上诉；仅进行无罪答辩的被告人且被定罪的被告人享有上诉权，但不受禁止不利益变更原则的保护"①。这一限制实质上也降低了被告人上诉的意愿，因此，英国治安法院审理的轻微刑事案件大多数一审终结。德国的刑事处罚令程序是我国刑事速裁程序借鉴的样本，规定一旦被告人同意适用程序，则实行一审终审，被告人不能寻求上诉救济；但德国的刑事处罚令程序同时规定了内置救济机制，即被告人如果不同意适用处罚令程序，可以在法定期限内提出异议，一旦当事人提出异议，该案件就转入普通程序进行审理。② 并且德国在其他类型的刑事程序中也注重诉讼效率的提高，在审级制度中设置特殊的规则，如简易程序与协商程序来赋予当事人上诉权，但同时又设置上诉审查制度来限制上诉权的行使。从域外各国的制度规定和实践做法来看，其针对轻微刑事案件设置的程序分流制度，一以贯之地坚持司法效率优先的价值目标，不仅是程序的简单化，同时在审级制度的设计上，也始终注重促进诉讼效率的提高。一审终审应属此类轻微刑事案件真正得以终结的应有之义，这值得我国在探索刑事程序类型化改革过程中予以借鉴。

---

① 宋英辉、孙长永、刘新魁等：《外国刑事诉讼法》，法律出版社，2006，第135页。

② 参见《德国刑事诉讼法典》，岳礼玲、林静译，中国检察出版社，2016，第32页。

（五）司法实践层面：司法改革成果之吸纳

本轮司法改革在推进以审判为中心的刑事诉讼制度改革的过程中，在司法员额制度改革的压力下，以刑事程序分流为替代性解决方案，化解刑事司法案多人少的压力，试图通过"小案快审、大案精审"的改革措施推动刑事庭审实质化改革的成功，于 2014 年试行刑事速裁程序。

自推行速裁试点以后，司法实践中，据有关部门统计，一年内抗诉率为 0，被告人上诉率仅为 2.10%。[①] 有学者的调研结果也表明，部分法院的刑事速裁案件上诉率均维持在 2% 左右，上诉案件通常无改判或改判率极低。[②] 速裁程序上诉率低和上诉改判率低的类似报道不胜枚举，可见多数刑事速裁案件经过一审程序即告终结。那么针对其中 2% 左右的上诉案件，有学者进行了实证研究，提出这些上诉案件也并不符合审级制度的基本原理，其中绝大部分当事人并无权利救济需求。[③] 据其考证，上诉的刑事速裁案件中，当事人上诉的目的根本与审级制度的设置原理不符合，当事人并非因为权利救济的需求上诉，而是将之作为规避不利益的程序手段。其通常的目的是拖延诉讼，如利用上诉延缓判决生效而变更强制措施，或者通过上诉延缓送监执行剩余刑期。因此，刑事速裁案件上诉的撤诉率较高。通过分析可以发现，上诉制度的适用并未真正带来司法公正，反而有损司法权威和诉讼效率。

---

[①] 参见《最高人民法院、最高人民检察院关于刑事案件速裁程序试点情况的中期报告》。

[②] 有学者调研表明，2014 年 10 月至 2015 年 11 月 20 日，广东省广州市越秀区人民法院审结速裁案件共 612 件，当庭宣判 598 件，当庭宣判率达 97.71%；有 18 名被告人提起上诉，上诉率仅为 2.94%；无抗诉，无改判。参见杨婷《刑事速裁程序与刑事简易程序比较研究——以法院实践为样本》，《法治论坛》2016 年第 1 期。福建省试点法院适用速裁程序案件上诉率仅为 2.5%，上诉案件中，仅有 2 件改判，改判率仅为 0.5%。参见詹旋江《福建刑事速裁程序试点工作成效显著——平均审理时长 4.43 天　99.37% 案件当庭宣判》，《人民法院报》2016 年 7 月 25 日，第 1 版。

[③] 参见解帅、张小旭《刑事案件速裁程序审级制度建构——以"上诉利益"为理论基点》，载贺荣主编《深化司法改革与行政审判实践研究——全国法院第 28 届学术讨论会获奖论文集》，人民法院出版社，2017，第 735 页。

## 二 刑事速裁案件一审终审之制度设计

刑事审级制度的建构应当与本国的经济发展程度、本国的司法制度及其发展状况相适应。刑事审级制度的多元化符合案件多元化、程序类型化的需求，对于不同类型的案件适用不同的审级制度是世界各国的通例。刑事速裁程序适用一审终审，符合程序设立的效率目标及刑事司法改革的初衷。但司法公正永远是刑事司法活动不可回避的目标，那么，在提高诉讼效率的同时，刑事速裁案件一审终审制度下对可能的错误如何防范？对刑事速裁案件一审终审后的裁判错误如何救济？这些是刑事速裁案件一审终审制度设计必须关注的问题，也是学界反对刑事速裁案件一审终局的担忧。笔者认为，在刑事速裁程序中，我们依然须重视当事人权利保障的问题，而且应当坚持公正优先、兼顾效率的基本原则。刑事速裁程序案件实行一审终审符合诉讼效率的需求，至于权利救济则完全可以从初审程序的设计完善角度予以保障，从被告人选择权的角度提供程序保障可能是更好的权利保护路径，以协调司法效率与当事人权利救济之间的冲突。

### （一）刑事速裁案件一审终结的制度模式

我国刑事速裁案件实行一审终审的审级制度模式。所谓的一审终审，是指在刑事诉讼中针对某些特殊类型的案件，只经过一个层级的审判即告终结，判决即产生既判力的刑事审级制度。刑事速裁案件一审终审制，意味着适用速裁程序审理的刑事案件，在符合法定条件的情况下，经过一个层级的法院审理，其作出的裁判就立即生效，被告人不享有上诉权。

刑事速裁案件以一审终审为原则，但针对特殊情况，基于权利保护和司法错误纠正的需要，需设置例外规定，允许被告人提起上诉。从域外制度规定来看，针对轻微刑事案件的刑事简易程序，其审级制度也设置一审终结的例外，以平衡诉讼效率和司法公正，最大限度地保障司法公正。借鉴其制度经验，结合我国刑事速裁程序试点以来的实践，可设计刑事速裁程序的例外情形如下。

一是被告人非自愿的情形。根据规定，刑事速裁程序适用的基础是被告人自愿。对程序的选择和定罪量刑，被告人均作出了同意的意思表示。但意思表示的真实性成为一个问题，司法个案具有一定的复杂性，在被告人的自愿下可能隐藏非真意。这种情况下的一审终审制则不利于被告人权利保护，其实质上是刑事速裁程序适用的不合法形式。在司法实践中，完全可能出现由于被告人缺乏法律常识或者在特殊的办案环境下，如被告人害怕承受更重的处罚，或者出现公诉机关的不利引导，或者被告人不能真正理解速裁程序的内容，被告人作出了非真意的意思表示。而由于速裁程序的庭审活动被省略，很难通过法院审查发现诸如此类的风险。在此种情况下，被告人的权利即存在被侵犯的可能，因此应当将之作为例外情况予以规定，允许被告人提起上诉，提供权利救济的途径，实现司法公正。但是值得注意的是，对于"自愿"的非真实性的证明，则需要由被告人承担，可以借鉴德国对简易程序、和解程序的上诉权的规定，实行上诉许可制，在立法中设定上诉的条件，被告人的上诉需提出上诉理由，经法院裁量后，才能启动上诉程序。

二是法官超出量刑建议进行裁判。刑事速裁程序的基础是认罪认罚，被告人对事实认定无异议，对检察机关的量刑建议表示同意，无争议。法院也必须尊重控辩双方的合意，在量刑建议的范围内进行裁判。若法院的裁判超出了量刑建议，肯定不符合刑事速裁程序的适用条件，违背速裁程序要求的基本正义。此种情形当然应当作为特殊情形予以规定。

三是检察机关的量刑建议确有错误。刑事速裁程序适用中，依照规定，法院需要对检察机关的量刑建议进行审查，只有认为检察机关的量刑建议适当，才能决定适用速裁程序，法院在审理过程中，发现案件不符合刑事速裁程序的适用条件的，则应终止速裁程序。但即使如此规定，仍然不能完全避免法院依不当的量刑建议错误裁判的情况发生。一旦出现此种情况，被告人基于自身能力的不足，也难以提出异议，在此种情况下，极易产生司法错误。那么此种情形亦应纳入例外，即对于由被告人证明检察机关存在量刑错误的情形，如果疏漏了对被告人有利的事实情节等事由，则赋予被告人上诉权。

（二）刑事速裁案件一审终审的保障机制

刑事速裁案件实行一审终结有利于实现司法效率的价值目标，符合以审判为中心的刑事诉讼制度改革目标，也是各国普遍采用的立法模式，对于完善我国刑事程序分流制度、推动我国刑事诉讼程序的现代化转型具有重要意义。但是刑事司法的首要价值目标必须是司法公正，在面临司法资源不足的境况时，只能试图通过制度的完善来改善，而不能采用牺牲当事人利益的方式。因此，刑事速裁案件一审终结的制度设计除须重点观照当事人权利保障机制的构建外，笔者以为可以从以下方面进行。

1. 完善刑事速裁案件审前程序

刑事速裁程序通过简化审判程序获得诉讼效率的提高，其在审理环节已存在对被告人诉讼权利保障不够周全的风险。在一审终审制度下，对被告人的事后救济也予以弱化甚至会直接剥夺被告人的上诉救济权。那么在制度设计中，理应完善对被告人的事前保障机制。借鉴制度成熟国家的有益经验，可以从以下方面予以完善：一是强化检察机关与被告人之间的合意，被告人对量刑建议必须有准确的认知和理解，在这一情形下，须强调检察机关的告知义务，对于程序权利的限制必须有明确的说明；二是强调被告人对事实认定和量刑建议的意思表示的真实性；三是强调检察机关量刑建议的适当性，对于检察机关基于故意或重大过失的错误量刑建议，应当追究司法责任。

2. 规范刑事速裁程序的运行

虽然刑事速裁程序在审理程序上相比普通程序、简易程序要简单，法官可不组织法庭调查、法庭辩论，实行当庭宣判等，但这并不意味着刑事速裁程序不需要正当性。实行一审终审，由于限制了当事人事后通过诉权实现权利救济的途径，极易将被告人置于不利境地。为此，在程序简化的同时，须规范刑事速裁程序的运行。一是加强程序启动的实质审查。要严格审查案件是否符合刑事速裁程序适用条件。二是强化法官告知义务。为确保被告人"自愿"的真实性，法院受理案件后，须以明示的方式履行严格告知义务，确保被告人能够明了选择适用刑事速裁程序的法律后果以及其作出选择的自由。2018年《刑事诉讼法》第190条第2款规定："被告人认罪认罚的，审判长应当告知被告人享有的诉讼权利和认罪认罚的法律规定，审查认罪认罚的自愿性和认罪认罚具结书内容的真实性、合法性。"这是对法官告知义务的明确规定。三是调整庭审对象。根据我国《刑事诉讼法》的规定，通常情况下，法庭审理的对象主要是公诉机关定罪申请、量刑建议以及程序性争议问题，但是在刑事速裁程序审理中，由于被告人已经自愿认罪，对定罪量刑已无异议，因此，事实查明和法律适用并非速裁程序庭审的重点。但这不意味着速裁程序的庭审无足轻重，甚至如部分研究者提出的"可以不开庭或者实行书面审"，而是应当调整庭审对象，将审理的重心转向对被告人"自愿"的审查。对适用速裁程序审理的案件，法院应当严格遵守开庭审理的方式，并将审理重点转向对控辩协商的合法性及被告人认罪的自愿性等维度的审查。如果不及时调整庭审对象，速裁程序的庭审基本上流于形式，如实践者所认为，庭审意义不大，并且极易发生令学者及公众怀疑并担忧的问题，即速裁的"自愿性"难以得到保障。审查的范围应当包含：被告人是否认可对犯罪事实的认定，被告人是否自愿认罪，被告人是否接受量刑建议，被告人是否清楚速裁程序的性质及法律后果，被告人是否自愿选择速裁程序，被告人是否被明示告知有关权利，被告人是否自愿放弃相关权利，是否存在非法诱导，等等。

### 3. 加强律师帮助制度

刑事速裁程序中被告人自愿性的保障，以及社会对速裁程序的接受度和信任度的提升，需要通过提升在控辩协商过程中犯罪嫌疑人、被告人的协商能力来实现。为此，我国为刑事速裁案件的被告人提供了法律援助值班律师制度，如果犯罪嫌疑人、被告人有需要，可以为其指派值班律师提供法律服务。但有学者进行实证调研发现，在适用速裁程序的案件中，有辩护人的案件比例及有辩护人的被告人比例均低于10%；其中指派辩护的案件占0.44%，指派辩护的被告人占1.18%。[①] 可见，我国的法律援助值班律师制度还未能充分发挥其功能。在未来的制度运行中，应当进一步提高法律援助的有效辩护率。在扩大法律援助覆盖面并提高利用率的同时，选用经验丰富、专业素质强、职业道德素养高的执业律师，提供高质量的法律援助。

### 4. 构建异议救济机制

为实现刑事速裁案件的效率价值目标，在实行一审终审制后，当事人的诉权救济途径在一定程度上受限，我国的刑事速裁案件应当完善程序内的事后救济机制，可以借鉴德国的处罚令程序，赋予被告人异议权。被告人在收到法院签发的处罚令后两个星期内，被告人对量刑不服的，可对速裁程序提出异议，一旦被告人提出异议，案件就可以转为简易程序或者普通程序审理。[②] 此种异议机制，既能保障当事人权利的救济，又操作简单，符合刑事速裁程序的效率要求。

---

① 参见周长军、李军海《完善刑事速裁程序的理论构想》，《法学》2017年第5期，第184页。

② 参见〔德〕克劳思·罗科信《刑事诉讼法》，吴丽琪译，法律出版社，2003，第605页。

## 第四节　死刑复核程序之再造

### 一　死刑复核程序再造之必要性

死刑复核制度在我国是针对特殊案件而使用的一种审级机制，一直以来，由于死刑案件救济机制的虚化、死刑复核权力配置的不科学等问题，实践中死刑冤假错案的出现引发了对现行死刑复核制度的强烈反思。围绕死刑案件的公正审判问题，最高人民法院推出了一系列改革措施，如 2005 年改革死刑复核权的配置，将复核权收归最高人民法院。2012 年《刑事诉讼法》对死刑程序进行了较大程度的完善，加强了死刑一审程序中事实问题认定的程序保障，规定死刑案件中讯问的录音录像制度、刑事辩护、证据运用及审查判断等；明确了死刑复核的程序保障，对死刑复核程序进行了一定的诉讼化改造，规定了死刑复核应当讯问被告人、听取辩护律师的意见等保障措施，以解决死刑复核流于形式、难以纠错的问题。但观察改革后的死刑复核程序，从审级制度角度分析，仍然可以发现该制度存在一定的缺陷，存在改革的必要性。

（一）现行死刑复核程序审级地位模糊

死刑复核程序的属性一直是理论界和实务界关注的问题，其是一种司法裁判程序还是具有行政性质的司法内审程序，是依审理方式还是依审核方式运行，是死刑复核程序设计的关键问题。从立法体例上看，死刑复核程序置于"审判编"，且在编排上与一审程序、二审程序和审判监督程序并列，从这个角度来说，死刑复核程序属于审判程序，而且似乎是独立于一审、二审、再审的审级。从制度设计上看，对于死刑复核案件，虽然规定应当讯问被告人，辩护律师提出要求的，应当听取辩护律师的意见，其初具诉讼形态；但是同时死刑复核程序的运行并不严格依照诉讼规律，死刑复核程序的启动采取行政方式，由下级法院主动报请，死刑案件的复核审理也并不遵循控辩审的格局，死刑案件的合议庭通常采用书面审查与讯问被告人相结合的方式。这导致死刑复核程序也不具有完全意义上的诉讼形态。实践中，死刑复核程序的运行不具有诉讼属性。由于"复核""核准"定义交叉、程序混乱，最高人民法院的核准程序直接吸收了高级人民法院对本院一审判决以及二审维持死刑的案件的"复核"程序。

我国的死刑复核程序是针对死刑案件所设置的特殊审判程序，是一种独立于两审终审而特别适用于死刑案件的救济程序，不同于普通刑事案件，死刑案件享有两次救济机会，且复核程序是强制性运行的；同时，死刑复核程序在程序运行中又具备相应的审判程序性质，由合议庭负责，依审判工作的要素展开，由合议庭最终作出核准或者不核准的裁判，该裁判具有权威性、终局性，是当然的司法裁判活动。故此，我国的死刑复核程序应当是一种依行政审核方式运行的司法裁判程序。行政方式的程序运行与司法裁判的程序属性存在着不可调和的冲突，从审级功能的角度出发，死刑复核程序若要承担起纠错救济功能，甚至如政策制定者所言，实现死刑案件的法律适用统一，就必须遵循司法规律和诉讼原理，以诉讼化的方式运行，其程序属性也理应在制度设计中得到明确，应赋予其独立的审级地位。死刑复核程序经历核准权回收与核准程序改造，诉讼当事人的程序参与度提升，律师辩护权加强，其改革趋势是日益回归程序的审判属性。基于此，死刑的三审终审制应当是复核程序发展的必然进路。

（二）死刑复核程序功能错位

首先，关于纠错，死刑之所以实行特殊的核准程序，主要是因为对死刑适用的慎重。因此，纠错是死刑复核程序当然的功能之一。但我国的死刑复核程序即使在制度上规定了全面审查原则，仍然难以实现纠错的功能。这主要由于死刑复核程序的设计存在弊端，我国的死刑复核程序是依行政化的思路构建的，而未充分尊重诉讼规律。在我国的死刑复核程序中，未规定对于纠错至关重要的事实发现机制。前已述及，我国死刑复核程序依行政化的方式运作，缺乏查找事实的庭审活动，死刑复核中辩方的作用有限，这导致事实认定错误难以通过控辩双方的对质发现。

其次，死刑案件法律适用统一目标实质上难以实现。[1] 死刑复核程序除纠错功能之外，还承担死刑案件的法律适用统一功能。死刑案件相对于普通的刑事案件，其同案同判的要求更严格。最高人民法院收回死刑复核权，其中重要原因也是避免各高级人民法院在死刑案件裁判中适用法律存在区域性差异，由最高人民法院统一行使死刑核准权，不仅体现了对死刑案件的谨慎态度，也促进了死刑案件的法律适用统一。但是，目前死刑复核的运行程序却难以保障其法律适用统一功能的发挥。一是复核审判组织的不统一，导致死刑复核的标准难以统一。目前死刑复核虽然由最高人民法院统一管辖，从管辖法院的角度来看，似乎保证了裁判者的统一性，但实际上，死刑案件名义上由最高人民法院核准，由于我国最高人民法院与域外许多国家的最高法院审判权运行机制并不一样，不是由全体法官组成审判庭集中审理，我国最高人民法院内部还有复杂的审判组织机构，如对死刑复核，除了部分重大死刑案件由最高人民法院审判委员会集中讨论，可以在较高程度上保证死刑核准法律意见的一致性外，仍有部分死刑案件由其他刑事审判庭负责核准，在这种情况下，就很难保障不同的刑事审判庭给出相同的法律意见。二是死刑复核方式不科学。我国死刑复核程序也贯彻刑事审级制度的全面审查原则，最高人民法院在死刑复核时对相关事实问题和法律问题均进行审查，虽然这一规定体现了立法者对死刑案件的重视，基于死刑的特殊性，死刑案件的审理无论如何谨

---

[1] 高原：《审级制度视野下死刑复核制度的缺陷及其完善路径》，《政治与法律》2012年第9期，第25页。

慎都不为过，但是司法规律自有其运行原理，我们不得不承认，在人类认识能力有限的前提下，即使死刑案件复审无数次，仍然无法保障对实体真实的绝对发现，刑事诉讼本身就是一种不完全的正义，因此，制度设计须平衡各种价值追求，须尊重诉讼规律，在严格一审和二审的基础上，死刑复核程序的功能应当更加倾向于法律适用的统一。而目前的全面审查并不能实现这一功能，因为法院在复核的过程中，将更多的司法资源分配给实体问题，司法的导向也是注重实体真实，而忽略法律适用统一。

（三）死刑复核程序改造是刑事审级制度改革的突破口

在面对刑事冤假错案的巨大负面效应时，除反思过往以侦查为中心的刑事诉讼构造及审判权运行的弊端之外，刑事审级制度也因其未能担负起辩冤纠错的功能而备受异议。为防范刑事司法错误，各国制定了完善的诉讼程序规则，并设计了繁杂的审级制度，力图通过对案件的反复审判实现最高程度的司法公正。无论是英美法系还是大陆法系，无论对刑事审级制度的功能定位如何，刑事审级制度在实现司法公正、保护被告人权利方面均被寄予厚望。因此，在我国当下的刑事司法改革背景下，刑事审级制度的完善是一个不可回避的话题。考察我国的刑事审级制度，尽管刑事诉讼构造不断完善，法官司法素质不断提升，刑事辩护率不断提高，随着以审判为中心的刑事诉讼制度改革和庭审实质化的推进，我国的刑事一审裁判质量整体有所提高，刑事上诉率日趋下降；但是近年来，刑事冤假错案的客观存在，使我们一方面依赖上诉、再审等审级救济机制实现司法纠错的功能，另一方面认识到我国的刑事审级救济制度还存在一定的弊端。针对这一现状，我们必须思考刑事审级制度的改革和完善。

死刑案件因其自身的特殊性，是民众最为关注、最能感受司法公正的领域，也是最容易注重司法冤案的领域，死刑案件的错判极易引发民众对司法的不信任，导致司法公信力下降，同时，也给被告人及其家属带来难以弥补的伤害。不同于普通刑事案件，为保障死刑判决的正确性，我国在两审终审制之外专门设置了死刑复核程序，这一特殊救济程序是为了增强死刑案件裁判的审慎性，贯彻"少杀、慎杀"的死刑司法政策。立法者试图通过死刑复核程序实现司法救济的法治效果。在面临刑事司法困境时，死刑复核程序是刑事审级制度改革的突破口。我国死刑案件的核准权由最高人民法院收回后，经过多年的运行，最高人民法院在制度运行上已经较为成熟，这时对死刑案件进行三审终审改造，并不会给最高人民法院的审判工作带来压力。

死刑复核程序在刑事审级制度中的地位极其特殊，是两审终审之后的又一程序，虽然从我国目前的立法难以界定其独立审级地位，也不能认定复核程序为三审程序，因为我国的死刑复核程序并非通过诉权启动，而是以行政化的方式启动。但近年来，随着《刑事诉讼法》的修正以及相关诉讼措施的推行，死刑复核程序逐步依诉讼化的路径改造，如合议庭全面阅卷、提讯被告人、听取辩护人的意见等措施，都表明这与纯粹行政化的书面审核不同，蕴含了基本的控辩对质原理，加大了控辩双方的程序参与度，特别是辩方的程序参与权得到了一定的加强。此种趋势表明，我国在刑事审级制度进行三审终审制改革条件不成熟的情况下，可以以死刑案件的救济程序为契机，对死刑复核程序进行彻底的诉讼化改造，对死刑案件实行三审终审，为将来刑事三审终审制的构建提供经验，伴随刑事司法制度及司法环境的完善，逐步推进刑事审级制度的改革。

## 二　死刑案件三审终审之制度设计

对于死刑复核程序的完善，学者们基于不同的目标设计，提出了截然不同的改革方向。一些学者认为，应当废除死刑复核程序，用死刑案件的"三审"程序取而代之，或直接将死刑复核程序改造为死刑案件的三审。① 另一些学者认为，三审的改动涉及我国根本的审级制度，应当慎重行事；从客观实际出发，可以在保留死刑复核程序的前提下对其进行程序优化。② 笔者以为，由于死刑案件的特殊性，为保证死刑案件事实认定的正确性及法律适用的合法性，保障当事人的利益，以及保障人权，我国的死刑案件的救济机制与普通刑事案件的救济机制存在着一些不同，最主要的是死刑案件实质上实行三审终审，死刑复核程序构成了实质上的三审。但由于立法并未对死刑复核程序进行明确的审级定位，死刑复核程序在制度设计上及司法实践中均依行政化的方式运行。当前死刑复核程序全面审查、兼顾事实和法律的做法有违现代司法活动规律，也与最高人民法院保证法律统一适用、创设规则、指导司法的职能背道而驰，因此，应当对其进行三审终审制再造。具体思路和方案如下。

（一）死刑案件的上诉启动方式

根据《刑事诉讼法》的规定，现行死刑复核程序下，对于一审判处死刑的案件，被告人不上诉的，并不一定启动二审程序，而是由高级人民法院复核后直接报请最高人民法院核准，即在被告人不上诉的情形下，死刑案件不会进行第二次复审。死刑案件的二审不是必经程序，实行不告不理；而死刑复核则是强制性复核。在死刑案件三审终审制下，死刑案件当事人享有两次上诉权或抗诉权。两审终审制下，普通的刑事案件当事人只享有一次上诉权，上诉遵循不告不理原则，由当事人自由决定是否行使上诉权；且在上诉条件设置方面，我国采用的是权利性上诉，即不设置上诉实质条件，不要求阐明上诉事由。但由于死刑案件的特殊性，其上诉程序启动应当与普通刑事案件不同，在对死刑复核程序

---

① 参见李化祥《中国审级制度发展的路径》，《甘肃社会科学》2011年第5期，第185页；汪建成《冲突与平衡——刑事程序理论的新视角》，北京大学出版社，2006，第273~275页。

② 参见马松建《死刑司法控制研究》，法律出版社，2006，第215页；杨正万《死刑的程序限制》，中国人民公安大学出版社，2008，第106页；朱立恒《刑事审级制度研究》，法律出版社，2008，第22、30~31页。

进行三审制改造后，死刑案件的上诉审程序启动方式亦应当予以调整，具体如下。

**1. 死刑案件二审程序的启动方式**

考虑死刑案件的特殊性，为贯彻"少杀、慎杀"的刑事政策，切实保障死刑案件裁判的正确性，死刑二审案件实行强制性上诉制度。1984 年联合国《关于保护面对死刑的人权利的保障措施》第 6 条就明确规定，任何被判死刑的人均有权向较高级别的法院上诉，并应采取措施确保这些上诉被受理。这即是关于死刑案件的强制性上诉规定，即凡是一审法院裁判被告人死刑的案件，若被告人上诉或公诉机关抗诉，则当然引起二审程序的启动；在被告人未上诉或者公诉人未抗诉的情形下，上一级法院也必须启动二审程序。我国现行《刑事诉讼法》规定死刑案件的二审程序依上诉或抗诉启动，即为权利性上诉，如果上诉人未上诉或公诉机关未抗诉，则裁判生效，死刑案件直接进入复核程序，这虽然在程序上体现了"不告不理"的司法权被动性特征，但是不利于对死刑案件被告人权利的保护。一是因为最高人民法院离死刑案件距离更远、时间更久，发现裁判错误的可能性小；二是死刑复核程序在我国呈现出极强的行政化特征，诉讼当事人程序参与权保障不够，被告人难以进行有效辩护；三是减少二审监督这一环节，使死刑案件的审级监督压力逐级上行，增加了最高人民法院的审判压力和政治风险。因此，无论是从谨慎对待死刑案件，还是从司法公正的角度来看，死刑案件二审的强制性启动都是必需的。

**2. 死刑案件三审程序的启动方式**

对于二审法院经过上诉审理后仍然维持死刑判决的案件，其三审程序可以实行权利性上诉。二审的强制性启动是为了确保死刑案件裁判的正确性，保障定罪量刑的准确性，防止错判错杀，贯彻"少杀、慎杀"的刑事政策和立法精神。对死刑案件三审程序的启动则可以采取权利性上诉，即当事人不满二审裁判的，可依诉权提起上诉。其理由如下。一是死刑案件通过一审和二审两级法院的审理，事实认定和法律适用问题依正常的逻辑推理，理应在裁判质量上有所保障。特别是在我国目前以审判为中心的刑事诉讼制度改革背景下，庭审实质化的加强、司法责任制度的推行以及刑事辩护权的落实等都在一定程度上保障了死刑案件裁判的正确性、正当性。在此前提下，在获得律师有效辩护的情况下，被告人对二审裁判无异议，即表明被告人对裁判的接受。二是死刑案件的三审管辖权由最高人民法院承担，如果死刑案件三审也实行强制性上诉，则会给最高人民法院带来巨大的审判压力。死刑案件的阅卷、讯问被告人、调查等给最高人民法院带来人力、物力、财力上的巨大压力，审理者难以负担。

（二）死刑案件的上诉审理范围

根据现行法的规定，我国的死刑复核程序实行复审制，对事实问题和法律问题均进行审查。从域外国家的立法情况看，大陆法系的三审以及英美法系的二审均实行法律审，即事后审查制，最高法院的审级职权通常限于对法律问题的审查，而不关注事实问题。理论上我国死刑复核程序在案件经过两级法院审理后，也应当将审判的重点置于法律适用问题上。但制度的变革需要契合现实状况，死刑的冤假错误比普通刑事案件的冤假错误产生的负面影响更为严重，即使在西方坚持法律审的国家，关于死刑的上诉审也强调对事实问题的重视。结合我国刑事审判质量的现实情况以及民众的观念，笔者认为死刑复核程序在当下不可能完全脱离对事实问题的复审而仅仅关注法律问题。因此，笔者主张，死刑案件二审、三审的审理对象依然应当是事实问题与法律问题，但应限于上诉人或检察机关上诉或抗诉请求的范围，重点审查上诉人或抗诉人主张的事实问题部分，并充分关注与法律适用问题相关联的主要事实以及事实之间的逻辑联系。

（三）死刑案件的上诉审理方式

死刑案件的二审对于法定上诉人提起上诉或者检察机关提起抗诉的案件，采用开庭审理的方式；对于强制上诉案件，采用不开庭审理的方式。死刑案件的三审则应采用以书面审理为主的方式。与普通刑事案件的上诉程序审理方式的完善原理相同，死刑案件的上诉审理也应当采用开庭审理的方式，保障辩方对庭审活动的参与权利。但是在追求程序正当性的同时也不能忽视审判的压力和司法资源的有限性，死刑案件的三审如果一律强调开庭审理，则最高人民法院的审判压力较大。与其强调所有案件的程序正当，引发实践中法官对程序的规避和形式化，不如从实际出发，对死刑三审案件进行分流，通过对不同诉求的死刑三审案件的分流，既保障死刑三审程序的正当性又确保死刑三审程序的落实。具体来说，可根据上诉诉求的内容，对于事实争议较大，上诉人对法院认定的事实表示不服，需要以完整的庭审活动来确保事实认定正确性的，保障辩护人到场和参与庭审、发表辩护意见的权利，在可能的情况下，可以传唤证人、审查新证据。而对事实认定没有争议，仅对法律适用问题有异议的，则在询问的基础上保障辩护人发表辩护意见的权利即可，庭审方式既可以采用开庭审理的模式，也可以发挥现代科技的作用，通过各种方式进行。

## 第五节　刑事再审程序之规范

### 一　刑事再审程序的合理性

作为刑事救济机制的重要一环，刑事审判监督程序是研究刑事审级制度时不可回避的问题之一，现行刑事审级制度的现状，正是在两审终审制、死刑复核制及刑事审判监督程序的合力之下形成的局面。其中任一制度的缺陷和实践变异都会影响其他制度目标的实现，只有配套改革，才能实现刑事制度的整体发展。无论是实行两审终审制的国家，还是实行三审终审制的国家，都设立了刑事救济的最后一道防线——再审，这是符合刑事诉讼基本规律的，刑事诉讼程序作为不完善的程序正义，是建立在一个基本的常识上的，即刑事案件的审理查明是一个回溯性的证明活动，基于人类认识能力的有限性，无论刑事诉讼程序设计得多么完美，我们都难以肯定事实真相被发现，或者说我们得到的事实是客观真实。在这一逻辑主题下，错案即不可避免，救济制度就成为必要。即使面对生效的裁判，如果有立法上需要纠正的错误，我们也需要启动程序予以纠正。但这一对事实真相查明的追求又与另一司法规律即既判力相冲突。刑事诉讼的原生目标不可否认的应当是案件事实的查明，可查明不能是无结论的或者无休止的，在穷尽诉讼程序之后，对于案件我们必须给出一个结论，这一称为裁判的结论应当是能够体现司法权威、稳定社会关系的。这即是既判力的最大作用——追求法的安定性和权威性。因此在维护既判力和纠错之间，刑事再审制度的设计面临一个两难选择，西方国家普遍以既判力的维护为根本，兼顾纠错，即在刑事诉讼中设计再审制度，但是严格规定再审制度的运行，将其作为权利救济的最后一道防线，其威慑意义远远高于运用价值。对经济、社会、法治转型期的中国来说，无论是直面传统中国社会对真相发现的无比重视和执着，还是保障刑事司法的稳定性以及满足权利救济的迫切需要，抑或考虑中国刑事案件裁判的质量，再审制度都是必不可少的制度，即使将来实行三审终审制也是如此。那么制度改革的方向非常明确，维持并完善是可选择的路径。

## 二 刑事再审程序的完善

现行的刑事审判监督程序行政化色彩浓厚、启动主体复杂多样以及其他程序运行问题，导致刑事审判监督程序之启动存在问题，一些申诉而又不能进入再审程序的案件，会威胁司法公信力。① 因此，在完善一

---

① 参见卞建林、桂梦美《启动刑事审判监督程序的困境与出路》，《法学》2016 年第 4 期，第 44~45 页。

审、二审以及刑事审级制度的基础上，应严格规范再审程序的运行，尊重生效裁判的既判力，使再审成为一个设而不用的威慑机制。再审制度作为特殊救济机制，须将其限制在"极端例外"情形之下，作为纠正重大裁判错误、维护司法公正的机制。

首先，厘清审判监督程序与上诉制度的关系。我国审级制度在法律层面存在一审、二审和审判监督程序定位不清、功能交叉等问题，这影响了各个审级功能的发挥和司法效率。[①] 刑事诉讼制度中，审判监督程序是审判监督制度的一个组成部分，应始终以审级监督为核心，充分发挥审级监督的纠错功能，而不是将纠错层层上移。对于审判监督程序，须谨慎适用，在刑事司法理念上，须树立既判力观念，对法院生效的裁判予以尊重，改变"有错必纠"的思路。即使在今天的中国，无论是执政者，还是社会大众，都对事实真相查明有强烈的要求，刑事司法仍然须通过提高审判质量，夯实一审事实审基础，以及发挥上诉审审级监督功能，使惩罚犯罪、个案公正在两审终审的审级制度内实现；须维护生效裁判的稳定性，维护司法权威。

其次，推动审判监督程序向再审制度转型。在我国，刑事审判监督程序是指"人民法院、人民检察院对已经发生法律效力的判决或裁定，因发现在认定事实上或者在适用法律上确有错误，而依法提起并对案件进行重新审判的程序"[②]。在理论研究及司法实践中，其通常又被称为刑事非常救济程序、刑事再审程序等。但实际上，我国的审判监督程序仅仅是审判监督的一种表现形式，与诉权行使无关，审判监督权的启动体现了较强烈的行政化色彩，由上级法院或检察院启动，通过非诉讼途径对下级法院的生效裁判进行监督。因此，应当从用语及理念层面进行

---

① 参见卞建林、桂梦美《启动刑事审判监督程序的困境与出路》，《法学》2016 年第 4 期，第 45 页。

② 陈光中主编《刑事诉讼法》（第四版），北京大学出版社、高等教育出版社，2015，第 387 页。

完善，构建以当事人的诉权行使为核心的再审监督程序。

最后，完善再审规则体系。这须从提起主体、事由、管辖、审理程序、裁判等角度展开，择要者论之。一是提起主体层面，与西方国家再审制度作为纠错救济机制不同，审判监督程序中"监督"一词的运用决定了其程序功能不仅是纠错，而更多的是监督，也决定了再审程序提起主体的复杂性。因此，现行《刑事诉讼法》规定法院、检察院以及当事人均可启动再审。启动主体的复杂化导致审判监督程序中监督权行使的微观、个案化，须限制法院启动再审的权力，确保法官作为裁判者的被动性和中立性，上级法院对下级法院的裁判监督权的行使须以诉权行使为前提，须符合司法规律的要求；规范检察机关提起抗诉的权力；强化当事人申诉权，并直接赋予当事人申请再审的诉权。二是程序规则层面，须进一步明确再审的事由、再审管辖法院、再审申请的期限以及再审案件的裁判。在再审制度中，应当确立禁止双重危险原则，这是世界大多数国家通行的准则，并为国际公约所规定。应明确规定对有利于被告人的再审案件，再审法院不得作出不利于被告人的裁判。该原则有利于防止上级法院恣意改变下级法院裁判，维护审判独立，防止司法专横。

## 三　刑事再审与涉诉信访的衔接与分离

为确保司法的正当性和正确性，法院裁判的救济机制主要通过刑事审级制度来构建。无论一国的审级制度如何设计，均遵循基本的诉讼规律，即司法纠错与司法终局之间的协调。生效裁判应当具有既判力，其法律权威不容置疑，这是司法终局性的应有之义。但是基于权利保护及司法公正的需求，在维护程序正当性和法安定性的基础上，各国均设置特殊程序，牺牲裁判的稳定性和终局性，对重大的刑事错案予以救济，并严格规定其适用程序，各国设置的特殊程序主要是再审制度。我国也设置了刑事审判监督机制，以对生效裁判进行纠错，其程序启动的重要方式之一是当事人的申诉。但与部分域外立法不同，对生效裁判的救济除了诉讼内的再审机制之外，我国还有另一条诉讼外的救济机制，即对生效裁判不服的涉诉信访。从我国现阶段对刑事错案或对刑事被告人的救济方式来看，在诉讼法领域设置了较为完善的审级救济机制，但不可否认的是，涉诉信访是不能忽略的重要救济机制。因此，在致力于刑事再审制度的改造过程中，实现诉访分离的法律化、程序化是必须面对的议题。

（一）涉诉信访与刑事再审程序的冲突

涉诉信访主要指民众针对法院就具体案件的立案、审判或执行等环节的行为或结果表示不满，通过各种渠道进行的来信来访行为，与传统的行政信访一并构成我国信访的主要内容。实践中，涉诉信访行为又可具体分为三种。一是立案涉诉信访。这类信访主要是法院对当事人的起诉请求不予回应、拒绝立案而导致的，此类型刑事涉诉信访较少。二是诉讼中的涉诉信访。在诉讼过程中，当事人对法院的审判行为有异议，而涉诉信访。三是当事人对法院已生效的裁判表示不满，通过信访请求予以救济。以上涉诉信访的类型与刑事审判监督程序相关的主要是第三种，即对生效裁判的信访。涉诉信访与再审制度作为两种对生效裁判进行救济的路径，一种属于诉讼内救济机制，另一种属于诉讼外救济机制，即我国生效裁判的救济形成了再审与涉诉信访的"双轨制"局面，两者关系的处理和协调直接关系到两种制度运行的实效及救济效果的优劣。

对生效裁判进行救济的涉诉信访，从严格意义上来说是不应当提倡的。这是因为在现代法治国家，审级制度已经为诉讼主体提供了完整的权利救济机制，各国不仅设置了"几审终审"制度，还建立了专门的刑事再审程序。那么，诉讼程序之外再设置生效裁判的救济机制，与司法规律不相符合。司法是纠纷解决的最后一道防线，司法权的首要功能即是定分止争，如果容许对生效裁判的诉讼外救济机制存在，会弱化司法的权威性，导致司法不终的局面产生，影响司法公信力。因此，制度上我们提倡纠纷主体通过诉讼内的程序实现权利救济。但受我国"冤情直诉"法律传统的影响，我国的刑事诉讼当事人放弃常规的诉讼程序，转而寻求权力机关关注已然成为惯习，这不仅有着深厚的历史底蕴，而且是民众乐于采用的权利救济机制。而且在当前我国法治建设过程中，由于刑事审级制度及司法制度整体存在的诸多方面困境，对生效裁判的司法救济不足，刑事冤假错案客观存在，社会矛盾和利益冲突加剧，民众对司法的不满日益加深，司法公信力出现危机，涉诉信访制度在一定程度上反而具有重要的现实意义，成为民众发泄不满、纠正冤假错案的一个有力途径。当然，即使对涉诉信访缓解社会矛盾、保障权利救济的功能予以认可，不可否认的是，涉诉信访制度仍然是与我国现代法治建设相背离的，是不符合现代法治要义的。涉诉信访在纠正生效裁判错误的过程中与刑事再审制度存在一定的冲突，主要表现如下。

首先，我国目前的刑事再审程序与涉诉信访之间存在着程序交叉的情况，生效裁判的救济呈现出"双轨制"。这种"双轨制"并没有因为救济路径的增加而强化权利救济的程序，而是在实务中相互影响、互相渗透。

其次，法院承担处理涉诉信访的职责不合理。我国法院内部一直设有处理信访问题的机构，多年来一直负责处理相当多的信访案件。但仔细反思法院处理涉诉信访案件，这实质上与法院的司法职能不符。法院作为司法权的享有者，依诉权的行使启动审判程序，司法具有被动性、中立性、程序性等特征，但信访基于当事人的民主监督权，其运行遵循政治权利运行规律。两者之间存在着极大的不同。依既判力原则，针对生效的裁判，法院应当维护司法的权威性和终局性，不得随意启动审判程序。

最后，检察监督与涉诉信访监督分离并存。我国检察机关是法律监督机关，对法院的司法裁判行为享有监督权，因此，针对错误裁判，检察机关可以提起抗诉，启动刑事再审程序。涉诉信访是当事人行使民主监督权的活动，但对于此种监督权究竟应如何行使，行使的对象应当指向谁，如何行使更有力，在我国并没有明确清晰的制度规定，我国的信访制度一直存在着处理主体多元化的情况。那么针对生效裁判的涉诉信访，目前的规定是实行诉访分离，依信访人的申请，分别导向法院或者检察院，根据《中央政法委关于建立涉法涉诉信访事项导入法律程序工作机制的意见》的规定，要实行诉访分离，将诉类事项导入法律程序办理，若当事人对人民法院生效判决、裁定、决定及调解书不服，请求检察机关进行法律监督，对于依法属于检察机关管辖的，检察机关应当受理。如果涉诉信访导向检察机关，则出现涉诉信访监督与检察监督重合的问题。

当然，自实行诉访分离以来，我国的司法实践在处理涉诉信访事件时，仍然存在信访问题进入司法程序不顺、法律程序空转、流出不畅等突出问题。这都在一定程度上影响了诉访分离的效果。

（二）诉访分离的法律化、程序化

无论如何强调司法正确性与司法合法性必须通过正当的诉讼程序来获得，都不能否认信访制度在纠正错误裁判及平息民众对诉讼的不满甚至获得最终正义方面的重要性。面对当下我国涉诉信访存在的诸多问题，既然不能完全取消涉诉信访，那么解决问题的路径就只能是改革现行的涉诉信访制度，理顺涉诉信访与再审制度的关系，引导涉诉信访迈入法律化、程序化的轨道。最新一轮司法改革提出，坚持诉访分离，强调程序的正当性，要求涉诉信访问题严格依程序解决，将涉诉信访纳入法治化轨道，实现诉访分离的法律化、程序化。

1. 确立"司法最终救济"观念

在处理再审与涉诉信访的关系时，必须认清针对生效裁判的涉诉信访始终只能是补充性的救济路径。虽然理论上认为，涉诉信访是民众行使对司法的公民监督权，但公民监督权的行使体现在个案中，国家已针对个案设置了健全的审判机制，通常认为诉权的行使已经体现并能够实现对公民权利的保护，在个案正义的维护过程中，民众首先应当选择以诉权的方式监督审判权，进行权利救济。涉诉信访的功能目标主要在于对实体正义的追求，源于对司法错误的不能忍受，但实际上司法错误亦需通过法律程序来认定，司法承担纠纷的最终解决之功能。再完善的刑事审级制度，也不可能完全避免错案的发生，审级设置须有限度，诉讼外的救济程序也应当有所限制，司法应当是终局性的。无论涉诉信访制度怎样符合我国的现实需求，具有多么坚实的历史基础，在我国迈向法治化的语境下，涉诉信访都始终与法治的基本目标相背离，也极大地冲击了我国的刑事审级制度。因此，我们应当培养民众及其他权力机关"司法最终救济"的观念，在进一步推动司法制度完善的前提下，逐步削弱民众对传统信访制度的依赖，弱化涉诉信访的权利救济功能，使权利救济在刑事审级制度领域内实现，完成刑事审级制度的现代化转型。

2. 构建诉访分离的新格局

诉访分离是当下中国解决涉诉信访问题的共识，但对于如何分离，研究者的观点并不一致。国内已有学者意识到短期内分离的困难。[1] 有学者认为，诉访分离是指将信访案件中的涉诉信访事项与普通信访事项分开处理的程序。[2] 也有学者认为，诉访分离就是申诉（诉）与信访（访）的分离。[3]《中共中央办公厅、国务院办公厅关于依法处理涉法涉诉信访问题的意见》提出通过信访启动法律程序的工作方式，以及把解决涉法涉诉信访问题纳入法治轨道的总体思路。《中央政法委关于建立涉法涉诉信访事项导入法律程序工作机制的意见》进一步强调，准确区分诉与访，符合法律法规规定并且可通过司法程序或相关法定救济

---

① 参见王亚新《"再审之诉"的再辨析》，《法商研究》2006 年第 4 期，第 15 页；潘庆林《再审程序诉访分离实证研究——以一个高院和两个中院为对象》，《法学杂志》2011 年第 6 期，第 113 页。

② 参见谢家银、陈发桂《诉访分离：涉诉信访依法终结的理念基础与行动策略》，《中共天津市委党校学报》2014 年第 6 期，第 96 页。

③ 参见潘庆林《再审程序诉访分离实证研究——以一个高院和两个中院为对象》，《法学杂志》2011 年第 6 期，第 111 页。

途径解决的，作为诉类事项办理。笔者认为，应当在区分涉诉信访与普通信访的基础上，明确涉诉信访与申诉再审之间的分离关系，即严格区分"诉"与"访"，正确处理申诉与信访，进行正确的归置分类，厘清涉诉信访导入诉讼程序的路径，科学处理涉诉信访与诉讼程序之间的关系。具体如下。

其一，诉权与信访监督权分离，坚持涉诉信访救济的补充性原则。当事人对于生效裁判不服，认为有错误的，首先行使诉权进行救济，即根据《刑事诉讼法》的规定，当事人若能够利用审判监督程序维护权利，则应当提出申诉，行使诉权，通过诉讼程序的运行解决裁判错误的问题，而不能信访不信法，甚至以访压法，对于未能在诉讼程序内穷尽救济途径而提出涉诉信访的，其涉诉信访应当不予受理审查；对于已经穷尽诉讼救济手段的涉诉信访，导入司法机关进行审查，符合再审条件的，启动再审程序予以救济。

其二，将涉诉信访从法院分离出去。法院的核心职能是审判，对生效裁判的涉诉信访作为一种政治权利，其运行规律完全不同。法院启动刑事再审程序应当以诉权行使为基点，对于已生效的裁判，法院应当尊重裁判的既判力，主动维护生效裁判的稳定性、权威性。因此，对于未穷尽法律救济程序的涉诉信访，根据《中央政法委关于建立涉法涉诉信访事项导入法律程序工作机制的意见》的规定，要实行诉访分离，将诉类事项导入法律程序办理，若当事人对人民法院生效判决、裁定、决定及调解书等不服，向人民法院提出申诉，对于符合法定受理条件的，人民法院应当依法受理。其目的应当是将涉诉信访案件引入诉讼程序，使涉诉信访法治化。对于已经穷尽法律救济程序的涉诉信访，应当将其从法院分离出去，即使为救济权利考虑，法院不处理涉诉信访案件也不会影响当事人权利救济的实现，针对涉诉信访案件，可以启动其他路径导入诉讼程序。当然，在目前法院仍然是启动再审程序的主体之一的情形下，涉诉信访导入法院处理还有制度的可行性，随着刑事再审制度回归司法规律运行的轨道，涉诉信访应当全部从法院分离出去。

其三，使检察监督与涉诉信访程序统一。诉访分离的一个重要问题是如何将涉诉信访的诉求合理地导入诉讼程序，使之程序化、法律化。涉诉信访在我国有深厚的历史传承和实践需求，现行审级制度救济机制的不完善也强化了对涉诉信访的依赖。因此，需要畅通涉诉信访进入法律程序的通道。无论是公民的民主监督权，还是检察机关的诉讼监督权，其指向的对象都是已生效的裁判。即使涉诉信访基于公民的民主监督权而具有正当性，在法治的理念下，生效裁判的救济也理应由诉讼程序内的救济机制实现。涉诉信访作为诉讼外的救济机制，其本身的程序定位模糊不清，容易导致权力的非规范化运作。可以将其与检察机关的审判监督权整合，使两种不同性质的监督产生合力发挥作用，化解社会纠纷，通过检察监督机制平息无休止的缠访，实现涉诉信访的终结效果。

其四，完善涉诉信访终结制度。如果当事人不服政法机关生效法律结论，其救济权利已经充分行使、放弃行使或者已经丧失，反映的问题已经依法律按政策公正处理，仍反复申诉控告、缠访缠诉，除法律规定的情形以外，政法机关可依法作出终结结论，对该信访事项不再启动复查程序。[①] 实现涉诉信访依法终结，将涉诉信访纳入法治化、程序化轨道。将涉诉信访纳入法治化轨道后，通过诉讼程序处理的涉诉信访案件应当尊重裁判的终局性，其他任何途径、任何权力机关或个人非依法定程序都不得再次启动对该案件的审查。

综上所述，诉访分离不仅可以将传统信访救济途径纳入法治化的轨道之中，而且有利于与刑事审级救济制度形成合力，共同致力于刑事司法错误的救济。

---

① 参见《中央政法委关于健全涉法涉诉信访依法终结制度的意见》。

# 结　语

目前我国司法改革乃至政治体制改革对审判权运行及刑事审级的合理构建提出了新的要求。刑事审级制度的完善涉及司法改革诸多方面的问题。司法去地方化与司法去行政化成为一体两面的问题，并不能同时实现，以加强司法行政垂直管理的模式防止司法地方化的改革，可能引发更为严重的法院体系内的司法行政化，这可能使中国刑事司法中本来羸弱的审级独立更难以维持。刑事司法实践中广泛存在的非正式制度，如请示制度等非一时改革能够解决，直接影响审级制度功能的实现。在刑事审级制度领域，上级法院审判监督权与司法行政管理权之间的交织，上下级法院职权配置同质，刑事审级功能定位单一，刑事审级职能同构，两审终审制度运行异化，审判监督程序导致"终审不终"等问题，使厘清刑事审级关系、规范刑事审级程序运行变得十分关键。基于此，自20世纪80年代推动司法改革以来，审级关系的调整及审级职能定位等问题就成为历次司法改革的重要内容。1999年，最高人民法院发布的《人民法院五年改革纲要》明确提出，建立有效的内部制约机制，严格审判监督制度，加强上级人民法院对下级人民法院审判监督的权威性、准确性、有效性。党的十八届四中全会则明确提出，"完善审级制度，一审重在解决事实认定和法律适用，二审重在解决事实法律争议、实现二审终审，再审重在解决依法纠错、维护裁判权威"①，这对

---

① 《十八大以来重要文献选编》（中），中央文献出版社，2016，第169页。

我国刑事审级制度的完善提出了新要求。

刑事审级制度作为刑事司法制度中的微观制度，与司法权在国家权力中的定位、刑事司法职权配置、刑事诉讼构造密不可分，其制度变革"一发不可牵，牵之动全身"。与所有诉讼制度的改革相同，刑事审级制度的改革在借鉴国外成熟经验的同时必须立足于我国的现实国情，并深入论证制度构建在现行司法环境下的可行性，充分评估制度运行的实践效果，须在对理论及实践进行严密理性考量的基础上提出制度改革建议。任何匆忙、单一、理想的改革建议或者全盘移植思路都对我国刑事审级制度的最终完善、刑事司法公正的实现毫无裨益。刑事审级制度的变革必须在司法改革的宏大背景下寻找突破口，并从以审判为中心的刑事诉讼制度改革中汲取变革力量。我们必须重视的是，刑事审级制度的改革不可能独立于刑事诉讼制度之外展开，尤为重要的是，我们必须意识到，审级制度镶嵌于整个刑事司法制度之中，这决定了刑事审级制度的改革不是一蹴而就的，其制度完善路径应当是渐进式、分阶段式的，是伴随着司法制度的完善逐步推进的。

本书从静态的审级制度构造与动态的审级制度运行角度切入分析刑事审级制度仅仅是一个尝试，笔者的意图在于从一个刑事司法制度的角度寻找理解当下中国刑事司法实践的另一种面向，探索解决问题的其他节点。虽然审级制度本身蕴含于刑事司法制度之中，以上诉制度、死刑复核制度及再审制度局部呈现，但其制度运行却关联着上下级法院关系、审判权运行机制、司法环境等在中国司法改革中不能被忽视的牵扯面甚广的问题。刑事审级制度的变革牵一发而动全身，不仅涉及刑事诉讼程序规范调整，更需要司法体制改革配套措施的跟进，与国家司法资源配置相关联，改革的困难显而易见。但我国刑事审级制仍然存在制度改良及技术完善的空间。因此，笔者以为，当下我们应该以尊重我国基本国情为基本立场，立足于我国当前的司法实践，以国家的法治化发展为基本遵循，寻找一种改革成本较低而且具有可行性的制度完善路径，以完善我国的刑事审级制度。将以审判为中心的刑事诉讼制度改革作为契机，以刑事程序分流为基点，在当下的刑事司法运行的大环境下，选择相对保守但也略有创意的刑事审级制度完善路径，即以法院职能分工和审级构造的完善为前提，优化现行两审终审制的运行机制，探索刑事速裁案件的一审终结制度植入，推进死刑复核程序的三审制再造，完善再审程序并实现诉访分离的法律化、程序化。在刑事司法制度改革不断深入以及司法环境整体完善的将来，可以预期刑事审级制度的三审终审制重构。

# 参考文献

中文著作类

[1] 北京市第一中级人民法院、北京市人民检察院第一分院编《刑事二审程序深度研讨》，法律出版社，2012。

[2] 卞建林、刘玫：《外国刑事诉讼法》，人民法院出版社、中国社会科学出版社，2002。

[3] 卞建林：《刑事诉讼的现代化》，中国法制出版社，2003。

[4] 卞建林等：《中国司法制度基础理论研究》，中国人民公安大学出版社，2013。

[5] 蔡定剑：《监督与司法公正——研究与案例报告》，法律出版社，2005。

[6] 陈光中、徐益初等：《外国刑事诉讼程序比较研究》，法律出版社，1988。

[7] 陈光中主编《刑事诉讼法实施问题研究》，中国法制出版社，2000。

[8] 陈光中主编《21世纪域外刑事诉讼立法最新发展》，中国政法大学出版社，2004。

[9] 陈光中主编《中国司法制度的基础理论专题研究》，北京大学出版

社，2005。

[10] 陈光中主编《中国刑事二审程序改革之研究》，北京大学出版社，2011。

[11] 陈光中主编《刑事诉讼法》（第四版），北京大学出版社、高等教育出版社，2012。

[12] 陈桂明：《诉讼公正与程序保障——民事诉讼程序之优化》，中国法制出版社，1996。

[13] 陈杭平：《统一的正义：美国联邦上诉审及其启示》，中国法制出版社，2015。

[14] 陈瑞华：《刑事诉讼的前沿问题》（第五版上下册），中国人民大学出版社，2016。

[15] 陈瑞华：《程序性制裁理论》（第三版），中国法制出版社，2017。

[16] 程维荣：《中国审判制度史》，上海教育出版社，2001。

[17] 陈心歌：《中国刑事二审程序问题研究》，中国政法大学出版社，2013。

[18] 程竹汝：《依法治国与深化司法体制改革》，上海人民出版社，2014。

[19] 杜豫苏：《上下级法院审判业务关系研究》，北京大学出版社，2105。

[20] 顾永忠：《刑事上诉程序研究》，中国人民公安大学出版社，2003。

[21] 公丕祥：《当代中国的司法改革》，法律出版社，2012。

[22] 韩德明：《司法现代化及其超越》，人民出版社，2011。

[23] 何家弘主编《中外司法体制研究》，中国检察出版社，2004。

[24] 付磊：《刑事司法科层制之反思》，中国政法大学出版社，2016。

[25] 侯猛：《中国最高人民法院研究——以司法的影响力切入》，法律出版社，2007。

[26] 何勤华主编《20 世纪外国司法制度的变革》，法律出版社，2003。

[27] 贺卫方：《司法的理念与制度》，中国政法大学出版社，1998。

[28] 胡夏冰：《司法权：性质与构成的分析》，人民法院出版社，2003。

[29] 怀效锋主编《法院与法官》，法律出版社，2006。

[30] 傅郁林：《民事司法制度的功能与结构》，北京大学出版社，2007。

[31] 胡玉鸿：《司法公正的理论根基——经典作家的分析视角》，社会科学文献出版社，2006。

[32] 胡献旁：《刑事诉讼二审程序研究》，知识产权出版社，2015。

[33] 季卫东：《法治秩序的建构》，中国政法大学出版社，1999。

[34] 季卫东：《法律程序的意义》，中国法制出版社，2004。

[35] 李心鉴：《刑事诉讼构造论》，中国政法大学出版社，1992。

[36] 林钰雄：《检察官论》，台北学林文化事业有限公司，1999。

[37] 林钰雄：《刑事诉讼法》（上下册），中国人民大学出版社，2005。

[38] 廖永安等：《民事诉讼监督制约机制研究——以法院诉讼行为为研究对象》，湘潭大学出版社，2011。

[39] 强世功：《法律的现代性剧场：哈特与富勒论战》，法律出版社，2006。

[40] 邱联恭：《司法之现代化与程序法》，三民书局，1995。

[41] 全亮：《法官惩戒制度比较研究》，法律出版社，2011。

[42] 宋英辉主编《刑事诉讼原理》，法律出版社，2007。

[43] 宋冰编《读本：美国与德国的司法制度及司法程序》，中国政法大学出版社，1999。

[44] 苏永钦：《司法改革的再改革》，台北月旦出版社股份有限公司，1998。

[45] 苏力：《制度是如何形成的》，北京大学出版社，2007。

［46］ 苏力：《送法下乡——中国基层司法制度研究》，中国政法大学出版社，2000。

［47］ 苏力：《法治及其本土资源》，中国政法大学出版社，2004。

［48］ 谭世贵等：《中国法官制度研究》，法律出版社，2009。

［49］ 谭世贵、梁三利：《法院管理模式研究》，法律出版社，2010。

［50］ 王超：《刑事上诉制度的功能与构造》，中国人民公安大学出版社，2008。

［51］ 王超：《刑事审级制度的多维视角》，法律出版社，2016。

［52］ 王利明：《司法改革研究》，法律出版社，2000。

［53］ 王盼、程政举等：《审判独立与司法公正》，中国人民公安大学出版社，2002。

［54］ 王人博、程燎原：《法治论》，广西师范大学出版社，2014。

［55］ 王人博：《法的中国性》，广西师范大学出版社，2014。

［56］ 王兆鹏：《美国刑事诉讼法》，北京大学出版社，2005。

［57］ 吴英姿：《法官角色与司法行为》，中国大百科全书出版社，2008。

［58］ 翁子明：《司法判决的生产方式——当代中国法官的制度激励与行为逻辑》，北京大学出版社，2009。

［59］ 汪习根主编《司法权论——当代中国司法权运行的目标模式、方法与技巧》，武汉大学出版社，2006。

［60］ 谢小剑：《公诉权制约制度研究》，法律出版社，2009。

［61］ 熊先觉：《中国司法制度新论》，中国法制出版社，1999。

［62］ 徐汉明：《转型社会的法律监督理念、制度与方法》（一、二、三、四），知识产权出版社，2012。

［63］ 肖扬主编《当代司法体制》，中国政法大学出版社，1998。

［64］ 姚莉：《反思与重构——中国法制现代化进程中的审判组织改革研究》，中国政法大学出版社，2005。

[65] 尤光付：《中外监督制度比较》，商务印书馆，2003。

[66] 尹丽华：《刑事上诉制度研究》，中国法制出版社，2006。

[67] 甄贞主编《刑事诉讼法修改与诉讼监督》（上下卷），法律出版社，2011。

[68] 最高人民法院研究室编《人民法院五年改革纲要》，人民法院出版社，2000。

[69] 左卫民、周长军：《刑事诉讼的理念》，法律出版社，1999。

[70] 左卫民主编《中国的司法制度》，中国政法大学出版社，2007。

[71] 张文显：《法哲学范畴研究》（修订版），中国政法大学出版社，2001。

[72] 张卫平等：《司法改革：分析与展开》，法律出版社，2003。

[73] 张永宏主编《组织社会学的新制度主义学派》，上海人民出版社，2007。

[74] 周道鸾主编《外国法院组织与法官制度》，人民法院出版社，2000。

[75] 朱立恒：《刑事审级制度研究》，法律出版社，2008。

中文译著类

[1] 〔美〕P.诺内特、P.塞尔兹尼克：《转变中的法律与社会：迈向回应型法》，张志铭译，中国政法大学出版社，2004。

[2] 〔美〕昂格尔：《现代社会中的法律》，吴玉章、周汉华译，译林出版社，2001。

[3] 〔美〕W.理查德·斯科特、杰拉尔德·F.戴维斯：《组织理论——理性、自然与开放系统的视角》，高俊山译，中国人民大学出版社，2011。

[4] 〔美〕阿蒂亚、萨默斯：《英美法中的形式与实质》，金敏、陈林林、王笑红译，中国政法大学出版社，2005。

[5] 〔美〕彼得·M.布劳、W.理查德·斯科特：《正规组织：一种比

较方法》，夏明忠译，东方出版社，2006。

[6] 〔美〕伯尔曼：《法律与宗教》，梁治平译，中国政法大学出版社，2003。

[7] 〔美〕保罗·米尔格罗姆、约翰·罗伯茨：《经济学、组织与管理》，费方域主译，经济科学出版社，2004。

[8] 〔美〕本杰明·卡多佐：《司法过程的性质》，苏力译，商务印书馆，1997。

[9] 〔美〕道格拉斯·C.诺斯：《制度、制度变迁与经济绩效》，刘守英译，上海三联书店，1994。

[10] 〔日〕谷口安平：《程序的正义与诉讼》，王亚新、刘荣军译，中国政法大学出版社，1996。

[11] 〔日〕松尾浩也：《日本刑事诉讼法》（下），张凌译，中国人民大学出版社，2005。

[12] 〔英〕哈特：《法律的概念》，张文显、郑成良、杜景义等译，中国大百科全书出版社，1996。

[13] 〔英〕弗里德利希·冯·哈耶克：《法律、立法与自由》（第一卷），邓正来、张守东、李静冰译，中国大百科全书出版社，2000。

[14] 〔美〕汉密尔顿、杰伊、麦迪逊：《联邦党人文集》，程逢如、在汉、舒逊译，商务印书馆，1980。

[15] 〔美〕亨利·J.亚伯拉罕：《司法的过程：美国、英国和法国法院评介》，泮伟江、宦盛奎、韩阳译，北京大学出版社，2009。

[16] 〔美〕加布里埃尔·A.阿尔蒙德、〔美〕小G.宾厄姆·鲍威尔：《比较政治学——体系、过程和政策》，曹沛霖、郑世平、公婷等译，上海译文出版社，1987。

[17] 〔德〕古斯塔夫·拉德布鲁赫：《法学导论》，米健、朱林译，中国大百科全书出版社，1997。

[18] 〔美〕卡尔·卢埃林：《普通法传统》，陈绪刚等译，中国政法大学出版社，2002。

[19] 〔美〕理查德·波斯纳：《法官如何思考》，苏力译，北京大学出版社，2009。

[20] 〔美〕理查德·波斯纳：《法理学问题》，苏力译，中国政法大学出版社，2002。

[21] 〔美〕理查德·波斯纳：《波斯纳法官司法反思录》，苏力译，北京大学出版社，2014。

[22] 〔美〕罗·庞德：《通过法律的社会控制　法律的任务》，沈宗灵、董世忠译，商务印书馆，1984。

[23] 〔美〕迈克尔·D. 贝勒斯：《程序正义——向个人的分配》，邓海平译，高等教育出版社，2005。

[24] 〔美〕迈克尔·D. 贝勒斯：《法律的原则》，张文显、宋金娜、朱卫国等译，中国大百科全书出版社，1996。

[25] 〔美〕米尔伊安·R. 达玛什卡：《司法和国家权力的多种面孔——比较视野中的法律程序》，郑戈译，中国政法大学出版社，2015。

[26] 〔意〕莫诺·卡佩莱蒂：《比较法视野中的司法程序》，徐昕、王奕译，清华大学出版社，2005。

[27] 〔法〕孟德斯鸠：《论法的精神》（上册），张雁深译，商务印书馆，1963。

[28] 〔英〕罗杰·科特威尔：《法律社会学导论》，潘大松、刘丽君、林燕婷等译，华夏出版社，1989。

[29] 〔美〕罗伯特·K. 默顿：《社会理论和社会结构》，唐少杰、齐心等译，译林出版社，2008。

[30] 〔英〕洛克：《政府论》（上篇），瞿菊农、叶启芳译，商务印书馆，1982。

[31]〔美〕约翰·罗尔斯:《正义论》,何怀宏、何包钢、廖申白译,中国社会科学出版社,1988。

[32]〔德〕马克斯·韦伯:《经济与社会》(第一卷),阎克文译,上海人民出版社,2010。

[33]〔美〕马丁·夏皮罗:《法院:比较法上和政治学上的分析》,张生、李彤译,中国政法大学出版社,2005。

[34]〔美〕戈登·塔洛克:《官僚体制的政治》,柏克、郑景胜译,商务印书馆,2012。

[35]〔日〕棚濑孝雄:《纠纷的解决与审判制度》,王亚新译,中国政法大学出版社,1994。

论文类

[1] 艾佳慧:《中国法院绩效考评制度研究——"同构性"和"双轨制"的逻辑及其问题》,《法制与社会发展》2008 年第 5 期。

[2] 陈光中、曾新华:《刑事诉讼法再修改视野下的二审程序改革》,《中国法学》2011 年第 5 期。

[3] 陈光中、龙宗智:《关于深入司法改革若干问题的思考》,《中国法学》2013 年第 4 期。

[4] 陈光中、步洋洋:《审判中心与相关诉讼制度改革初探》,《政法论坛》2015 年第 3 期。

[5] 陈光中、魏晓娜:《论我国司法体制的现代化改革》,《中国法学》2015 年第 1 期。

[6] 陈瑞华:《对两审终审制的反思——从刑事诉讼角度的分析》,《法学》1999 年第 12 期。

[7] 陈瑞华:《从"流水作业"走向"以裁判为中心"——对中国刑事司法改革的一种思考》,《法学》2000 年第 3 期。

[8] 陈瑞华:《司法权的性质——以刑事司法为范例的分析》,《法学研究》2000 年第 5 期。

[9] 陈瑞华：《案卷笔录中心主义——对中国刑事审判方式的重新考察》，《法学研究》2006 年第 4 期。

[10] 陈瑞华：《刑事程序失灵问题的初步研究》，《中国法学》2007 年第 6 期。

[11] 陈瑞华：《司法裁判的行政决策模式——对中国法院"司法行政化"现象的重新考察》，《吉林大学社会科学学报》2008 年第 4 期。

[12] 陈瑞华：《论彻底的事实审：重构我国刑事第一审程序的一种理论思路》，《中外法学》2013 年第 3 期。

[13] 陈瑞华：《法官责任制度的三种模式》，《法学研究》2015 年第 4 期。

[14] 陈瑞华：《司法改革的理论反思》，《苏州大学学报》（哲学社会科学版）2016 年第 1 期。

[15] 陈瑞华：《法院改革的中国经验》，《政法论坛》2016 年第 4 期。

[16] 陈刚：《我国民事上级法院审级职能再认识》，《中国法学》2009 年第 1 期。

[17] 陈杭平：《历史、程序、组织——美国联邦上级法院制度之分析》，《环球法律评论》2009 年第 5 期。

[18] 陈杭平：《论中国法院的"合一制"——历史、实践和理论》，《法制与社会发展》2011 年第 6 期。

[19] 陈杭平：《历史视野下的上下级法院关系》，《人民政协报》2013 年 1 月 7 日，第 B4 版。

[20] 陈永生：《我国刑事误判问题透视——以 20 起震惊全国的刑事冤案为样本的分析》，《中国法学》2007 年第 3 期。

[21] 陈卫东：《司法机关依法独立行使职权研究》，《中国法学》2014 年第 2 期。

[22] 陈卫东：《刑事二审全面审查原则的理性反思》，《中国人民大学

学报》2001 年第 2 期。

[23] 陈卫东、李奋飞：《刑事二审发回重审制度之重构》，《法学研究》
2004 年第 1 期。

[24] 陈卫东、李训虎：《公正、效率与审级制度改革——从刑事程序
法的视角分析》，《政法论坛》2003 年第 5 期。

[25] 程荣斌、邓云：《审级制度研究》，《湖南省政法干部管理学院学
报》2001 年第 5 期。

[26] 〔德〕托马斯·魏根特：《德国刑事诉讼程序的改革：趋势和冲突
领域》，樊文译，载陈光中主编《21 世纪刑事诉讼立法最新发
展》，中国政法大学出版社，2004。

[27] 杜健荣：《法律系统的自治——论卢曼对法律自治理论的重建》，
《中南大学学报》（社会科学版）2008 年第 4 期。

[28] 傅郁林：《审级制度的建构原理——从民事程序视角的比较分
析》，《中国社会科学》2002 年第 4 期。

[29] 顾培东：《人民法院内部审判运行机制的构建》，《法学研究》
2011 年第 4 期。

[30] 侯猛：《政法传统中的民主集中制》，《法商研究》2011 年第
1 期。

[31] 侯猛：《"党与政法"关系的展开——以政法委员会为研究中
心》，《法学家》2013 年第 2 期。

[32] 黄朝义：《刑事上诉审构造问题》，《东吴法律学报》2001 年第
1 期。

[33] 黄文艺：《1952—1953 年司法改革运动研究》，《江西社会科学》
2004 年第 4 期。

[34] 贺卫方：《中国司法管理制度的两个问题》，《中国社会科学》
1997 年第 6 期。

[35] 何帆：《论上下级法院的职权配置——以四级法院职能定位为视

角》，《法律适用》2002 年第 8 期。

[36] 胡夏冰：《审判管理制度改革：回顾与展望》，《法律适用》2008
年第 10 期。

[37] 季卫东：《最高人民法院的角色及其演化》，载许章润主编《清华法
学》（第七辑），清华大学出版社，2006。

[38] 蒋惠岭：《未来司法体制改革面临的具体问题》，《贵州法学》
2014 年第 8 期。

[39] 秦前红、苏绍龙：《深化司法体制改革需要正确处理的多重关
系——以十八届四中全会〈决定〉为框架》，《法律科学（西北
政法大学学报）》2015 年第 1 期。

[40] 蒋惠岭：《顶层设计视角下的中国司法改革战略》，《行政管理改
革》2015 年第 2 期。

[41] 孔鹃译：《上诉请求的历程——美国最高法院审理上诉案件的过
程》，《法律适用》2002 年第 2 期。

[42] 李秀霞：《三权分离：完善司法权运行机制的途径》，《法学》
2014 年第 4 期。

[43] 李拥军、傅爱竹：《“规训”的司法与“被缚”的法官——对法
官绩效考核制度困境与误区的深层解读》，《法律科学（西北政法
大学学报）》2014 年第 6 期。

[44] 李拥军：《司法改革中的体制性冲突及其解决路径》，《法商研
究》2017 年第 2 期。

[45] 林喜芬：《我国刑事审级制度功能考辩与变迁改良》，《东方法
学》2009 年第 5 期。

[46] 龙宗智：《论建立以一审庭审为中心的事实认定机制》，《中国法
学》2010 年第 2 期。

[47] 龙宗智、袁坚：《深化改革背景下对司法行政化的遏制》，《法学
研究》2014 年第 1 期。

［48］刘忠:《规模与内部治理——中国法院编制变迁三十年（1978—2008）》,《法制与社会发展》2012 年第 5 期。

［49］刘忠:《条条块块下的法院院长产生》,《环球法律评论》2012 年第 1 期。

［50］刘忠:《格、职、级与竞争上岗——法院内部秩序的深层结构》,《清华法学》2014 年第 2 期。

［51］刘忠:《四级两审制的发生和演化》,《法学研究》2015 年第 4 期。

［52］刘忠:《司法地方保护主义话语批评》,《法制与社会发展》2016 年第 6 期。

［53］刘练军:《法院科层化的多米诺效应》,《法律科学（西北政法大学学报）》2015 年第 3 期。

［54］刘作翔:《中国司法地方保护主义之批判——兼论"司法权国家化"的司法改革思路》,《法学研究》2003 年第 1 期。

［55］卢荣荣:《中国审级制度再思考——从审级效益出发》,《前沿》2011 年第 18 期。

［56］聂鑫:《近代中国审级制度的变迁:理念与现实》,《中外法学》2010 年第 2 期。

［57］钱大军、薛爱昌:《司法政策的"治理化"与地方实践的"运动化"——以 2007—2012 年的司法改革为例》,《学习与探索》2015 年第 2 期。

［58］苏力:《论法院的审判职能与行政管理》,《中外法学》1999 年第 5 期。

［59］邵颖:《论我国刑事审级制度的运行隐忧及化解对策——以域外制度比较为出发点》,《中州大学学报》2015 年第 3 期。

［60］孙长永:《英国刑事上诉制度研究》,《湘潭大学社会科学学报》2002 年第 5 期。

[61] 孙笑侠：《司法权的本质是判断权——司法权与行政权的十大区别》，《法学》1998 年第 8 期。

[62] 谭世贵：《司法权的界定、调整与优化》，《学习与探索》2012 年第 4 期。

[63] 王祺国：《关于审级独立》，《杭州商学院学报》2004 年第 1 期。

[64] 汪建成：《刑事审判程序的重大变革及其展开》，《法学家》2012 年第 3 期。

[65] 王超：《刑事审级制度的两种模式：以中美为例的比较分析》，《法学评论》2014 年第 1 期。

[66] 王超：《西方国家刑事审级制度功能的比较分析》，《比较法研究》2012 年第 6 期。

[67] 王亚新：《程序·制度·组织——基层法院日常的运作与治理结构转型》，《中国社会科学》2004 年第 3 期。

[68] 吴泽勇：《从程序本位到程序自治——以卢曼的法律自治理论为基础》，《法律科学（西北政法学院学报）》2004 年第 4 期。

[69] 魏晓娜：《以审判为中心的刑事诉讼制度改革》，《法学研究》2015 年第 4 期。

[70] 毋爱斌、王聪：《司法权独立行使的审级保障——以案件请示制度为切入点》，《云南大学学报》（法学版）2014 年第 2 期。

[71] 夏锦文：《当代中国的司法改革：成就、问题与出路——以人民法院为中心的分析》，《中国法学》2010 年第 1 期。

[72] 徐汉明：《论司法权与司法行政管理权分离》，《中国法学》2015 年第 4 期。

[73] 肖扬：《法院、法官与司法改革》，《法学家》2003 年第 1 期。

[74] 熊洋：《论上下级法院关系之异化及重塑——以审级独立为视角的分析》，《太原理工大学学报》2010 年第 12 期。

[75] 熊先觉：《论审判独立与监督审判》，《法学研究》1981 年第 1 期。

[76] 谢佑平、江涌：《论权力及其制约》，《东方法学》2010 年第 2 期。

[77] 姚莉：《司法效率：理论分析与制度构建》，《法商研究》2006 年第 3 期。

[78] 杨凯、黄怡：《论刑事司法理念的发展与刑事冤错案防范机制建构——以 175 件再审改判发回案件法律文书的实证分析为视角》，《法律适用》2016 年第 1 期。

[79] 赵旭东：《民事诉讼第一审的功能审视与价值体现》，《中国法学》2011 年第 2 期。

[80] 姚莉：《法制现代化进程中的审判组织重构》，《法学研究》2004 年第 5 期。

[81] 姚莉：《功能与结构：法院制度比较研究》，《法商研究》2003 年第 2 期。

[82] 姚莉：《法院在国家治理现代化中的功能定位》，《法制与社会发展》2014 年第 5 期。

[83] 杨知文：《现代司法的审级构造和我国法院层级结构改革》，《华东政法大学学报》2012 年第 5 期。

[84] 杨华雁：《裁判思维差异及弥合之道——不同审级的纵向对比分析》，《法律适用》2010 年第 2 期。

[85] 于明：《司法审级中的信息、组织与治理——从中国传统司法的"上控"与"审转"切入》，《法学家》2011 年第 2 期。

[86] 俞亮、张驰：《我国刑事审级制度的反思》，《法学杂志》2007 年第 2 期。

[87] 张洪涛：《中国法院压力之消解——一种法律组织学解读》，《法学家》2014 年第 1 期。

[88] 张洪涛：《司法之所以为司法的组织结构依据——论中国法院改革的核心问题之所在》，《现代法学》2010 年第 1 期。

[89] 张泽涛：《完善分工负责、相互配合、相互制约原则——以"推进以审判为中心的诉讼制度改革"为视角》，《法制与社会发展》2016年第2期。

[90] 张建伟：《审判中心主义的实质内涵与实现途径》，《中外法学》2015年第4期。

[91] 左卫民：《省级统管地方法院法官任用改革审思——基于实证考察的分析》，《法学研究》2015年第4期。

[92] 左卫民：《认罪认罚何以从宽：误区与正解——反思效率优先的改革主张》，《法学研究》2017年第3期。

外文类

[1] Anthony J. Sebok, *Legal Positivism in American Jurisprudence* (Cambridge University Press, 1998).

[2] Cooter R. and T. Ulen, *Law and Economics* (Foresmanand Company, 1988).

[3] Charles Austin Beard, *The Office of Justice of the Peace in England: In Its Origin and Development* (University Press of the Pacific, 2002).

[4] Tom Bingham, *The Rule of Law* (Penguin Books Ltd., 2010).

[5] Nonet and Selznick, *Law and Society in Transition* (Transaction Publishers, 2009).

[6] Richard A. Posner, *Economic Analysis of Law* (Little, Brown and Company, 1992).

[7] William H. Rehnquist, *The Supreme Court* (Random House, Inc., 2002).

[8] Mireille Delmas-Marty and J. R. Spencer, eds., *European Criminal Procedures* (Cambridge University Press, 2002).

[9] Shimon Shetreet, *The Role of Courts in Society* (M. Nijhoff Publishers, 1988).

# 附　录

附录 A：典型国家刑事审级组织结构及审级权力配置情况

附录 B：刑事案件统计数据

**A　典型国家刑事审级组织结构及审级权力配置情况**

| 国家 | 刑事法院设置 | 刑事审级配置 | 刑事案件管辖 | 审理对象 |
|---|---|---|---|---|
| 英国 | 治安官法院 | 初审法院 | 略式起诉犯罪案件 | 事实审 |
| | 刑事法院 | 初审法院 | 正式起诉犯罪案件 | 事实审 |
| | | 上级法院（二审） | 治安官法院裁判的上诉案件，属于权利性上诉案件 | 事实审与法律审 |
| | 上级法院刑事部 | 上级法院（二审） | 不服刑事法院初审判决的上诉案件 | 法律审 |
| | 高等法院后座部合议庭 | 上级法院（二审） | 不服治安官法院裁判或刑事法院二审裁判的上诉案件 | 法律审 |
| | 最高法院 | 上级法院（三审） | 不服上级法院刑事部二审裁判以及高等法院后座部合议庭的法律意见的上诉案件 | 法律审 |
| | 刑事案件再审委员会 | 再审机构 | 被告人穷尽所有救济途径，不服有罪判决的案件 | 法律审 |
| 美国（联邦法院系统） | 联邦地方法院 | 初审法院 | 严重犯罪（6个月以上监禁的犯罪）案件 | 事实审 |
| | 巡回上级法院 | 上级法院（二审） | 刑事上诉案件（权利性上诉） | 法律审 |

续表

| 国家 | 刑事法院设置 | | 刑事审级配置 | 刑事案件管辖 | 审理对象 |
|---|---|---|---|---|---|
| 美国（联邦法院系统） | 最高法院 | | 上级法院（三审） | 不服巡回法院判决的上诉案件,不服州最高法院判决的涉及联邦法律问题的上诉案件（裁量性上诉） | 法律审 |
| 德国 | 地方法院 | | 初审法院 | 轻微刑事案件 | 事实审 |
| | 州地区法院 | | 初审法院 | 不属于地方法院和州高等法院管辖的刑事案件 | 事实审 |
| | | | 上级法院（二审） | 不服地方法院独任刑事法官或参审法庭判决的上诉案件 | 事实审与法律审 |
| | 州高等法院 | | 初审法院（例外） | 州区域内危害和平罪、叛国罪、针对宪法机构实施的犯罪、联邦总检察长追究的危害国家安全罪等刑事案件 | 事实审 |
| | | | 上级法院（二审或三审） | 不服地方法院判决的法律上诉案件（三审）,不服州地区法院一审判决的上诉案件（二审） | 二审实行事实审,三审实行法律审 |
| | 联邦最高法院 | | 上级法院（三审,德国法律审都称为三审） | 不服州高等法院一审判决的上诉案件,不服州地区法院和州高等法院一审判决的法律上诉案件 | 法律审 |
| 法国 | 普通法院 | 违警罪法院 | 初审法院 | 违警罪案件 | 事实审 |
| | | 轻罪法院 | | 普通轻罪案件 | |
| | | 重罪法院 | | 重罪刑事案件（被告陪审团审理） | |
| | 上级法院 | | 上级法院 | 不服普通法院判决的上诉案件 | 事实审与法律审 |
| | 最高法院 | | 复核法院 | 刑事案件、有错生效判决 | 法律复核、纠错 |

资料来源：王泽鉴主编《英美法导论》，北京大学出版社，2012，第 55~71 页；孙长永《英国的刑事上诉制度研究》，《湘潭大学社会科学学报》2002 年第 5 期；卞建林、刘玫《外国刑事诉讼法》，人民法院出版社、中国社会科学出版社，2002，第 217~218 页；〔德〕克劳思·罗科信《刑事诉讼法》，吴丽琪译，法律出版社，2003，第 500 页；顾永忠《刑事上诉程序研究》，中国人民公安大学出版社，2003，第 161 页；金邦贵主编《法国司法制度》，法律出版社，2008，第 388 页；等等。

### B1　全国法院 2001~2016 年刑事案件一审与二审收结案情况

单位：件，%

| 年份 | 一审收案数量 | 一审结案数量 | 二审收案数量 | 上诉率 | 二审结案数量 |
|---|---|---|---|---|---|
| 2001 | 628996 | 623792 | 98911 | 15.86 | 98157 |
| 2002 | 631348 | 628549 | 90237 | 14.36 | 89440 |
| 2003 | 632605 | 634953 | 97579 | 15.37 | 96797 |
| 2004 | 647541 | 644248 | 95803 | 14.87 | 96204 |
| 2005 | 684897 | 683997 | 97573 | 14.27 | 96776 |
| 2006 | 702445 | 701379 | 94176 | 13.43 | 94092 |
| 2007 | 724112 | 720666 | 91511 | 12.70 | 92364 |
| 2008 | 767842 | 768130 | 95842 | 12.48 | 95831 |
| 2009 | 768507 | 766476 | 100547 | 13.12 | 100398 |
| 2010 | 779595 | 779641 | 101786 | 13.06 | 102370 |
| 2011 | 845714 | 839973 | 98937 | 11.78 | 98919 |
| 2012 | 996611 | 986392 | 108745 | 11.02 | 108096 |
| 2013 | 971567 | 953967 | 105514 | 11.06 | 102991 |
| 2014 | 1040457 | 1023017 | 121397 | 11.87 | 118915 |
| 2015 | 1126748 | 1099205 | 143219 | 13.03 | 141155 |
| 2016 | 1101191 | 1115873 | 146929 | 13.17 | 148441 |

注：刑事案件上诉率＝刑事二审收案数量÷刑事一审结案数量×100%。

资料来源：《中国法律年鉴》（2015）；《最高人民法院司法统计公报》，http：//gongbao.court.gov.cn/Article List.html？serial_ no＝sftj。

### B2　全国法院 2001~2016 年刑事二审案件审理情况

单位：件，%

| 年份 | 二审结案数量 | 维持原判数量 | 二审维持原判率 | 依法改判数量 | 二审依法改判率 | 发回重审数量 | 二审发回重审率 |
|---|---|---|---|---|---|---|---|
| 2001 | 98157 | 71978 | 73.33 | 12996 | 13.24 | 6587 | 6.71 |
| 2002 | 89440 | 65459 | 73.19 | 11879 | 13.28 | 6114 | 6.84 |
| 2003 | 96797 | 71788 | 74.16 | 12401 | 12.81 | 6633 | 6.85 |
| 2004 | 96204 | 70987 | 73.79 | 12730 | 13.23 | 6198 | 6.44 |
| 2005 | 96776 | 70364 | 72.71 | 13031 | 13.47 | 6571 | 6.79 |
| 2006 | 94092 | 67496 | 71.73 | 13157 | 13.98 | 6484 | 6.89 |
| 2007 | 92364 | 64787 | 70.14 | 13177 | 14.27 | 5598 | 7.25 |
| 2008 | 95831 | 67294 | 70.22 | 12764 | 13.32 | 7455 | 7.78 |
| 2009 | 100398 | 70850 | 70.57 | 13424 | 13.37 | 7712 | 7.68 |
| 2010 | 102370 | 71874 | 70.21 | 13520 | 13.21 | 7838 | 7.66 |

| 年份 | 二审结案数量 | 维持原判数量 | 二审维持原判率 | 依法改判数量 | 二审依法改判率 | 发回重审数量 | 二审发回重审率 |
|------|------|------|------|------|------|------|------|
| 2011 | 98919 | 69340 | 70.10 | 12753 | 12.89 | 7530 | 7.61 |
| 2012 | 108096 | 76415 | 70.69 | 13511 | 12.5 | 6962 | 6.44 |
| 2013 | 102991 | 67897 | 65.93 | 14724 | 14.3 | 6560 | 6.37 |
| 2014 | 118915 | 77495 | 65.17 | 14314 | 12.04 | 7574 | 6.37 |
| 2015 | 141155 | 90245 | 63.93 | 15571 | 11.03 | 9648 | 6.84 |
| 2016 | 148441 | 90071 | 60.68 | 18385 | 12.39 | 9078 | 6.12 |

注：刑事二审维持原判率、依法改判率、发回重审率＝刑事二审维持原判数量、依法改判数量、发回重审数量÷刑事二审结案数量×100%。

资料来源：《中国法律年鉴》（2015）；《最高人民法院司法统计公报》，http：//gongbao.court. gov. cn/ArticleList. html? serial_ no＝sftj。

### B3　全国法院 2000～2015 年刑事二审案件开庭情况

单位：件，%

| 年份 | 二审结案数量 | 公诉人员二审出庭公诉情况 | | | 二审开庭率 |
|------|------|------|------|------|------|
| | | 上诉案数量 | 抗诉案数量 | 合计 | |
| 2000 | 86619 | 6536 | 1448 | 7984 | 9.22 |
| 2001 | 98157 | 7195 | 1367 | 8562 | 8.72 |
| 2002 | 89440 | 6341 | 1093 | 7434 | 8.31 |
| 2003 | 96797 | 3552 | 305 | 3857 | 3.98 |
| 2004 | 96204 | 4164 | 458 | 4622 | 4.80 |
| 2005 | 96776 | 4424 | 401 | 4825 | 4.99 |
| 2006 | 94092 | 6698 | 587 | 7285 | 7.74 |
| 2007 | 92364 | 8737 | 828 | 9565 | 10.36 |
| 2008 | 95831 | 9265 | 1703 | 10968 | 11.45 |
| 2009 | 100398 | 9192 | 1764 | 10956 | 10.91 |
| 2010 | 102370 | 9307 | 2685 | 11992 | 11.71 |
| 2011 | 98919 | 10360 | 2825 | 13185 | 13.33 |
| 2012 | 108096 | 14453 | 3453 | 17906 | 16.56 |
| 2013 | 102991 | — | — | 23735 | 23.05 |
| 2014 | 118915 | | | 25407 | 21.37 |
| 2015 | 141155 | | | | |

注：二审开庭率＝公诉人员二审出庭案件数量÷二审结案数量×100%。

资料来源：《中国法律年鉴》（2015）；《最高人民法院司法统计公报》，http：//gongbao.court. gov. cn/ArticleList. html? serial_ no＝sftj。

#### B4　全国法院 2001~2016 年刑事再审案件结案情况

单位：件，%

| 年份 | 刑事生效判决数量 | 收案总数 | 结案总数 | 再审率 | 案件裁判情况 | | | | | |
|------|------|------|------|------|------|------|------|------|------|------|
| | | | | | 维持原判数量 | 维持原判率 | 依法改判数量 | 依法改判率 | 发回重审数量 | 发回重审率 |
| 2001 | 623038 | 7957 | 8009 | 1.28 | 4215 | 52.63 | 1898 | 23.07 | 404 | 5.04 |
| 2002 | 493500 | 4182 | 4625 | 0.85 | 2085 | 45.08 | 1512 | 32.69 | 260 | 5.62 |
| 2003 | 513816 | 3633 | 3785 | 0.71 | 1606 | 42.43 | 1371 | 36.22 | 312 | 8.24 |
| 2004 | 530538 | 3445 | 3331 | 0.65 | 1259 | 37.80 | 1371 | 41.16 | 308 | 9.25 |
| 2005 | 573270 | 3271 | 3227 | 0.57 | 1121 | 34.74 | 1400 | 43.38 | 305 | 9.45 |
| 2006 | 649941 | 3124 | 3101 | 0.53 | 1096 | 35.34 | 1332 | 42.95 | 308 | 9.93 |
| 2007 | 606814 | 2831 | 2862 | 0.47 | 976 | 34.10 | 1238 | 43.26 | 337 | 11.77 |
| 2008 | 656198 | 2930 | 2858 | 0.45 | 967 | 33.83 | 1193 | 41.74 | 380 | 13.30 |
| 2009 | 644387 | 2788 | 2935 | 0.43 | 944 | 32.16 | 1240 | 42.25 | 397 | 13.53 |
| 2010 | 656198 | 3356 | 3305 | 0.51 | 978 | 29.59 | 1387 | 41.69 | 421 | 12.74 |
| 2011 | 700660 | 3055 | 3080 | 0.44 | 975 | 31.66 | 1236 | 40.13 | 402 | 13.05 |
| 2012 | 816759 | 2816 | 2853 | 0.34 | 859 | 30.11 | 1246 | 43.67 | 342 | 11.99 |
| 2013 | 951453 | 2826 | 2785 | 0.30 | 839 | 30.13 | 1176 | 42.23 | 302 | 10.84 |
| 2014 | 1020535 | 2972 | 2906 | 0.29 | 766 | 26.36 | 1317 | 45.32 | 314 | 10.81 |
| 2015 | 1232695 | 2787 | 2844 | 0.23 | 734 | 25.81 | 1357 | 47.14 | 281 | 9.88 |
| 2016 | 1260245 | 2736 | 2713 | 0.22 | 716 | 26.39 | 1376 | 50.29 | 225 | 8.22 |

注：刑事再审率＝刑事再审收案数量÷刑事生效判决数量×100%；刑事再审维持原判率、依法改判率、发回重审率＝刑事再审维持原判数量、依法改判数量、发回重审数量÷刑事再审结案数量×100%。

资料来源：《中国法律年鉴》（2015）；《最高人民法院司法统计公报》，http：//gongbao.court. gov.cn/ArticleList.html? serial_ no＝sftj。

# 后 记

　　终于有机会写人生中这份最重要的后记，并不足够"完美"的博士求学生活在我最爱的深秋时节即将落下帷幕，满是感激与喜悦！

　　感谢我的导师徐汉明教授，老师学识渊博、涉猎面广，引导我进入一个全新的学术世界；老师克己勤奋，治学严谨，给我留下了深刻的印象，这也是我这一生宝贵的财富；老师为人谦和，宽容慈爱，对学生无限包容，在学生需要时慷慨地提供学术引导和人生经验启迪。整个博士学位论文的写作期间，笃定自信、自我怀疑、停滞不前、豁然开朗、重新建设，这些情绪反反复复地伴随着我。在一次又一次的肯定与否定中，老师总是能发现我的问题，多次与我交流，旁征博引，启发我的思考和写作。如果没有老师的引导，我的论文难以顺利完成。遗憾的是，老师的诸多中肯意见及精妙建议，由于本人学术能力有限，我没能完全吸收，甚至有些指点被我主动略过。一直以来，老师不仅是我学术上的引路人，更在工作、生活中教导、关心我！老师使我学会在面对问题时不害怕不慌张不妥协。老师超凡的人格魅力、宽容的处事原则，使我受益。老师豁达的人生态度、勤勉的工作作风、严谨的学术人格、渊博的学术思想，是影响我人生的宝贵财富。

　　感谢各位导师对我的培养和关心。姚莉教授谦和大气、学识渊博、治学严谨，在学生的培养方面用心负责。在博士学习期间，老师从学习规划、论文选题、论文调整、写作技巧等方面都给予我关键的指导和建议，其学术见解和深厚的理论功底让我折服，获益匪浅！感谢姚莉教授对学生的包容和教导！博士学位论文的完成与其他老师的指导和帮助也是分不开的，感谢各位老师全方位多角度的指导！感谢蔡虹教授、石晓波教授、詹建红教授，在开题答辩中对学生的关心和指导！谢谢其他所有帮助我鼓励我的老师，不能一一道来，但定铭记于心，谢谢各位老师！

感谢师兄妹的关心和帮助。感谢黎晓露博士、张柳博士、张乐博士、申政博士、史可博士以及其他师兄妹，没有他们的陪伴，我难以度过诸多的徘徊期，与他们的沟通交流帮助我摆脱了论文写作困境，他们不厌其烦地帮助我解决一个又一个难题，鼓励我走下来，与他们并肩而行的这几年是我人生中最珍贵的记忆。感谢李少波博士、郭川阳博士，他们以更广博的视野、更优秀的人生姿态为我解惑、推动我前行！

最后也是最重要的，感谢我的女儿姚曳！人到中年选择读博，所有的动力都来源于你！一想到你，就信心满溢，无所畏惧！

我非常清醒地知道，无论是博士生活的开始还是结束，都不意味着我能在学术之路上走得更远。但走到一段历程的终点，回望过去，终是可以感慨"至少我曾经经历过"，"达到"本身粉碎了过程的艰辛。心存感恩，平静前行！

图书在版编目（CIP）数据

　　刑事审级制度完善研究／王玉梅著 . --北京：社
会科学文献出版社，2024.9（2025.9 重印）
　　ISBN 978-7-5228-3611-9

　　Ⅰ.①刑…　Ⅱ.①王…　Ⅲ.①刑事诉讼法-审级制度
-研究-中国　Ⅳ.①D925.210.4

　　中国国家版本馆 CIP 数据核字（2024）第 090967 号

**刑事审级制度完善研究**

著　　　者／王玉梅

出 版 人／冀祥德
责任编辑／吴　敏
文稿编辑／齐栾玉
责任印制／岳　阳

出　　　版／社会科学文献出版社
　　　　　　地址：北京市北三环中路甲 29 号院华龙大厦　邮编：100029
　　　　　　网址：www.ssap.com.cn
发　　　行／社会科学文献出版社（010）59367028
印　　　装／北京盛通印刷股份有限公司

规　　　格／开　本：787mm×1092mm　1/16
　　　　　　印　张：16　字　数：221 千字
版　　　次／2024 年 9 月第 1 版　2025 年 9 月第 2 次印刷
书　　　号／ISBN 978-7-5228-3611-9
定　　　价／89.00 元

读者服务电话：4008918866